Verlag der VLM
Liebenzeller Mission

Inhalt

Vorwort

„Gebet verändert“ von Dr. Wesley L. Duewel ist durch seine zahlreichen biblischen Verweisstellen, seinen logischen Aufbau, seine Illustrationen und Beispiele so überzeugend, daß Sie, wenn Sie dieses ausgezeichnete, inspirierende Buch gelesen haben, keinen Zweifel daran haben werden, daß Sie die Welt durch das Gebet beeinflussen – ja sogar verändern helfen – können.

Dr. Duewel war fünfundzwanzig Jahre lang Missionar in Indien, außerdem Präsident der „Oriental Missionary Society“ (heute „OMS International“) und ehemaliger Präsident der „Evangelical Foreign Missions Association“. Er ist ein Mann des Gebetes. Aus seinem langen, fruchtbaren Leben mit Christus zieht er viele geistliche Lektionen und berichtet von ergreifenden Gebetserhörungen.

Das besondere Anliegen Dr. Duewels wurde durch seine vielen Schriften über das Gebet, den Heiligen Geist, das Seelengewinnen und die Erweckung auf eindringliche Weise zum Ausdruck gebracht. Überdies war Dr. Duewel viele Jahre lang Herausgeber des „Revival Magazine“, das es sich zum Ziel gesetzt hatte, den Leib Christi zum Gebet, zur Buße und zur Erweckung aufzurufen. Wir teilen dieses Anliegen mit Dr. Duewel.

Vierunddreißig Jahre lang hat das Gebet eine Hauptrolle in unserem persönlichen Leben und in unserem Dienst für „Campus für Christus“ gespielt. Als Gott uns aufforderte, diesen weltweiten Dienst ins Leben zu rufen, organisierten wir als erstes eine vierundzwanzigstündige Gebetskette, die weltweit bis heute existiert. Wir sind mit Dr. Duewel davon überzeugt, daß die größte Macht, die den Kindern Gottes zur Verfügung steht, das Gebet ist: „Ihr habt nicht, weil ihr nicht bittet.“

Dieses motivierende Buch enthält viele praktische Vorschläge und zahlreiche glaubensstärkende Erlebnisse. Es enthält eine Anzahl einfacher Ratschläge für den Anfänger im Glauben und tiefergehende Unterweisungen für die reifen Gläubigen. Die Prinzipien, welche hier im Blick auf das Gebet und die Erweckung vertreten werden, können bei Anwendung dazu beitragen, ein geistliches Erwachen in unserem Land, ja sogar in der ganzen Welt zu bewirken.

Es könnte sehr wohl sein, daß Sie gerade dabei sind, mit dem größten, befriedigendsten Abenteuer Ihres Lebens zu beginnen – mit dem Dienst des fürbittenden Gebetes. Ja, Sie können die Welt durch Gebet verwandeln.

Bill und Vonette Bright

Gott fordert Sie zum Gebet auf

Gott hat einen wunderbaren Plan, durch den Sie weltweiten Einfluß haben können. Dieser Plan ist nicht nur für einige wenige Auserwählte. Er ist für Sie. Lassen Sie mich Ihnen davon erzählen.

Durch das Gebet können Sie neben Billy Graham stehen, wenn er bei seinen Evangelisationen irgendwo auf der Welt predigt. Sie können ihn stärken, ihn segnen, ihn ermutigen genau in dem Augenblick, in dem er Tausenden Gottes Gute Nachricht bringt. Durch das Gebet können Sie neben Luis Palau stehen bei dessen Evangelisationen in Lateinamerika. Durch das Gebet können Sie neben George Beverly Shea stehen, wenn er das Evangelium im Lied weitergibt.

Durch das Gebet können Sie Missionare in entlegene Gebiete der Erde begleiten. Durch das Gebet können Sie über dichtgedrängte Basare gehen, einen Dienst im feuchten Urwald tun und Millionen hungernder Männer, Frauen und Kinder speisen, die nach Speise für ihren Leib und nach dem Brot des Lebens verlangen.

Durch das Gebet können Sie zum Dienst eines jeden Pastors oder Evangelisten in irgendeiner Kirche oder Evangeliumshalle irgendwo auf der Welt beitragen. Ich selber habe viele Male gespürt, daß ich durch das Gebet an der Seite eines Mannes oder einer Frau Gottes stand.

Durch das Gebet können Sie ein leidendes Kind in Ihre Arme nehmen. Durch das Gebet können Sie eine fiebernde Stirn in irgendeinem Krankenhaus berühren und dadurch die heilende Liebe Jesu übermitteln.

Gott hat Ihnen ein Mittel in die Hand gegeben, durch das Ihre Gegenwart Bedeutung hat, ein Mittel, durch das Sie ein wirklicher Partner in der Reichsgottesarbeit sein können, wenn Sie das wirklich wollen.

Zugegeben, es hat im Laufe der Jahrhunderte herausragende Beter gegeben. Wir wollen sie oder die gewaltige, geschichtsverändernde Rolle, die sie durch das Gebet gespielt haben, keinesfalls vergessen. Gott sei Dank für Jakobus, den Halbbruder Jesu, der die letzten Jahre seines Lebens mit dem Gebet für die Gemeinden, die Gott ins Leben rief, verbrachte. Als er starb und sein Leichnam für das Begräbnis vorbereitet wurde, stellte man fest, daß seine Knie von den unzähligen Stunden des Kniens so schwielig waren, daß sie beinahe den Knien eines Kameles glichen. So gab man ihm den Namen „Kamelknie". Gott sei Dank für Savonarola im Italien des fünfzehnten Jahrhunderts, der eine Erweckung in jenes korrupte Zeitalter herabbetete. Gott sei Dank für Brainerd, den Missionar der Indianer Amerikas, und für sein Leben des Gebets und der Tränen. Gott sei Dank für „Praying Hyde", den Indienmissionar, der vielleicht der größte Gebetskämpfer dieses Jahrhunderts war.

Aber Gott ist nicht ausschließlich von einigen wenigen, unerschütterlichen Gläubigen abhängig. Es war seine Absicht, daß gewöhnliche Christen wie Sie und ich im Gebet für die Segnung und die Errettung von Menschen sowie für das Reifen der Ernte Christi unter den Nationen von heute eintreten sollten.

Es gibt überhaupt keinen Grund, warum Sie in Ihrem persönlichen Gebetsleben nicht so beständig werden können, daß Christus beim Bau seiner Gemeinde und bei der Förderung seines Reiches in vielen Teilen der Welt auf Sie zählen kann. Angefangen bei Ihrer Familie, Ihrer Gemeinde und Ihrer Stadt können Sie eine wichtige Rolle spielen durch normales tägliches Gebet, das eine Wirkung hat, sogar in entfernten Ländern.

Immer wieder hat Gott Menschen wie Sie und mich gebraucht, ihm an einem bestimmten Tag oder bei einer bestimmten Gelegenheit bei der Beantwortung besonders dringlicher Gebetsanliegen zu helfen. Wenn er jemanden für diese besondere und zeitlich begrenzte Rolle beruft, wählt er gewöhnlich eines von seinen Kindern aus, das treu und beständig betet.

Es ist nicht notwendig, daß Sie jeden Tag Stunden im Gebet verbringen, um sich so für Gottes Gebetsarmee zu qualifizieren. Gott sei Dank für solche Menschen, die auf diese Weise beten können und es auch tun. Aber Gott kennt eben die Begrenzungen Ihrer persönlichen Situation, Ihren Zeitplan, Ihre Familie und Ihre Arbeitsverpflichtungen. Sein Plan soll Ihrem Gebetsleben eine völlig neue Dimension verleihen. Ob Sie nun leitender Geschäftsmann oder Hausfrau sind, Fabrikarbeiter oder Student, Laie oder Diener am Wort – Gott möchte, daß Sie ein aufregendes neues und effektiveres Gebetsleben beginnen.

Ich behaupte nicht, daß ich eine magische Formel besitze, um Sie über Nacht in einen geistlichen Riesen zu verwandeln. Aber ich möchte die Möglichkeiten dieses einfachen Planes, wie er in der Bibel umrissen ist, herausarbeiten. Sie können neue Kraft und Macht im Gebet haben. Sie können eine wichtige Rolle in Christi Plan spielen. Sie können der betende Mensch sein, der Sie nach Gottes Willen sein sollen – Sie können, wenn Sie wollen. Wollen Sie es nicht einmal versuchen?

Gottes wunderbarer Plan für Sie

Gott stellt große Erwartungen an Sie und an mich. Er hat jedes Recht dazu. Wie nie zuvor besitzt der Durchschnittsmensch von heute die Fähigkeit, andere zu beeinflussen. Dies gilt besonders für Christen. Billy Graham hat einmal gesagt, daß er lieber heute lebe als zu der Zeit, als Jesus auf Erden war. Dem stimme ich völlig zu. Der heutige Durchschnittschrist kann einen größeren Einfluß für Gott geltend machen als der Durchschnittschrist von damals.

Dies ist eine aufregende Zeit in der Geschichte der Menschen. Es leben heute mehr Gläubige als zu irgendeiner anderen Zeit. Die Gemeinde Christi hat sich in mehr Gebiete der Welt ausgebreitet, lobt Gott jede Woche in mehr Sprachen, legt Zeugnis ab und kommt in Kontakt mit mehr Menschen als je zuvor. Es gibt mehr Diener am Wort, mehr Gemeinden, mehr Bibelschulen, mehr christliche Organisationen und mehr Missionsgesellschaften.

Durch die mächtigen Medien Radio, Fernsehen und das gedruckte Wort haben wir die Möglichkeit, Gottes Werk schneller voranzutreiben als durch irgend etwas anderes. Wir können die entferntesten Völker schneller erreichen, wir können das Evangelium in mehr Sprachen anbieten, und wir besitzen die Mittel, um das Gebet für die ganze Welt wirksamer heranzuziehen und zu leiten. Wir können unsere Welt erreichen, wenn wir wollen. Der größte Mangel ist heute nicht ein Mangel an Menschen oder finanziellen Mitteln. Was wir vor allen Dingen brauchen, ist das Gebet. Ohne die Anzahl der christlichen Mitarbeiter oder deren finanziellen Rückhalt zu vergrößern, könnten wir ein Vielfaches an Ergebnissen sehen, wenn wir nur das Gebet vervielfachen würden.

Das Gebet ist die größte Hilfsquelle der Gemeinde. Es ist das effektivste Mittel, um den Weg des Herrn zu bereiten, das uns als Christen heute zur Verfügung steht. Durch das Gebet können Sie selbst mehr Menschen für Gott beeinflussen und eine größere Rolle beim Wachstum der Gemeinde Christi spielen als auf irgendeine andere Art und Weise. Es ist nicht das einzige, was Sie tun müssen, aber es ist das Größte, was Sie tun können. Man hat oft gesagt:

> Der Teufel zittert, wenn er sieht,
> wie Gottes schwächstes Kind zum Beten niederkniet.

Wenn das stimmt, dann überlegen Sie sich, was geschehen könnte, wenn jeder Christ seine Gebetsrolle wirklich ernstnehmen und anfangen würde, regelmäßig und spezifisch zu beten zusammen mit Tausenden und Millionen anderer, die überall auf der Welt für die gleichen vorrangigen Gebetsanliegen eintreten. Sind Sie bereit, sich einer solchen Gebetsarmee anzuschließen?

Ihr Gebet wird jetzt gebraucht

Gottes Zeitplan der Jahrhunderte nähert sich möglicherweise rapide dem Countdown der Wiederkunft Christi. Gottes großartiger Plan, für den er die Welt und den Menschen geschaffen hat, ist durch die lange Herrschaft der Sünde und des Satans seit dem Sündenfall Adams verzögert und durchkreuzt worden. Aber nach der Bibel verzögert sich die Wiederkunft Christi nicht, weil Gott geduldig darauf wartet, daß die Welt zur Umkehr kommt, sondern weil er geduldig darauf wartet, daß wir sie zur Umkehr führen (2. Petr 3,9). Dies wird auch betont durch die Tatsache, daß von allen Bedingungen und Zeichen, die sich vor dem Kommen Christi erfüllen müssen, vielleicht nur noch diese eine zur Erfüllung übrigbleibt: „Und es wird gepredigt werden dies Evangelium vom Reich in der ganzen Welt zum Zeugnis für alle Völker, und dann wird das Ende kommen" (Mt 24,14).

Wir wissen nicht, was in Gottes Augen ein adäquates Zeugnis für die vergleichsweise unerreichten Nationen darstellt, aber durch das Radio sind wir heute in der Lage, die Evangeliumsbotschaft in praktisch jeden Winkel des Erdballs zu tragen. Millionen, die nicht persönlich von Missionaren erreicht werden können, haben durch missionarische Radiosendungen Zugang zum Evangelium. Tatsächlich wurde jedes Dorf und jede Provinz in China auf diese Art und Weise erfaßt. Es ist bekannt, daß Millionen von Menschen in Rußland, Albanien und den moslemischen Ländern die christliche Botschaft hören, die in ihrer eigenen Sprache oder in einer Sprache, die sie zumindest teilweise verstehen, über Rundfunk ausgestrahlt wird.

Es ist immer wesentlich wirksamer, wenn Menschen das Evangelium in ihrer Muttersprache hören können. Obwohl als zuverlässig angenommen werden kann, daß 95 Prozent der Menschen auf der Welt heute einige Teile der Bibel in einer ihnen bekannten Sprache zur Verfügung haben, beschleunigt Gott vielleicht die Bemühungen derjenigen, die ihr Leben der Aufgabe gewidmet haben, die Bibel in sämtliche verbleibende Dialekte und Sprachen zu übertragen.

„Gospel Recordings“ berichtet außerdem, daß in mehr als 4362 Sprachen und Dialekte christliche Musik aufgenommen wurde.

Es reicht jedoch nicht aus, jedem Menschen die Evangeliumsbotschaft zu bringen. Der entscheidende Faktor ist, sicherzustellen, daß die Botschaft auch verstanden und angenommen wird. Das Gebet ist die Antwort. Der Heilige Geist wird gegeben, wenn Gottes Volk darum bittet (Lk 11,13). Zweifellos gilt dies nicht nur, wenn wir für uns selbst darum bitten, sondern auch, wenn wir für andere bitten. Daher hängt die Effektivität der gegenwärtigen Missionsbemühungen von unserem Gebet ab, das den Heiligen Geist befähigt, kraftvoll zu wirken.

Mit anderen Worten: Der Schlüssel zur Weltevangelisation und damit zur Wegbereitung für die Wiederkunft Christi kann Ihr und mein Gebet sein. Wenn ihre Verzögerung vornehmlich dem Mangel an Gebet zuzuschreiben ist, dann sollten Sie nicht überrascht sein, wenn Gott besondere Vorkehrungen trifft, damit das Gebet heute eine größere Wirkung hat als je zuvor.

Gott bereitet Ihnen eine Ernte

Ihr Gebet um eine weltweite Ernte kann heute wirksamer sein, weil Gott in seiner Souveränität die allgemeinen Entwicklungen auf der Welt koordiniert, um es seinen Kindern zu ermöglichen, bald Frucht zu tragen. Wenn wir dem Gebet und dem Gehorsam Priorität schenken, kann dies die größte Erntezeit der Welt werden. Nicht jeder Christ ist berufen, hinauszugehen. Nicht jeder Christ ist in der Lage, einen großen finanziellen Beitrag zum Werk im Reich Christi zu leisten. Aber es gibt keine Begrenzungen für das, was jeder Christ durch das Gebet erreichen kann.

Explosion der Weltbevölkerung

Die Statistiker sagen uns, daß die Weltbevölkerung zur Zeit Christi etwa 250 Millionen betrug. Es dauerte mehr als achtzehnhundert Jahre, das heißt etwa bis zum Jahr 1850, bis die Weltbevölkerung eine Milliarde erreichte. Vor kurzem überstieg diese Zahl die Fünf-Milliarden-Grenze, und die nächste Milliarde wird in weniger als zehn Jahren dazugekommen sein. Die Weltbevölkerung ist so stark explodiert, daß die Milliarden, die für Christus erreicht werden müssen, uns beinahe überwältigen. Wie können wir mit dieser Entwicklung Schritt halten? Nur, indem wir die Ernte durch das Gebet vervielfachen.

Schnelle Verstädterung

Gott bewegt die Menschen, in die Städte der Welt zu ziehen, um es uns zu ermöglichen, sie schneller zu erreichen. Auf der ganzen Welt sind die Dörfer statisch und sterben, denn die ersten, die bei Hungersnöten leiden, sind die Dorfbewohner. Die Aussichten auf ausreichende Ernährung, Ausbildung, Gesundheitsversorgung und Arbeitsmöglichkeiten in den Städten locken die Jungen und Strebsamen an.

Der Exodus in die Städte ist ein Phänomen, das in den 80er Jahren beschleunigt auftrat. Die größte Abwanderung in die Städte in der Geschichte dieser Welt wird sich in diesem und dem nächsten Jahrzehnt vollziehen. Man schätzt, daß eine Milliarde Menschen aus Dritte-Welt-Ländern allein in den 80er Jahren in die Städte abwandern werden. Dazu folgende Beispiele: Mexiko City wächst monatlich um 80000 Menschen. Zwanzig Prozent der Bevölkerung von Mexiko wohnt in Mexiko City. Mehr als 34 Prozent aller Argentinier leben in Buenos Aires. Und mehr als 50 Prozent der Einwohner Uruguays leben in Montevideo. Außerdem wird heute etwa die Hälfte aller Babys in den Städten geboren.

Städte mit mehr als einer Million Einwohnern werden „Weltstädte" genannt. Zu dem Zeitpunkt, zu dem dieses Buch in Druck geht, gibt es etwa 273 solcher Städte. Die durchschnittliche Weltstadt verdoppelt alle vierzehn Jahre ihre Einwohnerzahl; manche benötigen dafür nur zehn Jahre. Aufgrund der hohen Konzentration von Menschen, die in einem relativ kleinen Gebiet leben, können wir in einer Stadt weit mehr Menschen erreichen als in einem Dorf, und das in einer relativ kurzen Zeit. Paulus konzentrierte seine evangelistischen Bemühungen auf die Städte, und dann bemühten sich die Stadtgemeinden um die Dörfer. Sollten wir diese erprobte Technik nicht heute in unsere eigene Arbeit übernehmen?

Die Städte sind reif für eine geistliche Ernte. Aber noch nie war die Zeit dazu reifer als heute. Warum? In den ersten zehn bis fünfzehn Jahren nach ihrer Ankunft sind die neuen Stadtbewohner aufgeschlossener als zu irgendeinem anderen Zeitpunkt. Während sie in den Dörfern unter den prüfenden Blicken der Familie, der Mitglieder ihrer Kaste, ihrer Freunde, der Dorfpriester und der religiösen Führer leben, ist es für die einzelnen Hörer des Evangeliums schwierig, alleine den Schritt heraus zu machen. Wenn sie in der Stadt ankommen, sind sie völlig entwurzelt und oft ruhelos und enttäuscht, weil sie feststellen, daß die neue Heimat nicht das erwartete Paradies ist. Losgelöst von der Überwachung durch Verwandte und religiöse Führer sind solche auf sich gestellten Menschen verwundbar und reif für die Botschaft des Evangeliums. Es ist äußerst wichtig, daß wir sie in diesem Augenblick erreichen.

Innerhalb der nächsten fünfzehn bis zwanzig Jahre wird die Abwanderung in die Städte im wesentlichen abgeschlossen sein. Dann haben die Menschen neue Wurzeln geschlagen. Mehr als je zuvor in der Weltgeschichte ist es heute Gottes Stunde, um zu arbeiten und zu beten. Das Gebet ist die einzige adäquate Art und Weise, unsere Bemühungen schnell genug zu vervielfältigen, um die von Gott erwünschte Ernte einzuholen.

Unsere junge Welt

Gott sei Dank für die vergleichsweise große Aufgeschlossenheit der Jugend. Die große Mehrheit derjenigen, die in unserem Land oder in irgendeinem anderen Land für Christus gewonnen werden, nimmt ihn in der Jugend auf.

Die Statistiker sagen uns, daß wir in einer Zeit leben, in der die Weltbevölkerung im Durchschnitt jünger ist als je zuvor. Die Hälfte der Bevölkerung Lateinamerikas und Asiens ist heute zwanzig Jahre alt oder jünger. Vierzig Prozent der Welt ist heute nicht älter als fünfzehn Jahre. Die Bevölkerung wächst so schnell, daß in den nächsten fünfundzwanzig Jahren mehr Kinder geboren werden, als seit der Zeit Adams bis 1960 überhaupt Menschen gelebt haben. Sieben Prozent der gesamten Menschheit von Adam bis jetzt lebt heute!

Obwohl die Bevölkerungsexplosion in den Ländern der Dritten Welt diese zu einer jungen Gesellschaft macht, erwartet man, daß die Dritte Welt in zwanzig Jahren wie die westliche Welt zu altern beginnt. Der geeignete Zeitpunkt, um eine aufgeschlossene Jugend zu erreichen, liegt also in unserer Generation. Darum ist der Ruf nach Gebet, den der Heilige Geist in der Gemeinde lautwerden läßt, heute stärker und dringlicher als je zuvor.

Unsere im Herzen leere, desillusionierte Welt

Die westliche Welt beginnt zu erkennen, daß der falsche Gott des Materialismus versagt hat. Auch die Länder des Fernen Ostens erkennen dies, was sich an der wachsenden Selbstmordrate in Japan zeigt. Und die Dritte Welt, die sich so verzweifelt nach materiellem Wohlstand als Lösung ihrer Probleme ausstreckt, wird über kurz oder lang einsehen, daß, wo viele Güter sind, viele da sind, die sie aufessen. Das Aufwallen des militanten Islam ist ein weiterer Beweis für die Desillusionierung durch das Versagen des Materialismus.

Auch der Kommunismus hat einen großen Teil unserer Welt stark beeinflußt. Seine Verlockung liegt in dem Versagen von Regierungen und Menschen, die Hoffnungen und Bedürfnisse der Massen zu befriedigen. Aber er ist ein falscher Gott. Er behält seine Macht nur durch Gewalt, den Mangel an Freiheit und durch Diktatur, und ein großer Teil der kommunistischen Welt ist bereits desillusioniert und hat ein leeres Herz. Rufe nach Veränderung, nach mehr Freiheit und nach etwas, das die Menschen befriedigt, werden laut. Vor Jahren schrieb ein ehemaliger Marxist ein Buch mit dem Titel „The God That Failed“. Für Millionen unter dem Kommunismus hat ihr Gott sie im Stich gelassen.

Zweifellos ist dies einer der Gründe für die enorme geistliche Ernte in China im vergangenen Jahrzehnt – vielleicht die größte Ernte in einer solch kurzen Zeit in der Geschichte der Welt. Natürlich haben das treue Leben, Zeugnis und Leiden der Gläubigen, das Maß an andauerndem Gebet sowohl innerhalb wie außerhalb Chinas und der Dienst der evangelistischen Radiosendungen alle eine bedeutende Rolle gespielt.

Weitere Millionen sind desillusioniert worden durch die

falschen Götter der Erziehung und des Materialismus. Reaktionen zeigen sich in der Form militanter Erweckungen in einigen der alten Religionen.

Ja, die Menschen in der Welt haben vielleicht ein leereres Herz und weniger Illusionen als je zuvor. Ihre Götter haben sie im Stich gelassen. Wir wissen, daß Jesus die Antwort ist, nach der sie suchen. Was für eine Zeit, um die Ernte der Erde für Jesus einzuholen!

Gott ruft Sie und mich

Wenn es je eine Stunde in der Geschichte gegeben hat, in der die Möglichkeit für eine maximale Ernte auf der ganzen Welt bestand, dann ist das jetzt. Wenn es je eine Zeit gegeben hat, in der die bevorstehende Wiederkehr Christi ein Gefühl der Dringlichkeit im Blick auf das Gebet und die Mission weckte, dann ist das jetzt. Wenn es je eine Zeit gegeben hat, in der ein Christ, der nicht selber in den Dienst auf dem Missionsfeld gehen kann, dennoch die Möglichkeit hat, eine weltweite Rolle durch das Gebet zu spielen, dann ist das jetzt.

Wenn es den evangelikalen Christen, die die verschiedenen Missionsgesellschaften, Evangeliumssender und evangelistischen Teams unterstützen, je möglich gewesen ist, die Macht Satans zu blockieren und den Weg des Herrn durch das Gebet zu bereiten, dann ist es jetzt. Laßt uns alle den Aufruf zum Gebet deutlicher zum Ausdruck bringen. Laßt uns alle unsere Gebete mit den gläubigen Gebeten von anderen Menschen vereinen, die sich in gleicher Weise dem Herrn hingegeben haben, und für eine jetzige weltweite Ernte und für eine jetzige geistgewirkte Erweckung eintreten. Dies ist der Tag, den der Herr gemacht hat, der Tag, den Gott für uns als seine Mitarbeiter bereitet hat.

Dieses Buch wurde mit der Absicht und dem Gebet geschrieben, daß es Ihnen helfen möge, der Mann oder die Frau des Gebetes zu sein, der, beziehungsweise die Sie nach dem Willen Christi sein sollen. Es ist wunderbar möglich.

Laßt uns glauben und im Gebet vorwärtsdrängen. Diese Stunde ist gottgeschenkt, ist sein Ruf an Sie und mich.

Ihre unbeschreibliche Macht

Das größte Vorrecht, das Gott Ihnen gibt, ist die Freiheit, sich ihm zu jeder Zeit zu nähern. Sie sind nicht nur bevollmächtigt, mit ihm zu sprechen; Sie sind eingeladen. Es ist Ihnen nicht nur erlaubt; Sie werden erwartet. Gott wartet darauf, daß Sie mit ihm sprechen. Sie besitzen unmittelbaren, direkten Zugang zu Gott. Gott liebt die Menschheit so sehr, und in einem ganz besonderen Sinne seine Kinder, daß er sich Ihnen zu jedem Zeitpunkt zur Verfügung stellt. Es gibt zumindest sieben Aspekte in dieser erstaunlichen Macht, die er Ihnen gibt.

Die Macht, sich mit dem himmlischen Thronsaal in Verbindung zu setzen

Als Gottes Kind besitzen Sie Vollmacht, sich mit Gott, dem Herrscher des Universums, in Verbindung zu setzen, wann immer Sie es wollen. Er thront immer im Himmel; dennoch haben Sie durch das Gebet ebensolchen Zugang zu seiner Gegenwart wie jeder Engel oder Erzengel. Sie brauchen nicht auf eine Einladung zu warten; Sie sind bereits eingeladen. Sie brauchen sich nicht erst einen Termin geben zu lassen; Sie haben bereits die Genehmigung, sich Gott sofort zu nähern. Gott ist niemals zu beschäftigt, um Ihnen zuzuhören; er ist niemals zu engagiert, um Ihnen eine Antwort zu geben.

Bevor ich mit Königin Elisabeth zusammentraf, sagte man mir: „Sie dürfen niemals zuerst sprechen; warten Sie, bis Sie angesprochen werden. Sie dürfen die Königin nichts fragen; Sie dürfen ihr nur antworten." Man sagte mir: „Ihrer ersten Antwort müssen Sie die Worte ‚Ihre Majestät' anfügen."

Wenn Sie zu dem Herrn des Universums sprechen, ist es

ganz anders. Jesus sagte: „Wenn ihr betet, so sprecht: Vater!“ (Lk 11,2). Es gibt keine feierlichen Titel, die Sie nicht auslassen dürfen, wenn Sie Gott nicht beleidigen wollen, keine angebrachten Formulierungen, um Ihr Gebet heiliger oder erhörbarer zu machen. Auch gibt es keine offiziellen Worte, die Sie pflichtschuldig benutzen müssen.

Als Königin Elisabeth Indien besuchte, wurde ein kleines Mädchen ausgewählt, um der Königin einen Blumenstrauß zu überreichen. Wochenlang übte das Kind genau, wie es vor der Königin einen Knicks machen mußte und wie es sich rückwärts von der Königin zu entfernen hatte (ohne hintenüberzufallen!), denn man wollte sicherstellen, daß es der Königin nicht den Rücken zuwandte. Sie dürfen aber gewiß sein, daß man den eigenen Kindern der Königin diese Auflage nicht macht!

Im Gebet treten Sie vor Gott wie ein Kind vor seinen Vater. Sie brauchen nicht auf einen Engel zu warten, der Sie vorstellt. Sie brauchen nicht zu versuchen, sich annehmbarer zu machen. Sie brauchen nicht zuerst sorgfältig vorzubereiten, was Sie sagen wollen. Sie kommen einfach, wie Sie sind, öffnen Ihr Herz und sagen Gott, was Sie empfinden und was Sie möchten. Es gibt keine Gebetshaltung, die heiliger ist als diese. Sie sind Gottes Kind, und er ist interessiert und bereit, Sie zu sehen.

Die Macht, mit Gott zusammenzuarbeiten

Gott hat beschlossen, etliche seiner souveränen Pläne mit Ihrer Hilfe auszuführen. Paulus erinnert uns wiederholt daran, daß Gott uns zu einer geheiligten Partnerschaft berufen hat, zu dem Zweck, das Evangelium weiterzuverbreiten. Paulus betont unsere heilige Verantwortung, mit Gott zusammenzuarbeiten. Jegliche Form des Gehorsams gegenüber Gott ist geboten, aber es gibt viele Situationen, in denen uns Grenzen gesetzt sind. Vielleicht sind wir nicht an dem Ort, an dem wir sein sollten. Vielleicht fehlen uns besondere Fähigkeiten oder eine bestimmte Ausbildung. Durch das Gebet können wir jedoch immer mit Gott zusammenarbeiten.

Durch das Gebet können wir an jedem Ort, zu jeder Zeit und für jedes Anliegen mit Gott zusammenarbeiten. Wir sind geschaffen, um zu beten. Wir sind durch Gottes Gnade gerettet, um einen Dienst des Gebetes zu beginnen. Wir besitzen die Freiheit, das Recht und die Position eines legitimen Gotteskindes. Wir sind berufen, um mit Gott zusammenzuarbeiten; er hat uns zu diesem besonderen Zweck erwählt.

Darüber hinaus sagt Gott in 2. Mose 19, 5-6: „So sollt ihr mein Eigentum sein vor allen Völkern; denn die ganze Erde ist mein. Und ihr sollt mir ein Königreich von Priestern und ein heiliges Volk sein." Jesaja prophezeite: „Ihr aber sollt Priester des Herrn heißen" (Jes 61,6). Warum machte Jesus uns zu „Priestern", die Gott dienen sollten (Offb 1,6)? Warum werden alle Christen „eine heilige Priesterschaft" (1. Petr 2,5) und eine „königliche Priesterschaft" (V. 9) genannt?

Mit unserer Ernennung zu Priestern beabsichtigt Gott offenbar unter anderem, daß wir ihn anbeten und loben sollen. Aber es geht um noch viel mehr als dies. Wir sollen eine „königliche Priesterschaft" sein. Christus regiert die Welt heute durch das Gebet. Wir sollen durch die Fürbitte für unsere Nächsten an dieser Herrschaft teilhaben, genauso wie Christus beständig für sie eintritt (Hebr 7,25). Wir haben offiziellen Zugang zum himmlischen Thronsaal erhalten, damit wir unsere Fürbitte mit der Fürbitte Christi vereinen können!

Wenn aber Christus Fürbitte leistet, ist unsere Fürbitte dann noch notwendig? Was können unsere kümmerlichen Gebete seiner mächtigen Fürbitte wohl noch hinzufügen? Gott hat es gefallen, es in seinen ewigen Plan einzubauen, daß wir, seine Kinder, heute mit Christus an seiner fürbittenden Rolle und an seiner Herrschaft teilhaben. Wenn wir unsere freien Minuten nicht im Dienst der Fürbitte für andere und für Gottes Werk nutzen, lassen wir Gott im Stich bei der besonderen Aufgabe, zu der er uns berufen hat. Wenn wir wollen, können wir alle Radio- oder Fernsehnachrichten und jeden Zeitungsartikel in einen Aufruf zum Gebet verwandeln. Wenn wir aufmerksam sind, können wir an Gottes tiefem Empfinden für eine kaputte Welt teilhaben. Das Gebet ist die höchste Form, in der man Gottes Mitarbeiter sein kann.

Die Macht, Satan zu widerstehen und ihn zu besiegen

Satan ist der Erzfeind Gottes und der Menschen. „Euer Widersacher, der Teufel, geht umher wie ein brüllender Löwe und sucht, wen er verschlinge. Dem widersteht" (1. Petr 5, 8-9). Er ist der Meisterstratege hinter allem Bösen in der Welt. Sein Reich besteht aus gefallenen Engeln, Dämonen und Sündern. Er versucht beständig, Christi Mitarbeiter und Werk zu entmutigen, aufzuhalten und zu vernichten. Er ist entschlossen, auf jede mögliche Art und Weise Widerstand zu leisten. Einer seiner Namen ist „Verderber" (Offb 9,11). Er trachtet danach, Menschen, Familien, Völker sowie den Plan und das Werk Gottes zu zerstören.

Satan koordiniert eine Unzahl unreiner Geister, Dämonen genannt. Sie scheinen die Macht zu besitzen, die Menschen, in denen sie wohnen, zu quälen. Manchmal scheint Satan in der Lage zu sein, eine gewisse Kontrolle über die Kräfte der Natur auszuüben und das Werk Gottes durch dämonische „Wunder" nachzuahmen (2. Thess 2,9-10). Er besitzt solche Macht und böse Gewalt, daß sogar der Erzengel Michael Gott anrief, um Satan zurückzuweisen (Jud 9).

Welche Möglichkeiten haben Sie und ich, Satan zu widerstehen, beziehungsweise ihn zu besiegen? Gewiß kann doch nur Gott einen solch mächtigen Feind zurückhalten, unter Kontrolle bringen und besiegen. Aber nein, die Bibel gibt diese Macht ganz eindeutig gewöhnlichen Christen wie Ihnen und mir.

Wir dürfen der Versuchung nicht nachgeben. Jesus setzte ein Beispiel, wie man dies durch den Gebrauch des Wortes

Gottes tun kann (Mt 4, 1-11). Er drängte Petrus, durch Wachen und Beten siegreich zu sein (Mt 26,41).

Wir müssen feststehen im Glauben. Die Heilige Schrift verspricht: „Widersteht dem Teufel, so flieht er von euch" (Jak 4,7). Das griechische Wort für „widersteht" bedeutet „standhaft bleiben". Wenn Christus mit uns ist, können wir dem Satan widerstehen.

Wir müssen beten. Dies ist unsere mächtigste Waffe. Das Gebet demonstriert die Gegenwart Christi, und Satan und seine Dämonen müssen rückwärts zu Boden fallen, wie der Mob im Garten (Joh 18,6). Das Gebet ergreift die Verheißungen Gottes und errichtet sie wie einen Schutzwall zwischen uns und den Mächten der Finsternis. Das Gebet kann Gottes Engel zu unserer Hilfe herbeieilen lassen (2. Kön 6,15-17; Dan 10,13; Hebr 1,14). Das Gebet kann die Pläne Satans vereiteln. Das Gebet kann jede Kombination der Mächte Satans schlagen.

Wenn Paulus in Epheser 6 unseren geistlichen Kampf beschreibt, sagt er: „Denn wir haben nicht mit Fleisch und Blut zu kämpfen, sondern mit Mächtigen und Gewaltigen, nämlich mit den Herren der Welt, die in dieser Finsternis herrschen, mit den bösen Geistern unter dem Himmel" (V. 12). In dem vorangehenden Vers hatte Paulus von der Notwendigkeit gesprochen, den Machenschaften des Teufels zu widerstehen. Dann führt er die einzelnen Teile der geistlichen Waffenrüstung auf, die wir im Krieg mit Satan tragen müssen. Aber wenn wir vollständig bewaffnet sind, wie kämpfen wir dann? Paulus schlägt zwei Methoden vor – mit dem Schwert des Geistes, welches ist das Wort Gottes, und mit dem Gebet.

Das Gebet ist die meisterhafte Strategie, die Gott für die Besiegung und Vernichtung der Macht Satans anbietet. „Betet allezeit mit Bitten und Flehen im Geist" (Eph 6,18). Durch das Gebet kann der Heilige Geist uns so mächtig machen, daß die Macht Satans über unser Leben zerbrochen wird, daß Satans Hindernisse für das Gottesreich beseitigt werden und daß Satans Werk vernichtet wird. Christus kam, um die Werke des Teufels zu zerstören (1. Joh 3,8). Er tat dies im Prinzip auf Golgatha, und Christus betont diesen Sieg auf Golgatha nachdrücklich durch die Gebete seiner Braut, der Gemeinde. Darum ist das Volk Gottes zugleich auch die Armee Gottes.

Wenn Gottes Volk nur seine heilige Aufgabe als Gottes Armee akzeptierte, wenn Gottes Kinder sich gegenseitig an die Priorität des Gebetes erinnerten, wenn sie sich einander in streitbarer, geistgeführter und geistgesalbter Fürbitte anschlössen, könnten wir Satans Besiegung erleben und sehen, wie Gott eine Erweckung schenkt. Wir könnten die größte Ernte an Seelen sehen, die wir je erlebt haben.

Wir sind aufgerufen, Satan durch Beten und Fasten aufzuhalten, zurückzuschlagen und zu besiegen. Aber wir beten zu wenig, sind zu passiv, zu zufrieden mit geistlicher Mittelmäßigkeit und einer relativ großen, geistlichen Dürre. Wir scheinen damit zufrieden zu sein, wenn Satan den Sieg erlangt. Herr, wecke uns auf! Herr, lehre uns beten! Herr, führe uns in einen solchen Gebetskampf, daß wir Schlüsselpersonen, ganze Familien und sogar ganze Kontinente für Jesus in Anspruch nehmen! Gehen wir doch auf unsere Knie, und die Weltevangelisation kann vorangetrieben werden! Gehen wir doch auf unsere Knie, und der Triumph Christi wird offenbar werden!

Die Macht, die Gesetze der Natur zu überwinden

Das Gebet kann die „Naturgesetze" überwinden. Das Gebet kann eine wunderbare göttliche Antwort auf die verzweifelten Nöte des Menschen bringen. Es wäre sinnlos, für viele Problemsituationen zu beten, wenn dies nicht wahr wäre. Wenn bei unserem Gebet Gottes Handeln Grenzen gesetzt sind, dann ist das Gebet ein Spielen mit Gott, ein Tändeln mit menschlichen Bedürfnissen und ein Selbstbetrug. Nein! Niemals! Das Gebet ist ebenso real, wie Gott real ist. Es gibt absolut nichts, das Gott nicht tun kann, wenn es zur Förderung seines Reiches dient und in Übereinstimmung mit seinem Willen ist. Das Gebet setzt Gottes Kraft frei.

Christus ist der Schöpfer und der Erhalter des Universums (Joh 1,3; Kol 1,16-17). Er ist ein Gott des Planes, der Ordnung und der Macht. Seine normalen Handlungsweisen nennen wir die „Naturgesetze". Er hat das Universum so geplant und geschaffen, daß niedrigere Gesetze durch höhere Gesetze überwunden werden können. Das Gesetz der Schwerkraft zum Beispiel kann zeitweise durch das Gesetz der Kraft überwunden werden. Wenn wir einen Ball werfen, schreibt das Gesetz der Kraft vor, daß der Ball so lange im Flug verharrt, bis die Kraft erschöpft ist. Dann gewinnt das Gesetz der Schwerkraft wieder die Oberhand, und der Ball fällt zu Boden.

Niedrigere Gesetze dienen gewöhnlich den Zwecken der höheren Gesetze, stehen mit diesen in Einklang und können von ihnen außer Kraft gesetzt werden. Die Gesetze, die die Materie bestimmen, können durch die Gesetze der Biologie und des Lebens überwunden werden. Diese wiederum können den Gesetzen der Psychologie dienen. Moralische Gesetze übersteigen physikalische Gesetze, und geistliche Gesetze überragen alle. Gott ist Geist, und er überragt die gesamte Schöpfung. Er ist absolut frei, er ist der Schöpfer und Erhalter und der Herrscher über alles. Er ist frei, jedes seiner Gesetze zu übertreten, denn sie sind alle nur der Ausdruck seines kreativen Geistes – die Art und Weise, in der er normalerweise in der Welt, die er geschaffen hat, zu wirken pflegt. Das Überwinden eines Gesetzes ist nicht gleichzusetzen mit dem „Brechen" oder „Zerstören" eines Gesetzes, sondern dieses Gesetz wird zeitweise zu einem höheren Zweck außer Kraft gesetzt.

Wenn Gott die übliche Art und Weise seines Wirkens („das Naturgesetz") durch einen besonderen Ausdruck seines Willens aufhebt, sprechen wir von einem Wunder. Für Gott ist es einfach ein anderes Werk. So bezeichnete Jesus seine Wunder einfach als „Werke" (gr. *erga;* siehe Joh 9,4; 10,25.32.38). Das Gebet ist möglich, weil Gott allmächtig ist, der Souverän über alle seine Werke. Er hat ewige Absichten und Pläne. Er wird immer eine seiner normalen Handlungsweisen übersteigen, um seine moralischen und geistlichen Absichten und seine ewigen Pläne in die Realität umzusetzen. Daher hat das Gebet immer die Möglichkeit, mit Gottes ewiger Absicht zusammenzuarbeiten und sich die Wunderkraft Gottes zu sichern. Gott garantiert keine Wunder, aber Gott ist immer offen für unser Gebet, daß sich sein Wille zu seiner Ehre durchsetzen möge. Das Gebet ist Gottes verordneter Weg, seine Wunderkraft bei menschlichen Problemen in Aktion treten zu lassen.

Die Macht, um die Hilfe der Engel zu erlangen

Wir leben in einem Zeitalter, das dem Übernatürlichen skeptisch gegenübersteht. Viele Christen denken selten an die biblische Lehre über die Engel. Hebräer 1,14 versichert uns, daß alle Engel „dienstbare Geister sind, ausgesandt zum Dienst" an Gottes Kindern. Wir kennen nicht alle Arten ihres Dienstes, aber die Bibel erwähnt besonders diese:

Sie schützen vor Gefahr. Sie beschützten Jakob nach seiner Nacht des Gebetes (1. Mose 32,1). Sie beschützten Elisa, den Mann des Gebetes (2. Kön 6,17).

Sie befreien die Kinder Gottes. Engel befreiten Petrus aus dem Gefängnis (Apg 12, 1-11). Ein Engel versicherte Paulus, daß er und alle, die an Bord des Schiffes waren, gerettet würden (Apg 27,23), daß ihm ihr Leben „von Gott geschenkt" würde, was einen Rückschluß auf die Bitte von Paulus im Gebet zuläßt.

Sie bringen Gottes Kindern Botschaften. Dafür gibt es viele biblische Beispiele. Engel brachten den Hirten eine Botschaft bei der Geburt Jesu (Lk 2, 9-13), den Frauen bei der Auferstehung Christi (Mt 28,2-7), und Kornelius brachten sie eine Botschaft als Antwort auf seine Gebete (Apg 10,1-7). Sie können Ihnen oder anderen Anregungen durch Gedanken bringen.

Sie erneuern die körperliche Kraft. Sie stärkten Christus nach seinem schweren inneren Kampf im Garten Gethsemane (Lk 22,43).

Ich bin sicher, daß mir während meines Dienstes in Indien

bei vielen Gelegenheiten Engel halfen, obwohl ich sie nicht gesehen habe. In einem Fall wurde ich zum Beispiel auf eine Gefahr aufmerksam gemacht und auf die Notwendigkeit, meine Route zu ändern. Später entdeckte ich, daß ich nur knapp einem tobenden, christusfeindlichen Mob entkommen war. Bei einer anderen Gelegenheit ging ich ohne Furcht durch einen Mob, der mich beschimpfte. Nicht eine Hand berührte mich, und ich war mir der Gegenwart Gottes auf ungewöhnliche Weise bewußt. In beiden Fällen erfuhr ich später, daß eines von Gottes Kindern auf der anderen Seite der Erde genau zu diesem Zeitpunkt sensibel für Gottes Anweisungen war und eine Gebetslast für mich hatte, weil ich in Gefahr war, obwohl jene Person damals nichts über meine Situation wußte.

Gott will gerne jedes notwendige Mittel gebrauchen, um die Seinen zu schützen, wenn wir unseren Teil tun und beten, wenn er uns dazu veranlaßt. Wir haben die Zusage Gottes und besitzen jedes Recht, sie in Anspruch zu nehmen, ihn um den Beistand der Engel zu bitten für seine Diener, die an besonders gefährlichen Orten arbeiten – wie zum Beispiel in innerstädtischen Ghettos oder auf unruhigen Missionsstationen. Wir sollten nicht zögern, Gott um den besonderen Schutz der Engel für unsere Lieben zu bitten.

Die Macht, Berge zu versetzen

In der Bibel werden Berge manchmal in einem symbolischen Sinne benutzt, um Stärke und Stabilität auszudrücken. Andererseits symbolisieren Berge oft Schwierigkeiten, Hindernisse und Probleme. Wenn wir daher den Weg des Herrn bereiten, muß alles Krumme geradegemacht und müssen alle Berge erniedrigt werden. Dann wird die Herrlichkeit des Herrn offenbart werden (Jes 40,3-5; Lk 3,4-6). Wenn Gottes mächtiger Geist wirkt, sind Berge, die auf eine andere Art und Weise unverrückbar erscheinen, wie nichts vor der Macht Gottes (Sach 4, 6-7). Der Heilige Geist, der allein in der Lage ist, dies zu bewirken, kann die unmöglichsten Berge in Wege und Pfade für ein schnelles Vorwärtskommen verwandeln (Jes 49.11).

Jesus gebrauchte diese alttestamentliche Illustration mehrmals in seinen Unterweisungen. Als es seinen Jüngern nicht gelungen war, den Dämon aus dem besessenen Jungen auszutreiben, sagte ihnen Jesus, daß, wenn sie Glauben gehabt hätten so klein wie ein Senfkorn, sie zu diesem „Berg" (symbolisch für jegliche unüberwindliche Situation oder ein ebensolches Problem) sprechen würden, und „er wird sich heben; und euch wird nichts unmöglich sein" (Mt 17,20). Er fügte sofort hinzu, daß diese Art von dramatischem Geschehen die Folge von Gebet und Fasten sei (V. 21).

Als die Jünger über Jesu Macht, den unfruchtbaren Feigenbaum verdorren zu lassen, staunten, antwortete er ihnen nochmals, daß sie nicht nur dasselbe tun könnten, sondern sogar den Bergen befehlen könnten, sich ins Meer zu stürzen, denn „alles, was ihr bittet im Gebet, wenn ihr glaubt, so werdet ihr's empfangen" (Mt 21, 21-22). Markus berichtet dasselbe Ereignis und zitiert den Ausspruch Jesu: „Darum sage ich euch: Alles, was ihr bittet in eurem Gebet, glaubt nur, daß ihr's empfangt, so wird's euch zuteilwerden" (Mk 11,24).

Gott erwartet, daß seine Kinder sich den Bergen von Schwierigkeiten stellen und sie bewegen (siehe Kapitel 15). Er will nicht, daß wir uns von ihnen aufhalten lassen, sondern daß wir sie als eine Herausforderung annehmen – entweder, daß wir sie zu Gottes größerer Ehre in Straßen verwandeln oder daß wir sie ins Meer stürzen lassen, sie völlig aus dem Blickfeld verschwinden lassen, als ob sie nie existiert hätten. Jesus sichert uns zu, daß dies wirklich geschehen kann, wenn seine Kinder vor den Bergen stehen und glauben, aber er erinnert uns daran, daß für ein solches Versetzen von Bergen anhaltendes Gebet und Fasten notwendig sein kann. Der Heilige Geist will das Wunder wirken. Es wird nicht durch unsere Macht oder Kraft geschehen (Sach 4,6).

Hunderte von Bergen erschweren heute das Vorwärtskommen der Mission und der Gemeinde Christi, weil wir uns fast ausschließlich auf unsere eigene Weisheit, unsere eigenen Fähigkeiten und Anstrengungen verlassen. Wir sollten besser fast nichts anderes tun, als uns wirklich dem Gebet und Fasten hinzugeben!

Das Gebet besitzt gewaltige Kraft, um Berge zu versetzen, denn der Heilige Geist ist bereit, sowohl unser Beten zu bestätigen wie die Berge, die uns behindern, zu versetzen. Das Gebet besitzt die Macht, Berge in Straßen und Pfade zu verwandeln.

Die Macht zu segnen

Der Gott der Bibel ist ein Gott, der segnet. In seinem Wort gibt es unzählige diesbezügliche Verheißungen. Wir können sicher sein, daß, abgesehen von den Fällen, wo Gott erziehen oder strafen muß, es immer sein Wille ist, die Menschen zu segnen, namentlich seine gehorsamen Kinder.

„(Jesus) ist umhergezogen und hat Gutes getan" (Apg 10,38). Wie er sollen wir durch das Leben gehen und jeden segnen, den wir segnen können. Wir, seine Jünger, sollen bekannt sein für unsere guten Taten, mit denen wir andere segnen (Mt 5,16; Eph 2,10). Wir sollen reich sein an guten Taten (1. Tim 6,18). Wir sollen „vollkommen sein, zu allem guten Werk geschickt" (2. Tim 3,17).

Die beste Art und Weise, in der Christen einen Segen übermitteln können, ist das Gebet. Wir haben die Möglichkeit, für diejenigen zu beten, mit denen wir ansonsten keinerlei Kontakt haben. Angefangen bei der Regierung unseres Volkes und der Leitung der Gemeinde bis hin zu den Armen, den Bedürftigen und den Leidenden – durch das Gebet können wir über alle Segen bringen. Von unseren Angehörigen und unseren engsten Freunden, die wir häufig sehen, bis hin zu denen, die wir nur einmal treffen oder von denen wir nur hören – wir können die Übermittler von Gottes Segen sein. Die oft wiederholte Bitte „Bete für mich" ist tatsächlich eine Bitte um Segen und Hilfe.

Als Christ sollten Sie segnend durch das Leben gehen. Sie

können Ströme des Segens, der Erquickung und der Ermutigung bringen, wo immer Sie gehen, einfach indem Sie Ihre Tage bewußt mit unaufhörlichem Gebet für andere verbringen. Wie es Zeit und Gelegenheit erlauben, sollten Sie auf jede mögliche Art und Weise so viele Menschen wie möglich segnen (Gal 6,10). Ihre Gegenwart sollte immer einen Segen bringen. Dies wird am meisten der Fall sein, wenn Sie treu um Gottes Segen für alle die beten, die ihren Weg kreuzen. Wenn Sie aufmerksam sind, werden Sie Möglichkeiten finden, Ihre Tage mit Gebeten um Segen zu füllen.

General Stonewall Jackson sagte: „Ich habe es mir so sehr angewöhnt, daß ich niemals ein Glas Wasser an meine Lippen setze, ohne um Gottes Segen zu bitten, daß ich niemals einen Brief versiegle, ohne ein Wort des Gebetes unter das Siegel zu setzen, niemals einen Brief aus der Post nehme, ohne meine Gedanken kurz himmelwärts zu senden, niemals im Hörsaal den Unterricht beende und fortsetze ohne ein kurzes Gebet für die Kadetten, die hinausgehen, und für die, die hereinkommen."

Ein geachteter englischer Arzt im siebzehnten Jahrhundert, Sir Thomas Browne, war ein Beispiel für beständiges Beten um Segen. Er sagte: „Ich habe mich entschlossen, mehr zu beten und immer zu beten, an allen Orten zu beten, wo Stille dazu einlädt, im Haus, auf der Landstraße und in den Straßen der Stadt; jede Straße und jeder Stadtteil sollen bezeugen können, daß ich Gott nicht vergessen habe … Ich will die Gelegenheit zum Gebet ergreifen beim Anblick jeder Kirche, an der ich vorbeikomme, daß Gott dort im Geist angebetet werden möge und daß dort Seelen gerettet werden mögen; ich möchte täglich für meine kranken Patienten beten und für die Patienten anderer Ärzte; wann immer ich ein Haus betrete, will ich sagen: ‚Möge der Friede Gottes hier wohnen'; nach dem Hören einer Predigt möchte ich beten um einen Segen auf Gottes Wahrheit und auf Gottes Botschafter; beim Anblick eines schönen Menschen will ich Gott loben für seine Geschöpfe und für die Schönheit der Seele eines solchen Menschen beten, daß Gott ihn bereichern möge mit inneren Gaben und daß sich das Äußere und das Innere entsprechen mögen; beim Anblick eines behinderten Menschen will ich Gott bitten, ihm Gesundheit der Seele zu geben und ihm zu seiner Zeit die Schönheit der Auferstehung zu gewähren."

Abraham wurde verheißen, daß Gott ihn segnen und zu einem Segen machen werde (1. Mose 12,2). Das sollte die Erfahrung eines jeden Christen sein – je mehr Gott segnet, desto mehr sollte jeder von uns andere segnen. Das Gebet ist der sichere Weg zum Segen, und das Gebet ist das beste Mittel, für andere ein Segen zu sein. Das Gebet ist Gottes Gabe der Fähigkeit, andere zu segnen. O, füllen Sie jeden Tag mit Gebeten des Segens und nehmen Sie diese gewaltige Fähigkeit, die Gott Ihnen gegeben hat, in Anspruch!

Ihre erstaunliche Autorität

In der letzten Woche seines Lebens, also kurz vor seinem stellvertretenden Tod und vor seiner Auferstehung, gab Jesus seinen Jüngern einige besondere Lektionen über das Gebet. Es waren dies seine tiefgründigsten Lehren. Der Herr betonte unter anderem, daß seine Jünger ihre Bitten im Namen Jesu vor Gott bringen sollten. Kein Führer hat seinen Anhängern je eine solch erstaunliche Autorität verliehen. Um diese Autorität zur Ehre Jesu und zur Förderung seines Reiches einsetzen zu können, müssen wir die Antwort auf die folgenden drei Fragen wissen: Was beinhaltet das Wort „Name“ im jüdischen Denken? Was bedeutet es, im Namen Jesu zu beten? Wie können wir den Namen Jesu bei unserem Beten am wirksamsten einsetzen?

Die Bedeutung des Wortes „Name“ im jüdischen Denken

Das Wort „Name“, wie es zur Zeit Christi gebraucht wurde, impliziert drei Dinge:

Der Name ist die Person. Ehrt man den Namen Jesu, heißt dies, daß man Jesus selber ehrt. Den Namen Jesu zu lieben bedeutet, Jesus zu lieben. Die Verunehrung des Namens Jesu ist gleichzusetzen mit der Beschimpfung Jesu.

Der Name repräsentiert alles, was wir von der betreffenden Person wissen. Als Mose nach einer engeren Gemeinschaft mit Gott verlangte, bat er darum, Gottes Herrlichkeit sehen zu dürfen. Gott antwortete, daß ein Mensch eine solche Begegnung nicht überleben könne, denn seine Herrlichkeit sei größter, als der menschliche Leib zu ertragen vermöge. Aber Gott versprach, sich Mose zum Teil zu offenbaren. Er stellte Mose in eine Felskluft, bedeckte ihn mit seiner Hand und ging an Mose vorbei. Dabei zog er seine Hand eine Sekunde lang fort, so daß Mose die Herrlichkeit sehen konnte, die zurückblieb, nachdem Gott vorbeigegangen war. Während der Herr dies tat, verkündete er seinen Namen – einen aufschlußreichen Namen, der zwei Sätze lang war: „Herr, Herr, Gott, barmherzig und gnädig und geduldig und von großer Gnade und Treue, der da Tausenden Gnade bewahrt und vergibt Missetat, Übertretung und Sünde, aber ungestraft läßt er niemand…" (2. Mose 34,6-7). Gott zu kennen bedeutete, all das zu kennen, was sein Name darstellte. Den Namen zu verstehen hieß, Gott zu sehen.

Der Name Jesu repräsentiert alles, was wir aus der Bibel und unserer persönlichen Erfahrung von ihm wissen. Er schließt Jesu verwandelnde Kraft ebenso mit ein wie seine Liebe, seine Gnade, seine Intolleranz gegenüber Scheinheiligkeit und seinen Wunsch, daß wir heilig seien wie er. Der Name Jesu umfaßt unser Wissen über ihn in seiner ewigen Herrlichkeit, über seine Erschaffung des Universums, seine Inkarnation, seinen Sühnetod, seine Auferstehung und seine Wiederkunft.

Der Name ist die handelnd gegenwärtige Person. Für die ersten Christen bedeutete das Zusammenkommen „im Namen Jesu" (Mt 18,20), daß Jesus persönlich in ihrer Mitte anwesend war, wie dies auch heute tatsächlich der Fall ist. „Im Namen Jesu" gesandt zu sein, alles „im Namen Jesu" zu tun (Kol 3,17) bedeutet in der Tat, durch die Autorität Jesu zu handeln, seinen Charakter sichtbar zu machen. Wenn wir heute „im Namen Jesu" handeln, glauben wir gleicherweise, daß wir nicht alleine handeln, sondern daß Jesus auf unserer Seite ist, auch wenn er unserem Auge verborgen ist.

Die Bedeutung des Gebets im Namen Jesu

Um im Namen Jesu beten zu können, darf man einige Dinge nicht außer acht lassen:

Im Namen Jesu zu beten ist nur möglich, wenn man „in Jesus" ist. Jesus sagte: „Und was ihr bitten werdet in meinem Namen, das will ich tun, damit der Vater verherrlicht werde im Sohn. Was ihr mich bitten werdet in meinem Namen, das will ich tun“ (Joh 14,13-14). In demselben Gespräch mit seinen Jüngern kurz vor seinem Tod ermahnte er sie: „Wenn ihr in mir bleibt und meine Worte in euch bleiben, werdet ihr bitten, was ihr wollt, und es wird euch widerfahren … Ohne mich könnt ihr nichts tun“ (Joh 15,7.5). Jesus gebrauchte in Johannes 14 und 15 den Ausdruck „in mir“ siebenmal. „In Jesus“ zu sein bedeutet:

1. Eine geistliche Einheit mit Jesus zu bilden (15,4-7).
2. Am Weinstock zu sein (15,4).
3. In der Liebe Jesu zu sein (15,9-10).

Liebe ist das vorherrschende Thema von Johannes 13-16. Liebe muß auf Gegenseitigkeit beruhen; wenn sie empfangen werden soll, muß sie erwidert werden. Jesu neues Gebot heißt Liebe (13,34; 15,17). Sie können Jesus nicht lieben, wenn Sie seine anderen Kinder nicht lieben (13,34). Jesus zu lieben heißt, Jesus zu gehorchen (14,15.23). Wenn Sie lieben, werden Sie in Jesus bleiben (15,10).

4-5. Jesus muß in Ihnen leben (14,20; 15,4-5).
6. Der Heilige Geist muß in Ihnen wohnen (14,15-18).
7. Die Worte Christi müssen in Ihnen bleiben (15,7).

Unsere Fähigkeit, im Namen Jesu zu beten, hängt ab von dieser „In Christus“-Beziehung.

Im Namen Jesu zu beten heißt, in sein Wesen umgestaltet zu werden. Das in Johannes 13 gegebene Beispiel zeigt Jesus in seiner Knechtsrolle und erzählt, wie er seinen Jüngern die Füße wäscht. Wenn Sie die Wahrheit kennen, müssen Sie die Wahrheit tun (13,17). Wenn Sie seinen Willen freudig tun und so eine Ähnlichkeit mit Christus widerspiegeln, können Sie im Namen Jesu beten.

Im Namen Jesu zu beten heißt, um seinetwillen zu beten. Sie müssen so sehr verlangen, was Jesus verlangt, daß jede Bitte im Geist des Vaterunsers getan wird: „Dein Wille geschehe“ (Mt 6,10). Dies war Jesu Haltung, als er in Gethsemane im Gebet rang. Sie sollen aktiv, eifrig beten, daß sich der Wille Jesu durchsetzt. In seinem Namen zu beten bedeutet, darauf zu beharren, daß Jesu umfassender Sieg überall auf der Welt sichtbar wird.

Im Namen Jesu zu beten heißt, seinen Namen als Referenz

zu benutzen. Dieser Aspekt von Gottes Wahrheit wird in der freien Wiedergabe der „Guten Nachricht" von Johannes 14,12-14 deutlich hervorgehoben: „Ich versichere euch: Jeder, der sich auf mich verläßt, wird auch die Taten vollbringen, die ich tue. Ja, seine Taten werden meine noch übertreffen, denn ich gehe zum Vater. Dann werde ich alles tun, worum ihr bittet, wenn ihr euch dabei auf mich beruft. So wird durch den Sohn die Herrlichkeit des Vaters sichtbar werden. Wenn ihr euch auf mich beruft, werde ich euch jede Bitte erfüllen." Jesus ist Ihre Referenz, wenn Sie sich Gott, dem Vater, im Gebet nähern. Wenn der Satan versucht, Sie zu blockieren und Ihnen Widerstand zu leisten, gebrauchen Sie dann den Namen Jesu, um völligen Sieg zu erlangen.

Im Namen Jesu zu beten heißt, den Sieg auf Golgatha für die eigenen Bedürfnisse in Anspruch zu nehmen. Weil Jesus den Satan und all seine bösen Scharen von Dämonen öffentlich überwunden hat (Kol 2,15), ist Satan ein besiegter Feind. Er ist ein unrechtmäßiger Machthaber. Er versucht, Ihnen Angst zu machen und Sie zu bluffen, aber er hat bereits die letzte Schlacht verloren. Im Namen Jesu dürfen Sie verlangen, daß der Sieg, den Christus am Kreuz errungen hat, hier und jetzt sichtbar wird.

Im Namen Jesu zu beten heißt, seine umfassende Rolle als Gottes Gesalbter anzuerkennen – er ist Ihr Prophet, Priester und König. Als Prophet ist er Ihr Ratgeber und Führer. Als Priester ist er Ihr Fürsprecher. Wenn Sie beten, sagt er „Amen" auf Ihr Gebet (Offb 3,14). „Denn auf alle Gottesverheißungen ist in ihm das Ja; darum sprechen wir auch durch ihn das Amen, Gott zum Lobe" (2. Kor 1,20). Als König ist er Ihr souveräner Herr. Wenn Sie in seinem Namen beten, beanspruchen Sie für Ihr Gebet seine prophetische Leitung, seine priesterliche Fürsprache und seine königliche Antwort.

Im Namen Jesu zu beten heißt, in seiner vollen Autorität zu beten. Er hat die Autorität, zu beten und Gott zu bitten, in seinem Namen große Dinge zu vollbringen, auf Sie übertragen. Sie können Satan und sein System, seine Dämonen und sein ganzes höllisches Werk im Namen Jesu in ihre

Schranken weisen. Der Name Jesu ist Ihr Schutz; er ist Ihre Macht; er ist Ihr Sieg.

Wie man den Namen Jesu im Gebet gebraucht

O heiliges Vorrecht! Sie benötigen keine andere Empfehlung, keine andere Einführung bei Gott. Kommen Sie sofort und ohne Umwege zu Gottes Thron. Erheben Sie Ihr Herz und schauen Sie auf Ihren Vater. Scheuen Sie sich nicht zu kommen. Gott erwartet Sie; er wartet darauf, daß Sie im Gebet zu ihm kommen. Als Kind Gottes sind Ihnen Ihre Sünde und Schuld vergeben worden. Sie sind nicht länger ein Knecht. Sie sind der Freund Jesu; Sie sind sein offizieller Gebetspartner. Sie kommen zum Thron der Gnade, und zwar nicht in Ihrem eigenen Namen, sondern im Namen Jesu; Sie vertreten seine Interessen, und Sie tun dies kraft seiner Autorität. Sie haben den offiziellen Auftrag, Fürbitte zu tun. Wie aber sollen Sie nun diesen wunderbaren, allmächtigen Namen gebrauchen?

Denken Sie daran, was sein Name repräsentiert. Der Name Jesu repräsentiert seine Person, seine Ziele, seine Ehre, seine Autorität – alles, was er ist.

Erfreuen Sie sich an der Kostbarkeit seines Namens. Der Name Jesu kennzeichnet all seine Schönheit und Liebenswürdigkeit. Erinnern Sie sich seiner Güte, besonders seiner liebevollen Freundlichkeit Ihnen gegenüber. Sein Name repräsentiert seine ständige persönliche Liebe zu Ihnen und zu denjenigen, für die Sie beten. Gebrauchen Sie seinen kostbaren Namen, wenn Sie ihm im Gebet lobsingen (Ps 135,3).

Bringen Sie Ihre Liebe durch den Gebrauch seines Namens zum Ausdruck. Diejenigen, die Sie lieben, hören es gerne, wenn Sie ihren Namen aussprechen. Jesus liebt Sie mehr als irgend jemand anderer. Ungeachtet dessen, wie viele Tausende seinen Namen anrufen, hört er es immer wieder gerne, wenn Sie ihn aussprechen. Es spielt keine Rolle, wie oft Sie Jesu Name bereits ausgesprochen haben; Jesus freut sich immer wieder, wenn er in Liebe ausgesprochen wird.

Das Bekennen seines Namens ist ein wahres Lobopfer. „So laßt uns nun durch ihn Gott allezeit das Lobopfer darbringen, das ist die Frucht der Lippen, die seinen Namen bekennen“ (Hebr 13,15).

Glauben Sie an seinen Namen. Jesus will, daß sie im Gebet Ihren Glauben durch das Glauben an seinen Namen üben (1. Joh 3,23). Sein Name bewirkt eine Erwartungshaltung, gibt Ihrem Vertrauen Beständigkeit und erfüllt Sie mit Freude (Röm 15,13; 1. Petr 1,8). Der Glaube an seinen Namen ermöglicht Wunder (Apg 3,16).

Bringen Sie im Gebet Ihre Bitten in seinem Namen vor (siehe Joh 14,13-15; 15,6-7; 16,26-17). Vergewissern Sie sich, daß Sie mit Jesus eine Einheit bilden. Beten Sie für das, was ihm gefällt, was ihn verherrlicht. Nehmen Sie Ihr Erbe in seinem Namen in Anspruch. Bitten Sie um seines Namens willen.

Gebrauchen Sie die Autorität seines Namens. Der Name Jesu bringt seine souveräne Autorität zum Ausdruck, erinnert an den Sieg, den er bereits auf Golgatha gewonnen hat und weist auf das Vorhandensein der Engelscharen, die ihm untertan sind, hin. Sein Name beschreibt seinen Plan und sein Programm; er garantiert Satans Scheitern und Niederlage. Jesu Name wurde Ihnen gegeben, damit Sie ihn im Gebet gebrauchen. Berufen Sie sich nachdrücklich auf seine Autorität, um Satan zu widerstehen und das Zustandekommen des Willens Christi zu fördern.

Heiligen Sie Ihr Gebet im Namen Jesu. Von dem Gebrauch des Namens Jesu im Gebet geht ein heiligender Einfluß aus: (a) Jesu Name überwacht die Art und das Motiv Ihrer Bitte. Sie können in seinem Namen nicht egoistisch oder fleischlich beten. (b) Jesu Name verlangt, daß ihm die Ehre gegeben wird. (c) Jesu Name erwartet Ihre Integrität und Ihren Gehorsam. (d) Jesu Name verlangt Ihre Beharrlichkeit im Gebet. Sie beten in seinem Namen nur für das, was wirklich wichtig ist.

Werden Sie Jesu Partner durch seinen Namen. Christus ist Ihr großer Hohepriester, der zur rechten Hand des Vaters Fürbitte leistet (1. Petr 3,22; Röm 8,34; Eph 1,20-23). Sie können sich seiner Fürbitte anschließen und eine Gebetspartnerschaft mit ihm eingehen, wenn Sie in seinem Namen beten. Das, was der Heilige Geist durch Sie auf dieser Erde betet, wenn Sie beten, das betet Christus, wenn er zur rechten Hand Gottes auf dem Thron sitzt. Wenn Sie seinen Namen im vollen biblischen Sinne gebrauchen, macht Sie dies zu Gebetspartnern.

Ehren Sie seinen Namen. Gott will, daß Sie den Namen Jesu verherrlichen. Ihr Gebet im Namen Jesu versetzt ihn in die Lage, dem Vater Ehre zu geben (Joh 14,13-14). Gott hat Jesus auf den höchsten Platz gestellt und ihm den Namen gegeben, der über alle Namen ist (Phil 2,9). Sie ehren den Namen Jesu, wenn Sie in seinem Namen beten.

Weisen Sie Satan im Namen Jesu in seine Schranken. Selbst die Engel weisen Satan und seine dämonischen Scharen im Namen Jesu zurück. Erinnern Sie Satan daran, wer Jesus ist. Erinnern Sie Satan an Jesu Sieg am Kreuz und an seine Auferstehung, und erinnern Sie Satan daran, daß er bereits besiegt ist. Erinnern Sie Satan an Ihre Identität mit Jesus und an die Autorität, die Ihnen durch den Namen Jesu gegeben ist.

Gebrauchen Sie den Namen Jesu als Zufluchtsort. „Der Name des Herrn ist eine feste Burg; der Gerechte läuft dorthin und wird beschirmt" (Spr 18,10). Erfreuen Sie sich an Ihrem Vorrecht, den Namen Jesu tragen und gebrauchen zu können. Nehmen Sie den Dienst und den Schutz der Engelheere Gottes für sich und für andere, für die Sie beten, in Anspruch, besonders für Missionare, die an gefährlichen Orten dienen. Die Engel sind ständig auf dem Posten, um Ihnen und allen Kindern Gottes zu helfen (Hebr 1,14). Alle sind Jesus untertan und folgen seinem Befehl. In der Zuflucht seines Namens sind Sie sicher.

Tun Sie alles im Namen Jesu. Kolosser 3,17 ist allumfassend: „Und alles, was ihr tut mit Worten oder mit Werken, das tut alles im Namen des Herrn Jesus." Leben Sie zur Ehre des Namens Jesu. Beten Sie in seinem Namen. Dienen Sie in seinem Namen. Vertrauen Sie in seinem Namen. Verherrlichen Sie seinen Namen. Nehmen Sie den Namen Jesu mit sich und triumphieren Sie dadurch überall, wohin Sie gehen. Freuen Sie sich in allem, daß der Name Jesu Ihr Gebet intensiviert.

Im Namen Jesu verfügen Sie über ein erstaunliches Vorrecht und eine ebensolche Autorität. Der Gebrauch seines Namens bringt die Dimension des Übernatürlichen in Ihr Gebet. Er macht Ihnen den Weg frei. Er drängt die Finsternis von Ihnen fort. Er ist der Schlüssel zu den himmlischen Quellen. Freuen Sie sich in seinem Namen! Bekleiden Sie sich mit seinem Namen! Lernen Sie, in der vollen Autorität des Namens Jesu zu beten!

Ihr Gebetspartner auf dem Thron

Das Gebet bringt Sie in eine geheiligte Partnerschaft mit Jesus Christus, dem erhöhten Gottessohn. Wenn Gott es nicht in seinem Wort gesagt hätte, wäre es Gotteslästerung, annehmen zu wollen, daß Sie Anteil an einer solchen Partnerschaft haben könnten. Der Satz „Und der Herr wirkte mit ihnen" ist eine kurze und bündige Beschreibung der frühen Kirche (Mk 16,20). Außerdem nennt die Heilige Schrift alle Christen „Gottes Mitarbeiter" (1. Kor 3,9; 2. Kor 6,1).

Es gibt viele Möglichkeiten, mit Gott zusammenzuarbeiten – durch Gehorsam, durch den Dienst am Nächsten und durch das Weitergeben seiner Liebe. Aber Gott möchte einen noch vertrauteren Kontakt mit Ihnen haben. Er möchte Sie in seinen engsten Kreis bringen, wo Sie sein großes Mitgefühl für eine verlorene Welt spüren können. Er hat Sie geschaffen mit der Fähigkeit, mit ihm sprechen und Gemeinschaft mit ihm haben zu können. Darüber hinaus sind Sie als sein „Mitarbeiter" geschaffen, um zu beten – so wie er betet.

Warum betet Jesus?

In der Heiligen Schrift lesen wir wiederholt, daß Jesus betete und daß er auch heute noch betet. Aber warum ist für Jesus, dessen Worte die Welt ins Sein riefen (Joh 1,3), und der alle Dinge erhält (Hebr 1,3) das Gebet eine Notwendigkeit? Warum muß er beten? Warum nicht einfach befehlen? Kein Dämon aus der Hölle und kein Zusammenschluß dämonischer Mächte könnte seinem gewaltigen Wort widerstehen. Warum tadelt Jesus sie nicht einfach, hält sie auf oder verzehrt sie durch sein Wort?

Eines Tages wird er das tun (2. Thess 2,8). Eines Tages wird er mit eisernem Zepter regieren (Offb 12,5), und auch wir werden das tun (Offb 2,27). Aber was die Gegenwart anbetrifft, so hat Christus beschlossen, die Welt durch das Gebet zu regieren. Dies ist der Tag der Gnade, nicht der Tag seiner Macht und Herrlichkeit. Christus thront bereits zur rechten Hand des Vaters. Was tut er dort? Er regiert. Aber wie regiert er? Nicht mit seinem Zepter, sondern durch sein Gebet! Selbst vor seinem Tode und seiner Auferstehung, als er Petrus warnte, daß Satan um Erlaubnis gebeten habe, die Jünger zu sieben wie den Weizen (Lk 22,31-32), sagte Jesus nicht: „Ich werde Satan aufhalten." Statt dessen sagte er: „Ich aber habe für dich gebetet."

Jesus regiert durch Fürbitte

Heute sitzt Jesus Christus zu seines Vaters „Rechten im Himmel, über alle Reiche, Gewalt, Macht, Herrlichkeit und alles, was sonst einen Namen hat, nicht allein in dieser Welt, sondern auch in der zukünftigen" (Eph 1,20-21). Christus sitzt bereits auf seinem Thron. Und was tut Christus dort? Gewährt er den Engeln oder den entschlafenen Heiligen Interviews? Die Heilige Schrift sagt lediglich, daß er „zur Rechten Gottes ist und uns vertritt" (Röm 8,34). Jesus lebt ewig; er hat ein ewiges Priesteramt; er lebt ewig, um Fürbitte zu tun (Hebr 7,24-25).

Lebt Jesus nicht, um zu regieren? Ja, aber er lebt auch, um Fürbitte zu tun. Er regiert durch Fürbitte. Er ist der souveräne König über alles, aber er ist auch der große Hohepriester, der für alle betet. Das Gebet garantiert Ergebnisse; das Gebet bringt Segen. Jesus segnet, wenn er betet. Er ist der königliche Fürbitter und Geber von Segnungen.

Ihre priesterliche Gebetsrolle

Und das ist genau die Rolle, die Jesus für Sie ausgewählt hat. Er liebt Sie so sehr, daß er möchte, daß Sie sich ihm in der Fürbitte anschließen, wenn er die Menschen beim Vater vertritt; er möchte, daß Sie die Welt segnen, wie er es tut. Er übermittelt den Segen durch das Gebet. Sie und ich sollen dasselbe tun.

Daher lesen wir in 1. Petrus 2,9: „Ihr aber seid … die königliche Priesterschaft." Johannes schreibt uns, daß Jesus uns liebt, daß er uns durch sein Blut von unseren Sünden erlöst hat, daß er uns zu Königen gemacht hat und auch zu Priestern, damit wir seinem Gott und Vater dienen (Offb 1,5-6).

Jesus ist Gottes Hoherpriester (Hebr 2,17). Er hat auch uns zu Priestern für Gott gemacht (Offb 1,6). So sollen wir Gott dienen (V. 6). Den größten Dienst, den Sie Gott je erweisen können, wird nicht Ihr sichtbarer Dienst, Ihr Zeugnis oder Ihre Predigt sein. Ihr größter Dienst soll, unabhängig von Ihrem Beruf, ihre priesterliche Fürbitte sein. Gott hat bestimmt, daß er durch die Gebete seines Volkes wirken will. Er wartet auf Ihre Fürbitte. Sie sind nicht nur geschaffen, um zu beten; Sie wurden erlöst, gerechtfertigt und geheiligt, um zu beten.

Ihre gemeinsame Aufgabe mit Christus

Was ist das größte persönliche Gebetsanliegen Jesu in diesem Zeitalter? Vielleicht ist es das Gebet für die Gemeinde. Jedoch berichtet die Bibel nur von einem Gebot bezüglich der Fürbitte Christi für die Gemeinden. Es steht in Psalm 2,7-8: „Kundtun will ich den Ratschluß des Herrn. Er hat zu mir gesagt: ‚Du bist mein Sohn, heute habe ich dich gezeugt. Bitte mich, so will ich dir Völker zum Erbe geben und der Welt Enden zum Eigentum.'" Ist das der Grund, warum Jesus heute Fürbitte leistet?

Jesus erhielt von seinem Vater den Befehl, um die Völker zu bitten. Sein großer Auftrag an die Gemeinde, seine letzte Bitte an die Gemeinde lautet, hinauszugehen zu den Völkern (Mt 28,19-20). Sein zweites Kommen wird verzögert, bis den Völkern ein angemessenes Zeugnis gegeben wurde (Mt 24,14). Wenn er ein Gott von unendlicher Liebe ist, so schreit sein Herz nach den Völkern. Zweifellos ist eine der Prioritäten, die Jesus jedem Christen heute auferlegt, für die Evangelisierung der Welt fürbittend einzutreten.

Da Jesus ewig lebt, um Fürbitte zu leisten, ist er, wann immer Sie beten – sei es Tag oder Nacht – schon dabei, fürbittend einzutreten. Bei jedem Gebet können Sie Jesu Gebetspartner sein. Paulus macht das sehr deutlich: „Aus Gnade seid ihr selig geworden –; und er hat uns mit auferweckt und mit eingesetzt im Himmel in Christus Jesus ... Denn wir sind ... geschaffen in Christus Jesus zu guten Werken, die Gott zuvor bereitet hat, daß wir darin wandeln sollen" (Eph 2,5-6.10). Sie befinden sich bereits mit Christus im Himmel. Wo befindet Christus sich? Auf dem Thron des Universums neben Gott, dem Vater. Sie sollen Christi Thron schon jetzt teilen und tun, was Christus tut – fürbittend eintreten.

Jesus – Ihr göttlicher Gebetspartner

Beachten Sie, welch bedeutsame Folgen Ihre Gebetspartnerschaft mit Christus für Ihr Beten hat:

Mit welch ehrfurchtsvoller Zurückhaltung erfüllt sie Sie, wenn Sie beten! Wenn Sie Jesu Partner in der Fürbitte sind, dann müssen Sie sicher sein, daß Sie in Harmonie mit den Gebeten Jesu bitten und nicht im Widerspruch zu ihnen. Was für ein Gebetspartner wären Sie, wenn Sie beständig mit ihm uneinig wären? Wie wichtig ist es, nicht nur danach zu trachten, den Willen Gottes zu erkennen, sondern beständig die Worte zu beten, die Jesus uns beten lehrte: „Dein Wille geschehe wie im Himmel so auf Erden" (Mt 6,10). Genau so, wie Jesus in Gethsemane betete, so müssen Sie beten: „Doch nicht wie ich will, sondern wie du willst!" (Mt 26,39).

Welch starke Zuversicht gibt dies Ihrem Gebet! Wenn Sie darum beten, daß sein Wille geschehe, wenn Sie all Ihre Gebete mit der Fürbitte Jesu vereinen, mit welch umfassender Gewißheit des Glaubens (Hebr 10,22) können Sie sich dann Gott nähern. „Durch den wir Freimut und Zugang haben in aller Zuversicht durch den Glauben an ihn“ (Eph 3,12).

Wenn Jesus und Sie gemeinsam um eine Sache beten, welchen Zweifel gibt es dann, ob Gott auch wirklich hört? Als Jesus einmal betete, erwähnte er, daß er wisse, daß Gott, der Vater, ihn immer höre (Joh 11,42). Gottes Wort stapelt Gewißheit auf Gewißheit, um Sie zur Fürbitte zu ermutigen. „Und das ist die Zuversicht, die wir haben zu Gott: Wenn wir um etwas bitten nach seinem Willen, so hört er uns. Und wenn wir wissen, daß er uns hört, worum wir auch bitten, so wissen wir, daß wir erhalten, was wir von ihm erbeten haben“ (1. Joh 5,14-15). Der unmittelbar anschließende Vers zeigt, daß der Heilige Geist dabei besonders an unsere Gebete für andere dachte – mit anderen Worten, an unsere Fürbitte.

Welch mächtigen Ansporn gibt Ihnen das, im Gebet auszuharren! Jesus selber drängt Sie zu Beharrlichkeit im Gebet und nicht aufzugeben, bis die Antwort eintrifft (Lk 18,1-8; 11,5-10). Wenn Sie nach dem Willen Gottes beten (siehe Kapitel „Gebete, die nie verloren gehen können“), und Ihre Gebete sind noch nicht beantwortet worden, dann können Sie sicher sein, daß Jesus noch immer für das betreffende Anliegen eintritt, und deshalb sollten auch Sie ausharren.

Welch eine erstaunliche Geschichte erzählte Jesus, um diese Wahrheit zu veranschaulichen! Sie sind gehalten, mit derselben Beharrlichkeit zu beten wie die Witwe, die auf ihrer Bitte an den ungerechten Richter beharrte, als dieser sie ignorierte und sich weigerte, ihr zu antworten. Gott, der Vater, so sagte Jesus, ist nicht wie dieser Richter! Aber Sie sollten dieser Witwe gleichen!

Der Gott des Amens

Es gibt ein wunderbares Bild in der Heiligen Schrift von der Rolle Jesu als Ihr Gebetspartner. Die Worte „das sagt, der Amen heißt“ (Offb 3,14) bedeuten, daß Jesus das „Amen“

ist. Was heißt das? Die hebräische Übersetzung von Jesaja 65,16 nennt Gott „den Gott des Amens". Ursprünglich weist das Verb „Amen sagen" einen Menschen als zuverlässig, vertrauenswürdig und treu aus. Es wird daher im Alten Testament auf zwei unterschiedliche Weisen gebraucht: (a) Es wiederholt das Gebet oder den Lobpreis eines Führers und bedeutet daher: „Ja, in der Tat" oder „Möge es wahrhaftig so sein." (Als Beispiel siehe Ps 41,14; 72,19; 106; 48; 1. Chr 16,36; Neh 8,6). (b) Es wird gebraucht als Zustimmung eines gehorsamen Zuhörers zu einem königlichen Dekret oder Plan (1. Kön 1,36; Jer 11,5).

Wenn die Bibel erklärt, daß Jesus das Amen ist, bedeutet dies, daß er das göttliche „Ja" auf den gesamten Willen Gottes und auf die Gebete von Gottes Volk ist, wenn diese mit dem Willen Gottes übereinstimmen. „Denn auf alle Gottesverheißungen ist in ihm das Ja; darum sprechen wir auch durch ihn das Amen, Gott zum Lobe" (2. Kor 1,20).

Nun führen Sie sich die volle Herrlichkeit des Geschehens im Himmel vor Augen! In menschlichen, bildhaften Begriffen sitzt Jesus auf dem Thron, zur rechten Hand des Vaters. Sie, die Sie im Geist den Thron mit Jesus teilen, sitzen neben ihm. Wenn Sie entsprechend dem Willen Gottes Fürbitte leisten, unterstützt von dem Heiligen Geist, der in Ihnen wohnt (und für Sie und durch Sie Fürbitte leistet), dann wenden Sie sich Jesus zu und tragen Ihre Bitte zu seiner Ehre und um seinetwillen vor. Durch Ihre Autorität „in Christus" übergeben Sie die Bitte Jesus. Er vereinigt seine allmächtige Fürbitte mit der Ihren und wendet sich an den Vater, um ihm Ihre gemeinsame Fürbitte (Ihre und die von Jesus!) vorzulegen. Dann versiegelt er sie, indem er sein königliches „Amen" spricht, wodurch es im wahrsten Sinne Ihr inthronisiertes „Amen" ist. Aufgrund dessen, wer Jesus ist, und aufgrund dessen, was er auf Golgatha getan hat, aufgrund dessen, daß er mit Ihnen im Gebet übereinstimmt (Mt 18,19), ist er das souveräne „Amen" auf Ihr Gebet.

Ist dies nicht der Augenblick, mit dem Lobpreis zu beginnen? Und ist dies nicht der Augenblick, um auf die Knie zu fallen und in das anbetende „Heilig, heilig, heilig“ der himmlischen Heerscharen einzustimmen?

„Herr, was ist der Mensch, daß du dich seiner annimmst, und des Menschen Kind, daß du ihn so beachtest?“ (Ps 144,3). „O welch eine Tiefe des Reichtums, beides, der Weisheit und der Erkenntnis Gottes! Wie unbegreiflich sind seine Gerichte und unerforschlich seine Wege! … Denn von ihm und durch ihn und zu ihm sind alle Dinge. Ihm sei Ehre in Ewigkeit. Amen“ (Röm 11,33.36).

Ihr innewohnender Gebetspartner

Der Heilige Geist, die dritte Person der Dreieinigkeit, thront nicht nur im Himmel; er wurde von Jesus (Joh 16,7) und dem Vater (Joh 14,26) gesandt, um in dem Gläubigen zu wohnen (Joh 14,17). Daher werden Sie als Gläubiger in Ihrem inneren Wesen zu einem Tempel Gottes durch den innewohnenden Heiligen Geist (1. Kor 3,16-17). Was tut der Heilige Geist für Sie, wenn er in Ihnen wohnt? Er heiligt (2. Thess 2,13), bevollmächtigt (Apg 1,8), leitet (Joh 16,13), gibt durch Sie Zeugnis (1. Joh 5,8; Apg 1,8) und hilft Ihnen beten (Röm 8,26).

Der Heilige Geist ist der Geist des Gebetes. Er betet direkt, indem er mit dem Vater und dem Sohn spricht. Er betet auch indirekt, indem er durch Sie, den Gläubigen, redet. Es ist das Wesen von Gott, dem Sohn, und Gott, dem Heiligen Geist, zu beten. Sie leben ewig, um zu beten. Ebenso wie Gott bestimmt hat, daß Sie sich Christus in der Fürbitte anschließen sollen, damit sein Wille auf Erden geschieht, so hat er auch bestimmt, daß der Heilige Geist Ihre Fürbitte befähigen, leiten und bevollmächtigen soll.

Um es einmal auf ungewöhnliche Art und Weise zu sagen: Gott, der Sohn, ist Ihr Gebetspartner auf dem Thron, und Gott, der Heilige Geist, ist Ihr Gebetspartner in Ihnen selber. Ebenso wie Gott, der Vater, für Ihre Augen unsichtbar bleibt, so bleibt Gott, der Heilige Geist, unsichtbar. Aber ebenso gewiß, wie Sie die Vaterschaft Gottes und die Retterschaft Christi kennen können, ebenso können Sie es wissen, wenn der Heilige Geist in Ihnen arbeitet. Mit dem Heiligen Geist erfüllt zu sein heißt, mit dem Geist der Fürbitte erfüllt zu sein.

Wenn der Heilige Geist einen Menschen erfüllt, wird das Beten zum geistlichen Atmen. Der Heilige Geist möchte in Ihnen gerne das tun, wozu er in Ihnen wohnt – Gottes Willen auf der Erde zu vollbringen. Gott hat bestimmt, daß das

Gebet des Gläubigen einer der Hauptwege ist, auf denen er seinen Willen zustandebringt. Daher verlangt der Heilige Geist danach, die Fürbitte zu einem wesentlichen Ausdruck Ihres geistlichen Lebens zu machen.

Der Heilige Geist bevollmächtigt und verwandelt Ihr Gebet

Der Heilige Geist verstärkt Ihr Verlangen zu beten. Ebenso, wie es für ein Kind natürlich ist, mit seinem Vater zu sprechen, so ist es natürlich für den Gläubigen, mit dem himmlischen Vater zu sprechen. Obwohl ein Kind sprechen lernen muß, kann ein neuer Gläubiger beten, sobald er aus dem Geist geboren, also wiedergeboren ist.

Der Heilige Geist ist vom Augenblick der geistlichen Geburt an gegenwärtig, um das Verlangen zum Beten zu stimulieren und zu verstärken. Es ist ein Zeichen von mangelnder geistlicher Gesundheit, wenn einem Christen dieses Verlangen fehlt. Ein fleischlicher Gläubiger findet viele Entschuldigungen, um das Gebet zu vernachlässigen, denn Satan ist immer zur Stelle, um zu versuchen, uns der Gemeinschaft mit Gott, der Quelle unserer Kraft, zu berauben. Aber ein Gläubiger, der geisterfüllt ist, kann erwarten, daß der Heilige Geist, der innewohnende „Gebetsbefähiger", ihn zum Gebet drängt.

Der Heilige Geist erinnert Sie während des Gebetes an bestimmte Bibelworte. Einer der Dienste des Heiligen Geistes als Ihr Gebetspartner ist, Sie an geistlich wichtige Dinge zu erinnern. Er erinnert Sie gerne an Verse aus der Heiligen Schrift, denn die Bibel ist das Schwert, das Sie befähigt, den bösen Mächten in dieser Welt Widerstand zu leisten (Eph 6,17). Der Heilige Geist erinnert Sie an Bibelverse des Lobes, so daß Sie sie in Ihren Gebeten zitieren können. Er erinnert Sie an biblische Verheißungen, um Ihren Glauben zu stärken.

Das Auswendiglernen von Bibelversen – das Behalten der Verse in Ihrem Herzen – wird Sie in die Lage versetzen,

Gottes Wort in Ihr geistliches Leben einzubauen (Ps 119,11). Lernen Sie einige der Lobpsalmen, der Lobgesänge des Neuen Testamentes und einige Verse des Gebetes und der Verheißung auswendig. Diese können immer wieder gebraucht werden, denn Sie werden feststellen, daß sie das tiefe Verlangen und die tiefe Freude Ihres Herzens zum Ausdruck bringen. O, welch ein Segen ist es, Gottes eigene Worte im Gebet zu verwenden!

Der Heilige Geist weckt Ihre Aufmerksamkeit für geistliche Ziele. Der Heilige Geist stellt Ihnen gerne das Bild Jesu vor Augen und vertieft Ihr Verlangen, Jesus ähnlicher zu werden, wenn Sie von ihm in der Bibel lesen und erkennen, daß Sie bei weitem seiner Christusähnlichkeit nicht entsprechen. Auch zeigt der Heilige Geist Ihnen gerne biblische Gestalten, herausragend fromme Menschen in der Geschichte der Kirche oder Menschen, denen Sie selber begegnet sind oder die Sie kennen. Indem er sie als Beispiel benutzt, hilft Ihnen der Heilige Geist, daß Sie sich Ziele für Ihr geistliches Wachstum setzen. Es gibt viele Abschnitte in der Bibel, die der Heilige Geist für diesen Aspekt seines Dienstes gebrauchen kann. Daher ist es sehr wichtig, eine angemessene Zeit mit dem täglichen systematischen Lesen des Wortes Gottes zu verbringen. Der Heilige Geist macht Sie auch auf Ziele aufmerksam, wenn Sie für Ihre Gemeinde, Ihre Missionsgesellschaft, Ihr Volk und auch für die Welt beten.

Der Heilige Geist macht Sie auf Bedürfnisse aufmerksam. Der Heilige Geist kann Ihnen Augen geben, um zu sehen, was andere vielleicht nicht sehen. Er kann Ihnen helfen, darauf zu achten, ob Menschen entmutigt, traurig oder niedergeschlagen sind. Er kann Sie auf geistliche Vernachlässigung hinweisen, auf die Notwendigkeit einer Erweckung, einer neuen Vision und eines größeren Gehorsams. Er kann Sie inspirieren, für das Wachstum der Gemeinde, für die Jugend in Ihrer Umgebung, für von Gott besonders gebrauchte Diener zu beten.

Wenn der Heilige Geist Sie auf Bedürfnisse aufmerksam macht, ruft er Sie damit zum Gebet auf. Der Satan hat nichts dagegen, wenn Ihre Aufmerksamkeit auf bestimmte Nöte gelenkt wird, aber er will, daß Sie kritisieren und verspotten. Der Heilige Geist als Ihr innewohnender Gebetspartner möchte, daß Sie in einer Haltung des Gebets leben und nicht kritisieren. Satan will, daß Sie über Menschen und ihre Bedürfnisse sprechen; der Heilige Geist will, daß Sie im Gebet fürbittend für diese Menschen eintreten.

Manchmal sollten Sie Anliegen anderen mitteilen, um gemeinsam mit ihnen dafür zu beten – zum Beispiel allgemeine Anliegen Ihrer Gemeinde, Ihres Volkes und Ihrer Welt. Das enorme Bedürfnis nach Förderung und Verbreitung des Evangeliums ruft Sie auf, sich im Gebet zu maximaler Gebetskraft zu vereinigen. Der Heilige Geist ist immer bereit, Ihnen in solchen Zeiten helfend zur Seite zu stehen, und Christus verheißt, daß er mitten unter Ihnen anwesend ist (Joh 14,16).

Der Heilige Geist legt Ihnen Gebetslasten auf. Gottes Herz wird durch die Sünde, die Gleichgültigkeit und die Gottlosigkeit unserer Zeit Schmerz zugefügt. Unser liebevoller Erretter und der sanftmütige Heilige Geist flehen im fürbittenden Gebet für die zerbrochenen Leben, zerbrochenen Familien und für die Tragödien, die sich auf der ganzen Welt durch Sünde und Ungerechtigkeit ereignen. Sie verlangen danach, daß Sie sich ihnen in der täglichen Fürbitte für die Verletzten, die Zerbrochenen, die Verlorenen und für diejenigen, die gerade jetzt durch Sünde zerstört werden, anschließen.

Gott, der Vater, will, daß jemand für jeden Menschen in Not fürbittend eintritt. Gott hört den Schrei der Waisen, das Schluchzen jener Menschen, die ein zerbrochenes Herz haben, er hört die ärgerlichen Worte der Gewalttätigen und die Schreie ihrer Opfer. Gott empfindet das Leid der Gefangenen und Flüchtlinge, die Hungerqualen derjenigen, die nicht genug zu essen haben. Er ist betroffen von der Sorge derjenigen, die trauern, von der Hilflosigkeit und der Hoffnungslosigkeit derjenigen, die durch sündige Gewohnheiten gefesselt sind. Er versteht die geistliche Dunkelheit und die vage, aber tiefempfundene Unzufriedenheit derjenigen, die niemals das Evangelium empfangen haben.

Ohne Zweifel weint Jesus über unsere Städte, wie er über Jerusalem geweint hat, denn sein Herz ist gestern, heute und für immer dasselbe (Hebr 13,8). Sehnsüchtig liebt er jeden Atheisten, Kommunisten oder Terroristen. Er ist jedem Menschen zugetan, ungeachtet seiner Sündhaftigkeit.

Es ist die besondere Rolle des Heiligen Geistes, Ihnen eine Gebetslast für all diese Anliegen und alle diese Bedürftigen aufzuerlegen. Gott will seine verlangende Liebe durch Sie zum Ausdruck bringen, wenn Sie beten. Ihre Gebetszeit sollte jeden Tag auch solche liebende, verlangende Fürbitte enthalten. Je treuer und ernsthafter Sie für diese Anliegen beten, desto mehr wird der Heilige Geist in der Lage sein, Sie mit diesen Dingen zu belasten, die das Herz Gottes brechen. Der Heilige Geist möchte Sie dazu aufrufen, mit denen, die weinen, zu weinen (Röm 12,15). Dieses Weinen geschieht normalerweise nicht in der Öffentlichkeit, sondern im Verborgenen, dort, wo Sie Ihre Fürbitte leisten (Jer 13,17).

Der Heilige Geist will Sie in Krisenzeiten zum Gebet rufen. Es gibt im Leben eines jeden Menschen kritische Augenblicke – Momente der Gefahr, Momente der Entscheidung, Momente besonderer Gelegenheit. Es gibt Zeiten, in denen der Heilige Geist einen Menschen der Sünde überführt (Joh 16,8), und vielleicht ruft er Sie auf, während dieser geistlichen Krise zu beten. Es gibt Zeiten der Krankheit oder besonderer Entmutigung, in denen der Heilige Geist Sie auswählen kann, um eine besondere Gebetslast für jemanden zu tragen. Eignen Sie sich eine große Sensibilität für seine Stimme an. (Für eine ausführlichere Diskussion dieser wichtigen Rolle siehe das Kapitel „Sie können ein Teil von Gottes SOS-Gebetsnetz sein“.)

Der Heilige Geist will Ihrem Gebet Tiefe, Vollmacht und Glauben verleihen. Er will Sie nicht nur leiten, für besondere Anliegen zu beten, sondern er will Sie auch darin leiten, wie Sie für diese Anliegen beten sollen. Er will Ihren Glauben während des Betens stärken. Er will Ihr Gebet salben und bevollmächtigen. Außerdem will er sich als Ihr Gebetspartner Ihrem Gebet anschließen und eine so intensive

Fürbitte leisten, wie es Ihnen allein nicht möglich ist (Röm 8,26-27).

In uns selber sind wir schwach, und unsere Gebete sind, verglichen mit den seinen, ebenfalls schwach. Der Heilige Geist erkennt die Dringlichkeit viel besser als wir. Seine unendliche Persönlichkeit empfindet eine unendliche Tiefe der Liebe, der Sorge, des Mitleids und der Sehnsucht. Er sieht das enorme Potential und die unzähligen Möglichkeiten, die alles, was wir je verstehen können, übersteigen.

Das Gebet des Heiligen Geistes, so sagt Paulus, übersteigt jedes mögliche Gebet unsererseits. Dies gilt nicht so sehr für seine Fürbitte durch Sie, sondern vor allem für die Fürbitte für Sie (V. 27). Er tritt für Sie ein und für diejenigen, für die Sie Fürbitte leisten. Er hat Sie dazu geführt, an seinem Herzensschrei, seiner Last und seiner Liebe teilzuhaben. Aber er verläßt Sie dann nicht, so daß Sie alleine beten müßten. Als Ihr liebevoller Gebetspartner verbündet er sich mit Ihnen und gibt Ihnen unendliches Verstehen, Entschlossenheit und Macht.

Der Heilige Geist möchte, daß Sie einen weltweiten Gebetsdienst ausüben. Der Heilige Geist, Ihr innewohnender Gebetspartner, verlangt danach, daß Ihr Herz wie das seine für die ganze Welt schlägt. Da er der Schöpfergott ist, liebt er seine gesamte Schöpfung gleichermaßen.

Etwa die Hälfte der Menschen auf der Welt hat niemals den Namen Jesus gehört; oder wenn sie ihn gehört haben, haben sie zu wenig von ihm gehört, um aufgrund dessen eine logische Entscheidung für Christus treffen zu können. Diese Menschen leben in einer Art Armut, die oft nicht erkannt oder bekanntgemacht wird. Es ist eine Armut an fürbittendem Gebet, denn es gibt nur wenige Fürbitter für diese heidnischen Nationen.

Wer will für sie beten? Wer will für die Ausgestoßenen beten, für die Atheisten, die Kommunisten, die Terroristen – wenn nicht die Christen unseres Volkes? Der Heilige Geist, der jeden Tag im Gebet um sie wirbt, sehnt sich danach, daß Sie sich seiner Fürbitte für die schnelle Verbreitung des Evangeliums anschließen. Wie tragisch ist es, wenn unser

Zögern, um zu beten, und unser Versagen, uns nach den Verlorenen auszustrecken, Faktoren sind, die dazu beitragen, die Wiederkunft Christi aufzuhalten (Mt 24,14).

Gott, vergib uns! Warum nicht gerade jetzt anhalten und um Vergebung bitten und dabei versprechen, daß Sie durch die befähigende Macht des Heiligen Geistes beginnen, Ihre ganze Rolle als sein Gebetspartner zu übernehmen. Zweifellos gibt es ganze Städte, Völker und Regierungen, die auf Ihr Gebet warten. Wie lange müssen sie noch warten?

Der Heilige Geist ruft Sie vielleicht zum Fasten auf. Wir als Gemeinde haben die Methode des Fastens als Mittel zu machtvollerem Gebet und größeren Gebetsergebnissen weitgehend vernachlässigt. Von Zeit zu Zeit wird Sie der Heilige Geist dazu aufrufen, Ihr Gebet durch Fasten zu unterstützen. (Eine ausführlichere Diskussion über das Fasten ist im Kapitel „Sie können Ihr Gebet durch Fasten vertiefen" zu finden.)

Der Heilige Geist möchte Ihre ewige Belohnung vervielfältigen. Christus wird alle seine Fürbitter für ihre Treue belohnen. Es hängt weit mehr von der treuen Ausübung des Gebetes ab, als die meisten Christen erkennen. Immer wieder werden bedeutsame Gebetsschlachten geschlagen. Sie laufen Gefahr, die größten Chancen in Ihrem Leben als Christ zu verpassen. Christus und der Heilige Geist sehnen sich danach, daß Sie ihnen ein effektiver Gebetspartner sind. Sie benötigen Ihre fürbittende Unterstützung.

Gott, der Vater, hat bestimmt, daß viel von Ihrem Gebet abhängt. Vernachlässigen Sie Ihre göttlichen Gebetspartner nicht. Lassen Sie die Welt nicht im Stich. Der Heilige Geist sehnt sich danach, daß Ihr Gebetsleben kraftvoll und effektiv wird. Er will, daß Sie eine volle und herrliche Belohnung erhalten. Versäumen Sie nicht die Krone des Fürbitters, die er für Sie bereithält.

Ihre unsichtbaren Gebetshelfer

Gottes heilige Engel sind Ihre unsichtbaren Gebetshelfer. Die Heilige Schrift lehrt, daß die Gesamtzahl der Engel Gottes das menschliche Vorstellungsvermögen übersteigt (Hebr 12,22). Ihre Hauptaufgabe als geschaffene Wesen ist es, Gott und Christus anzubeten und ihnen zu dienen (Jes 6,3; Hebr 1,4.6-7). Außerdem sind sie von Gott dazu bestimmt, denen zu dienen, „die das Heil ererben sollen" (Hebr 1,14). Die Engel haben ein großes Interesse an allem, was uns betrifft, denn wir sind wichtig für Christus. Wir sind seine Gemeinde, seine Braut.

Wie Engel in biblischer Zeit halfen, Gebete zu beantworten

Die Bibel berichtet, wie Gott seine Engel gebrauchte, um die Gebete von etlichen der großen, biblischen Helden beantworten zu helfen. Als Abraham während der Zeit, in der Lot in der heidnischen Stadt Sodom lebte, für seinen Neffen betete, sandte Gott Engel, um Lot vor der Vernichtung der Stadt zu retten (1. Mose 19). Zweifellos betete Jakob inbrünstig, als er vor seinem Schwiegervater Laban floh, denn Gott hatte ihn beauftragt, zu seinen eigenen Verwandten zurückzukehren (1. Mose 31,3.11-12). Da sandte Gott eine Gruppe Engel zu seinem Schutz (1. Mose 32,1-2). Als Elia vor dem Zorn Isebels floh und voller Verzweiflung betete, sandte Gott ihm zweimal täglich seine Engel, um ihn mit Nahrung zu versorgen (1. Kön 19,5.7). Als feindliche Streitkräfte Elisa umgaben, sandte Gott Scharen von Engeln, um ihn zu schützen (2. Kön 6,17).

Als Hiskia und Jesaja im Gebet zum Himmel schrien, sandte der Herr einen Engel, um Jerusalem von seinen Feinden zu befreien (2. Chr 32,20-21). Nachdem Daniel, der Gebetskämpfer, in die Löwengrube geworfen worden war, bezeugte er: „Mein Gott hat seinen Engel gesandt, der den Löwen den Rachen zugehalten hat“ (Dan 6,23). Als Daniel seine Vision zu verstehen suchte, sandte Gott Gabriel, damit er sie ihm auslegte (Dan 8,15-16). Wiederum wurde Gabriel zu Daniel gesandt, als dieser betete und fastete (Dan 9,3.20-23). Ein anderes Mal verbrachte Daniel drei Wochen mit Gebet und teilweise mit Fasten; dieses Mal erschien Gabriel und berichtete, daß Michael ihm geholfen habe, ihm die Antwort ungeachtet des dämonischen Widerstandes zu bringen (Dan 10,2.13). Während der Vision und des Gebetes des Propheten Sacharja gab ihm einer von Gottes Engeln die Antwort (Sach 1,8-9).

In neutestamentlicher Zeit sandte Gott einen Engel zu Zacharias, dem Vater von Johannes dem Täufer, um ihm mitzuteilen, daß sein Gebet um einen Sohn erhört worden war (Lk 1,11-13). Es waren Engel, die den Frauen beim Besuch des Grabes Jesu die Nachricht von seiner Auferstehung brachten (Mt 28,5). Zwei Engel sprachen mit den Jüngern, als Jesus zum Himmel aufgefahren war (Apg 1,10-11). Als die Apostel von dem Hohenpriester ins Gefängnis geworfen wurden, sandte Gott einen Engel, um die Gefängnistüren zu öffnen und die Apostel zu beauftragen, die Gute Nachricht zu verkündigen (Apg 5,19-20). Während der Erweckung in Samaria leitete ein Engel Philippus, nach Süden an die Straße nach Gaza zu gehen, wo er den äthiopischen Eunuchen traf und ihm Zeugnis ablegte (Apg 8,26). Zweifellos war auch ein Engel an seiner wunderbaren Versetzung von diesem Ort in ein anderes Missionsgebiet beteiligt (V. 39-40).

Als die Gemeinde für Petrus betete, während dieser im Gefängnis war, sandte Gott einen Engel, der die Türen öffnete und Petrus hinausführte (Apg 12,5-10). Als die Gemeinde fortfuhr zu beten, sandte Gott einen Engel, um ihren Verfolger, König Herodes, zu vernichten (Apg 12,17-24). Als Paulus und seine Schiffsgenossen während des langen, tragischen Mittelmeersturmes nahe daran waren, ihr Leben zu verlieren, erhielt Paulus durch einen Engel Gottes die Zusicherung, daß als Antwort auf sein Gebet alle an Bord gerettet werden sollten (Apg 27,23-24). Zweifellos war die Hilfe der Engel daran beteiligt, daß sie alle lebend ans Ufer kamen. Als Johannes während seines Exils auf Patmos betete, sandte Gott ihm seinen Engel, um ihm die Vision zu geben, die im Buch der Offenbarung zu finden ist (Offb 1,1).

Ohne Zweifel waren die Engel Gottes in der biblischen Zeit wesentlich aktiver, als wir wissen. Auch Jesus erfuhr den Beistand der Engel, als er betete. Wir wissen, daß zumindest zweimal Engel kamen, um ihn zu stärken und ihm zu helfen (Mt 4,11; Lk 23,43). Die Bibel läßt durchblicken, daß die Engel auch heute ebenso aktiv sind.

Wir sind wichtig für die Engel

Sie sollten sich über die herrliche Tatsache freuen, daß Sie niemals allein sind. Selbst die Kinder scheinen einen Engel zu haben, der sie begleitet (Mt 18,10). Gottes Engel beobachten Sie immer (1. Kor 11,10; 1. Tim 5,21). Paulus sagt: „Denn wir sind ein Schauspiel geworden der Welt und den Engeln und den Menschen" (1. Kor 4,9). Es gibt nicht einen Augenblick Ihres Lebens, in dem die Augen der Engel nicht auf Ihnen ruhen. Ohne Zweifel sind sie es, die Gottes Bücher führen, in denen all Ihre Gedanken, Worte und Taten aufgeschrieben werden (Offb 20,12; Dan 7,10); durch diese Bücher ist Gott in der Lage, Ihre Gebete und Ihren liebenden Dienst für ihn zu belohnen (1. Kor 3,11-15).

Gott gebraucht seine mannigfache Güte uns gegenüber, seine vorausschauende Koordination unseres Lebens sowie unseren Dienst für ihn, um den Engeln seinen vollkommenen Plan, seinen vollkommenen Willen und seine vollkommenen Wege zu illustrieren. Daher wird unser Leben zu einem erzieherischen Werkzeug, durch das die Engel Gott besser kennenlernen. „Damit jetzt kund werde die mannigfaltige Weisheit Gottes den Mächten und Gewalten im Himmel durch die Gemeinde" (Eph 3,10).

Engel sind gewöhnlich unsichtbar

In seiner unendlichen Weisheit hält Gott es offensichtlich für besser, dem menschlichen Auge den Anblick der Engel zu entziehen. Wir erkennen jedoch oft, daß Gott uns wunderbar bewahrt hat. Wie tut Gott dies? Vermutlich hat er einen oder mehrere Engel damit beauftragt. Ich erinnere mich noch gut an ein Erlebnis während eines Urlaubs vom Missionsfeld. Auf dem Weg zu einem Dienst in Ohio geriet ein entgegenkommendes Fahrzeug in einer Kurve außer Kontrolle und schleuderte seitwärts auf meinen Wagen zu. Gerade bevor dieser Wagen gegen den meinen stieß, fuhr er plötzlich doch noch geradeaus, wobei er mich knapp verfehlte. Beim Vorüberfahren geriet das Fahrzeug wieder außer Kontrolle. Im gleichen Augenblick wußte ich, daß Gottes Engel einen Schutz vor meinen Wagen gehalten haben mußten.

Bei einer anderen Gelegenheit schoß ein entgegenkommendes Fahrzeug über die Mittellinie auf mich zu. Ich konnte sehen, wie der Kopf des Fahrers auf die Seite rollte, als wäre er eingeschlafen, oder als stände er unter Einfluß von Drogen. Als wenn sich eine unsichtbare Hand auf das Steuerrad gelegt hätte, wurde der Wagen plötzlich in die richtige Fahrspur gebracht und fuhr sicher an uns vorbei. Ich sah zu meinem Entsetzen, daß die Augen des Fahrers geschlossen waren. Ich dankte Gott in der Gewißheit, daß er seinen Engel gebraucht hatte, um mich zu beschützen.

Manchmal sind Engel sichtbar

Meine Mutter bekehrte sich als junges Mädchen in einer Landgemeinde während besonderer Erweckungsversammlungen. Als sie nach vorne ging und vor der Gemeinde niederkniete, sah sie Engel an ihrer Seite stehen. Im mittleren Alter wurde sie sehr krank. Mehr als vier Jahre lang litt sie unter Anfällen von Lungenentzündung, Rippenfellentzündung, teilweiser Lähmung und Herzproblemen, eines nach dem anderen. Während dieser Zeit konnte sie nur auf ihrer rechten Seite liegen und ihre linke Seite wegen der Lähmung nicht gebrauchen, konnte kein Geräusch – nicht einmals ein leises – ertragen und auch kein normales Licht. Vier Jahre lang flüsterten wir im Haus bei unseren Unterhaltungen, hielten die Uhr an, damit sie nicht tickte, polsterten die Türen mit Stoff und umgaben ihr Bett mit schwerem, dunklem Tuch, damit kein Licht auf ihr Bett fiel.

Eines Tages fühlte sich meine Mutter geführt, die Familie ihres Bruders und eine andere christliche Familie zu bitten, sich in unserem Haus zu treffen, um für sie zu beten. Plötzlich hörte sie eine Stimme: „Siehe, die Fenster des Himmels haben sich für dich geöffnet." Als sie ihre Augen öffnete, sah sie Engel neben sich. Sofort sprang sie auf ihre Füße, vollständig geheilt. Danach lebte sie noch mehr als dreißig Jahre.

Als Sadhu Sundar Singh, der beliebte, barfüßige indische Evangelist, unter großen Opfern das Evangelium inmitten des Schnees und der Kälte auf der windgepeitschten Hochebene von Tibet verkündigte, hatte er viele wunderbare Erfahrungen von Gottes Schutz und Hilfe. Eine seiner erstaunlichsten Erfahrungen war sein Besuch in der Stadt Rasar. Der führende buddhistische Lama hatte Singh ins Gefängnis geworfen und ihn zum Tode verurteilt, weil er das Evangelium gepredigt hatte. So wurde Singh in einen leeren, tiefen Brunnen geworfen – eine der zwei üblichsten Hinrichtungsformen.

Sundar Singh fiel in diesen Leichenbrunnen mit den Knochen und dem verwesendem Fleisch derjenigen, die vor ihm hier gestorben waren. Der Gestank erschien unerträglich, und drei Tage und Nächte lang war er zeitweise nur zum Teil bei Bewußtsein. In der dritten Nacht hörte er, als er betete, das Knirschen eines Schlüssels in dem Schloß des Deckels über seinem Kopf. Zu seiner Überraschung wurde der Deckel entfernt. In diesem Augenblick rief eine Stimme zu ihm herab, er möge das herabgelassene Seil ergreifen, und als er dies tat, wurde er vorsichtig herausgezogen. Der Deckel wurde wieder an Ort und Stelle gelegt und verschlossen, und unmittelbar darauf war Singhs Befreier verschwunden.

Sundar Singh lobte Gott, und am nächsten Tag nahm er seine Predigten in der Stadt wieder auf. Der Lama ergriff ihn erneut und verlangte zornig zu wissen, wer den Schlüssel – es gab nur einen einzigen – gestohlen habe. Bei der Suche wurde der Schlüssel am eigenen Schlüsselbund des Lamas gefunden. Aus Furcht vor dem Gott des Evangelisten bat der Lama Sundar Singh, die Stadt zu verlassen, bevor sie alle durch diese mächtige Kraft getötet würden.

Gottes Engel sind wichtig für Sie

Gottes Engel stehen Gott und auch Ihnen, wenn Sie beten, immer dienstbereit zur Verfügung. Sie werden gesandt, um bei der Ausführung von Gottes Plan für Sie zu helfen, besonders beim Verwirklichen Ihrer Gebete. Es ist immer richtig zu sagen, daß Gott die Antwort auf das Gebet gibt, denn die Engel handeln im Auftrag Gottes. Sie sind seine persönlichen Vertreter. Es gibt keine Begrenzung dessen, was sie für Sie tun können, wenn dies mit dem Willen Gottes übereinstimmt. Wenn mehr als ein Engel notwendig ist, kann Gott genügend Engel ausschicken, um Ihr Anliegen zu erfüllen.

Die Engel scheinen in der Lage zu sein, sich mit unglaublicher Geschwindigkeit durch die geistige Welt zu bewegen. Sie werden nicht durch einen Körper eingeschränkt, aber wenn Gott es will, können sie körperliche Stärke anwenden oder Ihre Kraft stärken (Dan 10,18-19; Lk 22,43). Wenn Gott es will, können sie augenblicklich eine körperliche Gestalt annehmen und durch diesen Leib wirken.

Beachten Sie folgende wichtigen Punkte im Blick auf die Engel:

1. Gottes Engel sind immer bei Ihnen.

2. Gottes Engel können zu jeder Zeit überall hingehen. Sie sind da, wo Sie sie brauchen, wenn Sie sie brauchen.

3. Gottes Engel stehen auf Gottes Befehl hin direkt zur Verfügung.

4. Gottes Engel haben übermenschliche Kraft.

5. Gottes Engel sind vermutlich das wichtigste Instrument, dessen Gott sich für die Beantwortung Ihrer Gebete bedient.

6. Gottes Engel tun den Willen Gottes gerne.

7. Gottes Engel haben die dauernde Anweisung, Ihnen zu helfen.

8. Gottes Engel lieben Sie, weil Sie von Gott geliebt werden.

9. Sie können Gott zu jeder Zeit um die Hilfe seiner Engel bitten.

10. Gottes Engel sind nur Gottes Diener, die Ihnen zugewiesen sind. Sie sollen nicht zu ihnen beten; Sie sollen nur zu Gott beten und ihn um ihre Hilfe bitten.

11. Gottes Engel werden sich mit Ihnen im Himmel freuen und Ihnen vermutlich erklären, wie Ihre Gebete in der jeweiligen Situation beantwortet wurden.

Ein Grund, warum Sie so dankbar für die Hilfe der Engel sein sollten, ist die beständige Opposition Satans und seiner dämonischen Mächte gegen Gottes Willen, Gottes Dienst und Gottes Volk. Satan versucht, Gott zu treffen, indem er die Menschheit angreift, die Gegenstand von Gottes Liebe und Plan ist. Satan hat seine Kräfte gegen Sie mobilisiert. Sie stehen Ihnen dauernd feindlich gegenüber und behindern Sie weit mehr, als Sie erkennen (Eph 6,12).

Aber freuen Sie sich! Fassen Sie Mut! Gott allein ist allmächtig, allwissend und allgegenwärtig. Satan ist jeweils nur an einem Ort gegenwärtig. Er ist abhängig von seinen dämonischen Gehilfen, davon, daß sie für ihn arbeiten.

Gott hat wesentlich mehr Engel, als Satan Dämonen hat. Der geistliche Kampf wird durch das Gebet gewonnen, mit der Hilfe von Gottes Engeln (siehe das Kapitel „Sie können ein Gebetskämpfer sein"). „Ist Gott für uns, wer kann wider uns sein?" (Röm 8,31). „Fürchte dich nicht, denn derer sind mehr, die bei uns sind, als derer, die bei ihnen sind" (2. Kön 6,16). „Seid getrost und unverzagt … denn mit uns ist ein Größerer als mit ihm" (2. Chr 32,7).

Die Engel und Ihr Gebet

Ob nun die Engel den speziellen Auftrag von Gott haben, bei der Beantwortung Ihrer Gebete zu helfen, oder ob ihre Hilfe einfach im normalen Verlauf ihrer Pflicht geschieht, so wird doch nicht von Ihnen verlangt, sie um Hilfe zu bitten. Tatsächlich sollten Sie niemals zu den Engeln beten. Beten Sie zu Gott in dem Bewußtsein, daß er sich entschließen kann, Engel damit zu beauftragen, die Anliegen, für die Sie beten, zu erfüllen. Unter bestimmten Umständen können Sie rechtmäßig um die Hilfe der Engel bei der Erfüllung von Anliegen bitten:

1. Anliegen, die sich auf die Evangelisation, die Gemeinde und die missionarische Arbeit beziehen. Vielleicht wollen Sie darum beten, daß Gottes Engel die Erteilung von Bewilligungen beschleunigen; das Wetter beeinflussen; auf Reisen Gelingen schenken; bei komplizierten Terminen helfen; sicherstellen, daß die Geräte richtig funktionieren; die Gunst der örtlichen oder anderer Behörden erwerben; die Aufmerksamkeit von Schlüsselpersonen wecken; Menschen motivieren, an wichtigen Veranstaltungen teilzunehmen; die Gegner ablenken oder sie zum Schweigen bringen und entfernen; Ihnen bei der Beantwortung von Fragen und Einwendungen helfen; sündige Gewohnheiten ablegen helfen.

2. Anliegen, die mit der Bekämpfung Satans in Verbindung stehen. Vielleicht benötigen Sie die Hilfe von Gottes Engeln, um den Einfluß Satans zu binden; um seine Pläne zu stören und seine Kontrolle über bestimmte Personen zu unterbinden; um satanische Dunkelheit zu vertreiben und seine Dämonen zurückzutreiben; Christen in Zeiten der Versuchung zu helfen, ihnen Kraft zu geben, Satan zu widerstehen und sie gegen Satan und seine Mächte zu einigen.

3. Anliegen, die mit unserem Schutz zusammenhängen. Manchmal ist der Schutz der Engel zwingend erforderlich. Unter Gottes Leitung können Engel vor Unfall, Sturm und anderen Naturgewalten bewahren; vor Insekten, wilden Tieren, Krankheitserregern und Infektionen; vor Feinden, die durch Satan motiviert sind, oder vor einem offenen dämonischen Angriff; vor Satans Versuchung. Engel können auch bevollmächtigt werden, die Aufmerksamkeit Ihrer Feinde abzulenken, wodurch Ihre Anwesenheit in Zeiten der Gefahr nicht bemerkt wird. Sie können dann geeignete Umstände schaffen, die es Ihnen erlauben, Ihren Feinden zu entkommen.

4. Persönliche Bedürfnisse. Sie empfinden vielleicht das Bedürfnis nach der Hilfe der Engel in ganz persönlichen Fragen: zum Schutz Ihrer Lieben; zur Hilfe beim Kontakt mit Menschen; zum Finden von Lösungen; um besondere Fähigkeiten zu erhalten; bei der Suche nach Gegenständen; Menschen zu Ihrer Hilfe herbeikommen zu lassen; Sie zur rechten Zeit zu wecken; Sie an Dinge zu erinnern oder auf sie aufmerksam zu machen; Sie in einer schwierigen Entscheidung zu leiten; Ihnen über das eigene Vermögen hinausgehende Körperkraft zur Verfügung zu stellen; Sie an einen Bibelvers zu erinnern oder Ihnen zu helfen, ihn in der Bibel zu finden; andere verstehen zu helfen; über Ihre Ernte oder Ihr Vieh zu wachen (Mal 3,11); in geschäftlichen Dingen zu helfen.

Dies ist nur eine willkürliche Reihe von Situationen, in denen Sie vielleicht die Hilfe von Engeln benötigen. Denken Sie daran, Gott, der Vater, Gott, der Sohn, und Gott, der Heilige Geist, können direkt wirken, aber es ist wahrscheinlich, daß sie des öfteren den Dienst und die Zusammenarbeit der Engel in Anspruch nehmen. Danken Sie Gott für die Hilfe seiner Engel, wann immer Sie vermuten, daß sie beteiligt waren. Eine große Schar dieser himmlischen Boten steht immer zu Ihrer sofortigen Verfügung, um an einen Ort oder zu einem Menschen in Not abbeordert zu werden. Sie warten darauf, Ihnen zu helfen.

Sie können den Thron Gottes im Gebet berühren

Das Gebet hat „einen langen Arm". Es kann bis in den Himmel reichen. Die Bibel lehrt diese Wahrheit durch ein wunderbares Symbol – das Aufheben der Hände im Gebet. „Laßt uns unser Herz samt den Händen aufheben zu Gott im Himmel" (Klgl 3,41).

Unser erstes alttestamentliches Beispiel findet sich in einem Bericht über eine strategische Schlacht mit den Amalekitern, in der Mose Josua beauftragte, Gottes Volk zu führen, während er seine Hände in flehendem Gebet erhob. Wir lesen: „Und wenn Mose seine Hand emporhielt, siegte Israel; wenn er aber seine Hand sinken ließ, siegte Amalek. Aber Mose wurden die Hände schwer; darum nahmen die beiden einen Stein und legten ihn hin, daß er sich daraufsetzte. Aaron aber und Hur stützten ihm die Hände, auf jeder Seite einer. So blieben seine Hände erhoben, bis die Sonne unterging. Und Josua überwältigte Amalek und sein Volk durch des Schwertes Schärfe. Und der Herr sprach zu Mose: Schreibe dies zum Gedächtnis in ein Buch" (2. Mose 17,11-14). Was ist die Erklärung für diesen großen Sieg, und warum soll man sich daran erinnern? Mose antwortet in Vers 16: „Die Hand an den Thron des Herrn!"

Sichtbar sind unsere Hände erhoben; geistlich berühren sie den Thron Gottes. Sie können Gebete sprechen, die nicht über Ihren Kopf hinaussteigen, niemals den Raum verlassen, in dem Sie sich befinden. Aber wenn Sie im Geist beten, entsprechend dem Willen Gottes und im Namen Jesu, kann Ihr Gebet bis in den Himmel reichen.

Mose schrieb die Wahrheit. Seine Hände berührten den Thron Gottes. Das gilt auch für Ihre Hände, wenn Sie Gottes Gebetsprinzipien befolgen.

Paulus ermahnt uns in 1. Timotheus 2,8: „So will ich nun,

daß die Männer beten an allen Orten und aufheben heilige Hände." Bedeutet dies nun, daß wir im wahrsten Sinne des Wortes unsere Hände emporstrecken müssen, wann immer wir beten? Zweifellos nicht. Gott ist mehr daran interessiert, daß wir unsere Herzen und Seelen zu ihm emporheben. „Zu dir, o Herr, erhebe ich meine Seele" (Ps 25,1; 86,4; 143,8; Zürcher Bibel). Ob wir nun unsere Hände tatsächlich emporheben oder nicht, es gehört zum wirklichen Geist und Wesen des Gebetes, daß wir unsere geistlichen Augen und unser Herz zu Gott emporheben. Und in Zeiten ernster Fürbitte oder intensiven geistlichen Kampfes können wir, sei es in der Abgeschiedenheit unseres Gebetskämmerleins oder auch in der Öffentlichkeit (praktisch ohne es wahrzunehmen), unsere leiblichen Hände zu Gott emporheben. „Höre die Stimme meines Flehens, wenn ich zu dir schreie, wenn ich meine Hände aufhebe zu deinem heiligen Tempel" (Ps 28,2).

Sie können einen anderen Menschen im Gebet erreichen

Sie können im Gebet nicht nur den Himmel erreichen, sondern der Arm des Gebetes kann sich auch über Meilen hinweg zu jedem Teil der Welt hin erstrecken, und an Ihrem Ort der Fürbitte können Sie selbst über Tausende von Kilometern hinweg jemanden „anrühren", der Sie braucht. Dies ist keine Spiegelfechterei. Es ist geistliche Wahrheit.

Ich werde niemals die zweiwöchige Periode in Indien vor vielen Jahren vergessen, als ich eine beständige Gebetslast für unseren Sohn verspürte. Sie erreichte an einem Sonntag nachmittag ihren Höhepunkt, als ich mich alleine in unserem Haus befand und eine Zeitlang so in dem Gebet für ihn versunken war, daß ich weder das Voranschreiten der Zeit noch die Existenz des Raumes empfand. Während ich betete und betete, schien es plötzlich so, als kniete ich neben John, meine Hand auf seiner Schulter, und ich betete für ihn. Ich weiß nicht, wie lange ich betete oder was ich sagte, aber ich wußte, daß sich mein Arm des Gebetes über Land und Meer, über Tausende von Kilometern, erstreckt hatte. Dann kam die Gewißheit, und ich erhob mich von meinen Knien und hielt später meine Sonntagabendpredigt.

Aufgrund meiner missionarischen Pflichten fand ich keine Gelegenheit, John zu schreiben. Das gelang mir erst nach dem Essen am folgenden Nachmittag. Ich ging in mein Büro und setzte mich an meine Schreibmaschine. „Lieber John“, schrieb ich, „ich weiß nicht, was das für Dich bedeutet, aber ich bin sicher, daß es etwas bedeutet. Tagelang habe ich besonders für Dich gebetet, und gestern nachmittag, als ich in unserem Schlafzimmer kniete, hatte es plötzlich den Anschein, als würde ich an Deiner Seite knien, meine Hand auf Deiner Schulter.“ Ich hatte gerade den zweiten Absatz beendet, als es an der Wohnungstür klingelte. Ich ging zur Tür, und vor mir stand ein Bote des Telegraphenamtes. Er übergab mir ein Überseetelegramm.

Ich ging zurück ins Haus, schloß die Tür und öffnete das Telegramm. Darin stand: „Gott ist mein Führer. Ruhige, aber klare Entscheidung. Dank für Erbe, Liebe und Gebet. John.“ Ich fiel auf meine Knie, während mir die Tränen über die Wangen liefen. Gott hatte mir erlaubt, mit einer Hand den himmlischen Thron und mit der anderen Hand die Schulter unseres Sohnes zu berühren. Nachdem die notwendigen Tage vergangen waren, traf Johns Brief ein. Genau zu dem Zeitpunkt, zu dem ich im indischen Allahabad im Gebet war, hatte John in den USA alleine in der Dunkelheit gekniet und dem Herrn sein Herz übergeben.

Sie können durch das Gebet eines anderen berührt werden

Ich erinnere mich an eine andere Gelegenheit, als ich im Juni 1962 zu einer besonderen Vorstandssitzung der OMS gerufen wurde. Während meines letzten Tages in Landour, etwa 2400 Meter hoch im Himalaya, begann ich mich krank zu fühlen. Meine Kehle wurde rauh, mein Körper schmerzte, und ich glühte vor Fieber. Während ich in meinem Büro arbeitete und versuchte, die Korrespondenz auf meinem

Schreibtisch zu erledigen, betete ich darum, daß meine Familie nicht merken würde, wie krank ich mich fühlte, denn ich fürchtete, sie würde mich an dem Abend nicht nach Dehli und in die USA reisen lassen. Meine Angehörigen gingen mit mir den Berghang hinab zur Busstation und bemerkten meine Erkrankung nicht.

Als der Bus losfuhr, winkte ich ihnen zum Abschied zu, aber sobald er um die Ecke gefahren war, legte ich meinen Kopf auf die Rückenlehne des Sitzes vor mir, zu krank, um ihn noch länger aufrecht halten zu können. Da ich mich so fiebrig fühlte, war die fast 29 Kilometer lange Fahrt auf der windigen Straße nach Dehra Dun sehr schwierig. In Dehra Dun nahm ich den Zug nach Dehli. Aus irgendeinem Grund war die Sicherung in jener Nacht kaputt, und die Ventilatoren und Lichter in unserem Abteil funktionierten nicht. Mein Fieber stieg, und ich kämpfte mit Übelkeit und Kopfschmerzen. Ich dachte: „Könnte ich doch nur einen Christen finden, um ihn zu bitten, für mich zu beten!"

Plötzlich, während der Zug durch die Dunkelheit raste, hatte ich das Gefühl, als führe eine menschliche Hand mit einem kühlen, nassen Waschlappen über meine Stirn. Sofort waren mein Fieber, meine Kopfschmerzen, die Übelkeit und der entzündete Hals verschwunden, und ich fühlte mich völlig gesund. Direkt dachte ich: „Wer hat für mich gebetet?"

Ich hatte Aufenthalte in Hongkong und Tokio, wo mit unseren chinesischen und japanischen Mitarbeitern je ein Tag des Gebetes eingeplant war. Jedesmal, bevor ich meine Botschaft brachte, berichtete ich von meiner jüngsten Erfahrung. „Ich bin heute hier, weil jemand für mich gebetet hat. Ich weiß nicht, wer es war, aber ich habe die Hand dieser Person gespürt."

Die OMS-Vorstandssitzung in Los Angeles dauerte mehrere Tage. Eines Tages, als die Post gebracht wurde, war ein Brief für mich dabei. Ich öffnete ihn und las, daß der Briefschreiber gegen 21.15 Uhr an jenem Tag, an dem ich Landour verließ, eine schwere Gebetslast für mich empfunden hatte. Ja, es war diese Zeit und dieser Tag gewesen. Ob ich nun tatsächlich die Hand des Betenden gespürt habe oder ob es die Hand eines Engels war als Antwort auf das Gebet, das macht keinen Unterschied. Das Gebet überbrückte in jener heißen Juninacht die Kilometer und hinterließ seine heilende Berührung in einem dahinrasenden Zug.

Warum erwarten wir eine solche Gebetsberührung nicht öfter? Vielleicht haben zu wenige Menschen ein hörendes Ohr für die ruhige, leise Stimme des Heiligen Geistes. Vielleicht sind wir zu oft dem Herrn nicht nahe genug, um empfindlich für seine Leitung zu sein. Die Realität jedoch bleibt. Das Gebet hat einen langen Arm. Es kann den Himmel berühren, und es kann irgendeinen Menschen irgendwo auf der Welt zu jedem beliebigen Zeitpunkt berühren. In einem wunderbaren Sinne macht das Gebet Sie zu dem Übermittler von Gottes Segen.

Gottes Dreieinigkeit der Fürbitte

Jesus ist der einzige Mittler zwischen Gott und Mensch im Blick auf die Errettung. Jede Übermittlung von Segen, die uns unser Gott heute zu tun erlaubt, geschieht aufgrund der Mittlerschaft Christi auf Golgatha und aufgrund seiner momentanen Mittlerschaft auf dem Thron. Aber derselbe Paulus, der in 1. Timotheus 2,5 schrieb, daß da „ein Mittler zwischen Gott und den Menschen, nämlich der Mensch Christus Jesus" ist, der schrieb drei Verse später: „So will ich nun, daß die Männer beten an allen Orten und aufheben heilige Hände."

Gott will, daß wir uns der Dreieinigkeit der Fürbitte anschließen, die er bestimmt hat. Gott, der Sohn, lebt ewig, um für uns einzutreten (Hebr 7,25). Zur rechten Hand Gottes leistet er jetzt für uns Fürbitte (Röm 8,34). Gott, der Heilige Geist, tritt selber für uns ein mit Seufzern, die zu tief sind, als daß sie mit Worten ausgedrückt werden könnten (Röm 8,26). Obwohl Gott, der Sohn, und Gott, der Heilige Geist, beständig fürbittend eintreten, ist Gottes Dreieinigkeit des Gebetes unvollständig, solange Sie sich ihnen nicht im Gebet anschließen.

Der betende Christus sitzt auf dem Thron im Himmel, von Angesicht zu Angesicht mit dem Vater. Aber uns schwachen, endlichen Menschen, die durch die Gnade Gottes gerettet sind, ist das fast unvorstellbare Privileg gegeben, unsere Hände auszustrecken und den Thron Gottes ebenfalls zu berühren! Dann ist das Gebetsteam, das Gott bestimmt hat, vollständig. In einem gewissen geheiligten Sinne haben wir mit Christus teil an der Übermittlung der Segnungen Gottes. In einem gewissen geheiligten Sinne segnet Gott die Welt durch unser Gebet. Das Gebet versetzt uns in die Lage, mit der einen Hand Gottes Thron und mit der anderen Hand die bedürftige Welt zu berühren!

Das Gebet kann Ihnen überall Zutritt verschaffen

Das Gebet kann Ihnen direkten Zutritt zu jedem Haus, jedem Krankenhaus, jeder Behörde und jedem Gerichtssaal auf der Welt verschaffen. Ebenso wie keine Entfernung Ihr Ausstrecken oder Berühren im Gebet verhindern kann, können Mauern oder „Eintritt verboten"-Schilder Sie aufhalten oder Ihre Hand im Gebet abhalten.

Durch das Gebet können Sie die Hand eines Chirurgen ruhig sein lassen in Krisensituationen, wenn er zum Beispiel einen Freund oder einen Angehörigen operiert. Durch das Gebet können Sie während der Operation unsichtbar bei dem Angehörigen sein.

Im Geist gegenwärtig

Paulus, der Apostel des Gebetes, betete beständig für seine Bekehrten sowie für die Gemeinden, die er an vielen Orten in der ganzen neutestamentlichen Welt gründete. Tatsächlich war sein Gebet so real und ernsthaft, daß er wirklich glaubte, daß, obwohl er körperlich von ihnen getrennt war, sein Geist doch bei ihnen war, wenn er betete. Ist dies nicht im wesentlichen das, worüber Paulus sprach, als er an die Gemeinde in Korinth schrieb: „Wenn ihr in dem Namen unseres Herrn Jesus versammelt seid und mein Geist samt der Kraft unseres Herrn Jesus bei euch ist" (1. Kor 5,4)? Auch zögerte Paulus nicht, ihnen zu sagen, daß sein Geist durch das Gebet bei ihnen sein würde, wenn sie sich mit einem Fall von Gemeindezucht beschäftigten (V. 5). Paulus hielt durch das Gebet ständigen geistlichen Kontakt aufrecht.

In ähnlichen Worten schrieb Paulus auch an die Gemeinde von Kolossä: „Denn obwohl ich leiblich abwesend bin, so bin ich doch im Geist bei euch und freue mich, wenn ich eure Ordnung und euren festen Glauben an Christus sehe" (2,5). Diese Gemeinde war in den Gebeten von Paulus so real gegenwärtig, daß es war, als wenn er sich dort befände.

Es gibt viele billige Witze von manchen Leuten, die an einem Gottesdienst nicht teilnehmen, aber später dem Pastor erzählen, sie seien „im Geist anwesend gewesen". Solch ein Reden ist beinahe frevlerisch. Andere mögen ihren abwesenden Freunden oder Angehörigen ernsthaft sagen: „Wir sind im Geiste bei euch", was aber kaum mehr bedeutet, als daß sie gelegentlich an sie denken. Paulus meinte jedoch viel mehr damit, als diese lose Bemerkung beinhaltet. Er liebte die Christen von Kolossä so sehr, identifizierte sich so sehr mit ihnen, betete mit so anhaltender Fürbitte für sie, daß er wußte, daß es eine geistliche Tatsache war, daß er durch das Gebet bei ihnen sein konnte. Das stimmte, wenn er Kolossä auch niemals besucht hatte! Eine solche tiefgehende Identifizierung im Gebet ist heute nicht üblich. Aber sie ist wunderbar möglich, wenn wir in enger Gemeinschaft mit Gott leben.

Entwickeln Sie Ihre Gebetsgegenwart

Jeder betende Christ kann sehr wohl durch anhaltende Fürbitte eine solche Einheit der Liebe und des heiligen Verlangens erreichen, daß Gott eine besondere Einheit und Identität des Geistes sowie eine besondere Realität der „Gebetsgegenwart" gewährt.

Über einen Zeitraum von etwa zwanzig Jahren schien, wann immer ich von der Universität, missionarischen Einsätzen oder auf Urlaub aus Indien heimkehrte, meine Mutter bei jeder Gebetsstunde unserer Familie in Tränen der sehnsuchtsvollen Liebe auszubrechen, wenn sie für die Missionsfelder, besonders für China und Indien, betete. Das war auch die Art und Weise, in der sie fürbittend für mich eintrat, und ich glaube, daß ihr betender Geist oft bei mir war.

Aus eben diesem Grunde konnte Gott sie zu genau der Stunde zur Fürbitte rufen, in der ich während meines Dienstes in Indien einer Gefahr gegenüberstand, obwohl sie nicht wußte, daß ich in Schwierigkeiten war. Sie war eine wahre Gebetskämpferin, die mehrere Stunden täglich mit echter Fürbitte verbrachte und häufig die Eingebung des Heiligen Geistes erlebte. Durch ihre Gebetsidentität mit mir erreichte sie Indien für Christus!

Solche Treue hat große Möglichkeiten zum Dienst für Gott zur Folge. Durch das Gebet können Sie Gerichtssäle betreten und Ihre Hand beruhigend auf die Schulter des Richters legen. Durch das Gebet können Sie an jedem Ort der Welt Ihre Hand Einhalt gebietend auf den Arm eines Kriminellen oder eines Terroristen legen. Durch das Gebet können Sie Ihre Hand führend auf das Lenkrad eines Autos legen.

Aber es genügt nicht, wenn Sie einmal im Monat ein halbminütiges Gebet für jemanden sprechen, und es sich dabei bewenden lassen. Ihr Herzschlag muß sich mit dem Herzschlag Jesu vereinigen, wenn er fürbittend eintritt. Ihre Liebe muß Tag für Tag zusammen mit der Liebe des Heiligen Geistes fließen. Wenn Ihr Sehnen tief genug ist, wenn Ihr Gebetsdienst beständig genug ist, wenn Sie im Heiligen Geist leben und im Heiligen Geist beten, dann übermitteln Sie Gottes Segnungen ebenso wahrhaftig, als wenn Sie leiblich anwesend wären.

Vielleicht erreichen Sie nicht die Einheit des Geistes, der Liebe und des Herzschlages, die notwendig ist, um sich an dem Dienst einer Vielzahl von Menschen zu beteiligen. Aber Sie können damit beginnen, an einem Menschen oder an einigen wenigen Anteil zu nehmen. Kurz nachdem wir in Indien ankamen, erhielt meine Frau Betty einen Brief von einer Lehrerin in Südafrika. „Ich habe immer danach verlangt, Missionarin zu werden“, schrieb sie, „aber Gott hat es nicht erlaubt. Als ich Ihre Missionszeitschrift las und Ihr Bild sah, sagte Gott mir, daß ich meinen Missionsdienst durch Sie tun solle.“ Das war Gottes Berufung für sie. Für wen hat Gott Sie als fürbittenden Gebetspartner bestimmt?

Wer hat hier versäumt zu beten?

Als meine Frau und ich gerade geheiratet hatten, lebten wir einige Zeit im Haus meiner Eltern, bevor wir unseren Pfarrdienst in einem anderen Bundesstaat antraten. An einem Abend in der Woche fuhren meine Eltern mehrere Kilometer zu einem Schulhaus auf dem Lande, wo mein Vater eine Bibelstunde sowie eine Gebetsversammlung leitete. Eines Abends, während die Eltern fort waren, waren meine Frau und ich allein im elterlichen Haus und beteten auf unseren Knien, als mich die plötzliche Vorahnung einer schrecklichen Gefahr überfiel. Ich begann, Gottes Gnade anzuflehen und hob in meiner Not meine Hände betend in die Höhe. Ich wußte nicht, um was für eine Gefahr es sich handelte, und dachte, daß vielleicht ein Räuber draußen vor unserem Fenster lauerte. Etwa zehn Minuten oder länger konnte ich mich nur auf das Blut Jesu berufen und den Namen Jesu in Anspruch nehmen.

Dann wurde die Last leichter. Meine Frau konnte nicht verstehen, was mit mir geschehen war, und sagte, daß mein Gesicht leichenblaß sei. Sie fragte mich, um was es sich meiner Meinung nach gehandelt habe. Ich antwortete, daß ich das nicht wisse, daß ich nur sicher sei, daß Gott aus einer großen Gefahr gerettet habe.

Etwa zwanzig Minuten später klopfte es an unserer Schlafzimmertür. Es war meine Mutter. Ihre ersten Worte bestätigten meine frühere Ahnung: „O Wesley, Gott ist heute nacht so gnädig zu uns gewesen! Als Papa und ich auf der Autobahn nach Hause fuhren, blendete uns das helle Licht eines entgegenkommenden Fahrzeugs. Der Wagen kam mit hoher Geschwindigkeit direkt auf uns zu. Im letzten Moment wich er aus und verfehlte uns nur knapp. Als er vorbei war, bemerkten wir, daß wir uns auf der falschen Straßenseite befanden!"

Erklären Sie es, wenn Sie wollen. Vielleicht war es die Hand des Gebetes, die das Lenkrad des dahinrasenden Autos herumwarf, um einen Zusammenstoß zu vermeiden. Vielleicht hatte ich den himmlischen Thron berührt, und Gott hatte einen Engel geschickt, um die Situation in den Griff zu bekommen. Ich weiß es nicht. Aber dies weiß ich wohl: Gott rief uns zur Fürbitte auf und bewahrte genau im Augenblick der Gefahr das Leben meiner Eltern für viele weitere Jahre des Dienstes. Seither frage ich mich, wenn ich höre, daß ein wertvoller Diener Gottes bei einem Unfall getötet wurde: „Wer hat hier versäumt zu beten?"

Dieses erstaunliche Vorrecht

Es liegt eine unbeschreibliche geheiligte Realität im Gebet. Wir haben gerade erst begonnen, das ABC der Fürbitte zu lernen. Wir haben kaum damit begonnen zu verstehen, was es heißt, ein königlicher Priester vor Gott zu sein (1. Petr 2,9; Offb 1,6) und zusammen mit Christus fürbittend einzutreten. Gott hat uns das erstaunliche Vorrecht gegeben, unsere Liebe, unsere Berührung und unsere Gegenwart durch das Gebet zu übertragen. Das ist kein mystischer Fanatismus. Die Menschen, auf die in diesem Kapitel Bezug genommen wird, sind keine wirklichkeitsfremden Superheiligen, die sich in Schwärmereien ergehen. Sie stehen mit beiden Beinen auf der Erde, sind ganz normale Menschen, aber sie sind große Fürbitter.

Wir dürfen aus dem Schwärmerischen oder dem Sensationellen kein Hobby machen. Aber wir sollten auch nicht versäumen, das erstaunliche Privileg, das Gott uns garantiert hat, auszunutzen. Die Macht des Gebetes ist bis heute größtenteils unentdeckt und wird von vielen seiner geliebten Kinder zu wenig verstanden. Wir leben noch so weit unterhalb unserer geistlichen Kapazität, unserer Privilegien und Rechte als Kinder Gottes!

„Laßt uns streben, mit Eifer streben nach Erkenntnis des Herrn! Sobald wir ihn suchen, werden wir ihn finden" (Hos 6,3; Zürcher Übersetzung). „Ich erachte es noch alles für Schaden gegenüber der überschwenglichen Erkenntnis Christi Jesu … Ihn möchte ich erkennen und die Kraft seiner Auferstehung" (Phil 3,8.10).

Was ist Ihr tiefstes Verlangen? Wie intensiv ist Ihr geistliches Sehnen? Ist es Ihr innigster Wunsch, Christus besser zu kennen, das geheiligte Geheimnis seiner Gegenwart und seiner Macht zu erfassen und zu erfahren, wie Sie mit ihm kommunizieren können und wie Sie den Sieg behalten können, wenn Sie sich an seiner Fürbitte beteiligen? Dann haben Sie in der Tat damit angefangen, Ihre Rolle als seine Braut und sein königlicher Priester und „Mit-Fürbitter" zu erfüllen.

Ihr König gibt Ihnen seine Schlüssel

Jesus Christus ist der souveräne Herrscher unseres Universums. Er ist der Schöpfer alles Sichtbaren und Unsichtbaren – der Natur, der Menschheit und der Welt der Engel (Joh 1,3; Kol 1,16). Jedes himmlische Wesen, mit Ausnahme der Dreieinigkeit, wurde von Jesus geschaffen. Alle Geistwesen, die in Sünde fielen und Satan folgten, wurden einmal von Jesus geschaffen, und er ist noch immer ihr letztendlicher Herr. Sie neigen sich nicht vor ihm, aber eines Tages werden sie es doch tun – nicht in Unterwerfung, denn dazu wird es zu spät sein, sondern in Anerkennung der Tatsache, daß er allein der Herr ist. Satan und alle seine Anhänger können die von Jesus festgesetzten Grenzen des Erlaubten nicht übertreten (Hiob 1,10.12; 2,6; 1. Kön 13,4). Der Tag kommt schnell herbei, an dem Satan und alle bösen Wesen in den Feuersee geworfen und Gott oder den Menschen nicht länger Widerstand leisten werden.

Mit all den neuesten technologischen Werkzeugen, die zur Verfügung stehen, können die Wissenschaftler das Geheimnis der Macht, die das Universum erhält, nicht entdekken. Welche Kraftquelle sorgt dafür, daß die Elektronen in jedem einzelnen Atom sich mit einer Geschwindigkeit, die der Lichtgeschwindigkeit vergleichbar ist, um den Kern drehen? Welche Kraft steuert Jahrhundert um Jahrhundert Myriaden von Sternen auf ihrer himmlischen Bahn? Die Bibel gibt die Antwort. Ihr Name ist Jesus (Hebr 1,3).

Jesus Christus ist auch heute souverän. Er sagt selber: „Mir ist gegeben alle Gewalt im Himmel und auf Erden" (Mt 28,18).

Jesus hat die Schlüssel der Geschichte

Gott der Herr (Jesus in seiner vorinkarnierten Gestalt) verkündete im Alten Testament zweimal: „Ich bin der Erste, und ich bin der Letzte“ (Jes 44,6; 48,12). Jesus formuliert diese Wahrheit neu in Offenbarung 1,17 und 22,13. Er ist der Erste, weil er der Schöpfer aller Dinge ist. Er ist der Letzte, weil er das letzte Wort in allem hat. Er wird seinen ewigen Plan ausführen, ungeachtet all dessen, was die Menschen und Dämonen versuchen mögen, um diesen Plan zu zerstören. Jesus ist der Herr der Geschichte. Er wird seine Herrschaft niemals einem anderen übergeben. Es kann niemals falsch sein, wenn Sie Ihr Leben in die Hand des Herrn der Geschichte legen.

Jesus hat die Schlüssel des Todes und der Hölle

Jesus ist der souveräne Herr über Hölle und Tod. Er verkündet: „Ich bin der Lebendige. Ich war tot, und siehe, ich bin lebendig von Ewigkeit zu Ewigkeit und habe die Schlüssel des Todes und der Hölle“ (Offb 1,18). Kein Krankheitserreger, kein Verbrecher oder Terrorist besitzt Macht über Sie, sie sei ihm denn von Jesus gegeben. Kein Sturm und keine Flut, kein wildes Tier, keine Gewalt oder Macht kann Ihnen ohne seine Erlaubnis schaden.

Das gibt Ihnen nicht die Gewähr, daß Ihr Leben frei sein wird von Leiden, oder daß Sie ein hohes Alter erreichen werden. Wenn Sie Gottes Gesetze der Gesundheit mißachten und sorglos dahinleben, werden Sie ernten, was Sie gesät haben. Sie werden anfälliger sein für Unfälle; Sie werden empfindlicher sein für Krankheiten.

Es bedeutet vielmehr, daß Jesus nichts zulassen wird, was Ihr wahres „Ich“ schädigt.

John Wesley sagte: „Ich bin unsterblich, bis meine Arbeit getan ist.“ Das bedeutet, daß, solange Sie sich im Willen Gottes befinden, solange Sie gegenüber der Leitung des Heiligen Geistes sensibel und gehorsam bleiben und solange Sie danach trachten, für Ihren Leib Sorge zu tragen, die letztendliche Kontrolle über Ihr Leben und Ihr Sterben nicht in der Hand des Zufalls, der Naturereignisse, anderer Menschen oder des Satans liegt. Jesus wird nicht zulassen, daß irgend etwas Sie anrührt, es sei denn, daß er dieses Etwas zu Ihrem ewigen Heil ausarbeiten kann. Er hat die Absicht, Sie jetzt und in Ewigkeit zu gebrauchen. Gott sei gelobt, Jesus hat die Schlüssel des Todes und der Hölle. Er wird sie niemand anderem übergeben.

Jesus hat den Schlüssel Davids

"Das sagt der Heilige, der Wahrhaftige, der da hat den Schlüssel Davids, der auftut, und niemand schließt zu, der zuschließt, und niemand tut auf" (Offb 3,7). Christus ist der Herr über alle Türen. Die Türen, die er öffnet, können von Menschen oder Dämonen nicht geschlossen werden. Die Türen, die er schließt, können nicht zwangsweise geöffnet werden, obwohl die ganze Hölle dies mit vereinten Kräften versucht. Paulus erkannte, daß es Jesus war, der während seines ganzen Dienstes Türen für ihn öffnete (2. Kor 2,12; Kol 4,3).

Wenn Sie eine „Tür zu reichem Wirken" suchen, wie Paulus sie fand (1. Kor 16,9), dann denken Sie daran, daß Jesus der „Türöffner" ist. Wenn eine Tür in Satans Gesicht zugeschlagen werden muß, dann denken Sie daran, daß Jesus den Schlüssel hat. Menschen mögen Türen, die Sie und ich geschlossen haben, mit Gewalt zu öffnen suchen. Auch mögen sie Türen, die Sie und ich geöffnet haben, gewaltsam schließen wollen. Aber wenn Jesus auf der Bildfläche erscheint, kann niemand etwas ändern. Jesus wird die letztendliche Souveränität über die Türen in Ihrem Leben niemals abtreten. Er behält den Schlüssel Davids.

Jesus will Ihnen die Schlüssel des Himmelreiches geben

Obwohl es einige Schlüssel gibt, die Jesus niemals einem anderen übergeben wird, wartet er darauf, Ihnen und mir die Schlüssel des Himmelreiches zu geben. „Ich will meine Gemeinde bauen, und die Pforten der Hölle sollen sie nicht überwältigen. Ich will dir die Schlüssel des Himmelreiches geben: alles, was du auf Erden binden wirst, soll auch im Himmel gebunden sein, und alles, was du auf Erden lösen wirst, soll auch im Himmel gelöst sein" (Mt 16,18-19).

Jesus vertraute den ersten Jüngern die Schlüssel des Himmelreiches an. Seine Botschaft war ursprünglich an Petrus gerichtet, der gerade geantwortet hatte auf die Frage Jesu: „Wer sagt denn ihr, daß ich sei?" (V. 15). Auf die Bejahung seiner Herrschaft durch Petrus verlieh Jesus ihm (und den anderen, die ihm nachfolgen würden) unglaubliche Autorität zum Zweck der Ausbreitung seines Reiches auf der Erde.

Wie gebrauchte Petrus die Schlüssel? Wie löste und wie band er? Jesus hatte sich gerade verpflichtet, seine Gemeinde zu bauen. Da er nicht länger auf der Erde sein würde, um den Bau in menschlicher Gestalt auszuführen, übergab er diese Verantwortung Petrus und den anderen Jüngern. Das Interesse Jesu am Binden und Lösen galt nicht so sehr der Zucht der Gemeinde, sondern ihrem Aufbau und ihrer Förderung.

In dem Bericht der Apostelgeschichte über das Wachstum der neutestamentlichen Gemeinde gingen Gebet und Zeugnis Hand in Hand, als der Heilige Geist durch die Jünger wirkte.

Christus gab Petrus am Pfingsttag einen Schlüssel, und Petrus ging gehorsam vorwärts und öffnete die Tür der Gemeinde für dreitausend neue Gläubige. Christus gab Stephanus einen Schlüssel. Stephanus gehorchte und ging direkt in den Himmel. Aber sein Märtyrertod beeinflußte Saulus, der der größte Seelengewinner der jungen Kirche wurde. Christus gab Philippus einen Schlüssel, der die Tür der Gemeinde für die Samariter öffnete. Er gab Philippus noch einen Schlüssel und schickte ihn in die Wüste. Philippus gehorchte und öffnete an der Straße nach Gaza dem äthiopischen Eunuchen und damit dem Volk von Afrika die Tür.

Christus gab auch Petrus einen zweiten Schlüssel, und er öffnete die Tür der Gemeinde für Kornelius und somit die Tür der Errettung für die römischen Heiden. Christus gab Paulus ständig neue Schlüssel bei der Ausbreitung seines Reiches, als dieser in einer Stadt nach der anderen Gemeinden gründete – in Philippi, Thessalonich, Athen, Korinth, Ephesus, Kolossä und in unzähligen anderen, nicht mit Namen genannten Städten und Städtchen. Paulus blieb gehorsam, predigte, betete und baute die Gemeinde.

Jesus braucht in jedem Zeitalter Christen, um sein Werk fortzuführen. Diese Wahrheit ist so wichtig, daß Jesus seinen Auftrag ein wenig später in Matthäus wiederholte. Dabei verwendete er die Pluralform des Pronomens „du“, um alle Gläubigen einzuschließen, die nach Petrus kommen würden: „Wahrlich, ich sage euch: Was ihr auf Erden binden werdet, soll auch im Himmel gebunden sein, und was ihr auf Erden lösen werdet, soll auch im Himmel gelöst sein. Wahrlich, ich sage euch auch: Wenn zwei unter euch eins werden auf Erden, worum sie bitten wollen, so soll es ihnen widerfahren von meinem Vater im Himmel. Denn wo zwei oder drei versammelt sind in meinem Namen, da bin ich mitten unter ihnen“ (Mt 18,18-20).

Christus fährt auch heute fort, seine Gemeinde zu bauen, wenn seine Jünger die ihnen anvertrauten Schlüssel benutzen und Türen öffnen für die Errettung anderer, die Ketten Satans lösen, mit denen er das Leben von Menschen fesselt, und die Macht Satans binden, durch die er die Gläubigen und die Gemeinde zu zerstören sucht. Zugegeben, die Führer der Gemeinde sind von Gott dazu aufgefordert, in der Gemeinde Zucht auszuüben, um bei der Erhaltung der Reinheit der Gemeinde zu helfen. Obwohl diese Abschnitte Fragen der Gemeindezucht betreffen können, bedeuten sie gewiß weit mehr als nur dies. Der Gebrauch der Schlüssel, das Binden und das Lösen, ist eng verbunden mit dem Gebet und der Verabredung der Gläubigen, zum Gebet zusammenzukommen.

Das griechische Wort für das Verb „zustimmen" ist *sumphoneo,* von dem wir unser Wort „Symphonie" ableiten. Es bedeutet „in Harmonie zusammenklingen" und bezieht sich hauptsächlich auf Musikinstrumente.

Wenn zwei Gläubige in einer Sache „harmonieren", und zwar in der Einheit des Heiligen Geistes, des Verlangens und des Gebetes, dann klingt dies in den Ohren Gottes wie die Musik einer wunderschönen Symphonie. Gott, der Vater, wird eine solche Bitte gewiß genehmigen und beantworten. Warum? Weil da, wo zwei oder drei im Namen Jesu miteinander beten, sich Jesus selber diesem Gebet anschließt und sein Amen dazu gibt.

Jesus ist immer bereit, die Schlüssel jedem Gläubigen zu geben, der sie gebrauchen will. Manche ergreifen sie und gehen an die Arbeit; andere lehnen sich zurück und verpassen ihre Gelegenheiten. Schritt für Schritt baut Jesus auch heute noch sein Reich. Er möchte uns noch viel mehr gebrauchen, als es bis jetzt der Fall gewesen ist. Sie und ich, wir können einige Menschen durch unseren Gehorsam gewinnen. Wir können aber viel, viel mehr Menschen durch unser Gebet gewinnen.

Christus, der Herr der Geschichte, baut seine Gemeinde heute so schnell, wie er betende, gehorsame Helfer finden kann. Wenn Sie und ich im Gebrauch der Schlüssel des Gehorsams und des Gebetes nicht treu sind, wird er uns keine neuen Schlüssel geben.

Himmel oder Hölle?

Es liegt also an uns. Bedenken Sie jedoch, daß das ewige Geschick von anderen – nämlich Himmel oder Hölle – abhängt von Ihrem Gebrauch der Schlüssel, die Christus Ihnen gegeben hat.

Als Jesus seine Jünger nach seiner Auferstehung zum ersten Mal traf, segnete er sie, zeigte ihnen seine Hände und Seite und sagte: „Wie mich der Vater gesandt hat, so sende ich euch" (Joh 20,21). Dann blies er sie an und sagte:

„Nehmt hin den heiligen Geist“ (V. 22). Er übertrug diesen Jüngern sowie allen Jüngern nach ihnen eine überaus große Verantwortung: „Welchen ihr die Sünden erlaßt, denen sind sie erlassen; und welchen ihr sie behaltet, denen sind sie behalten“ (V. 23).

„Aber wie ist das möglich?“ fragen Sie. Ist nicht Gott der einzige, der Sünden vergeben kann? Ja, natürlich. Bezahlte nicht Christus den Preis, so daß jedem, der ihn anruft, vergeben werden kann? Ja, Gott sei Dank! Wie ist es dann möglich, daß die Vergebung für andere in Ihren Händen liegt anstatt in den Händen Gottes?

Einfach so: Christus hat uns erwählt, seine Botschaft in die Welt zu tragen. Er hat bereits den Preis für alle bezahlt; aber die einzige Stimme, die er gebrauchen will, um dies der Welt jetzt zu sagen, ist Ihre und meine Stimme. Wenn Sie Ihren Freund erreichen, kann ihm vergeben werden. Wenn Sie ihn nicht erreichen, kann ihm nicht vergeben werden. Wenn Sie und ich unsere Welt erreichen, kann sie gerettet werden; wenn wir sie nicht erreichen, wird sie für immer verloren sein. Himmel oder Hölle liegen jetzt in Ihrer Hand. Christus hat seinen Teil getan; unsere Aufgabe ist noch nicht abgeschlossen.

Dies ist für das Gebet von unmittelbarer Bedeutung. Gegenwärtig besteht für viele Menschen nicht die Chance, daß ein Christ sie erreicht, bevor sie sterben. Darum hat Jesus Ihnen und mir befohlen, darum zu beten, daß der Herr der Ernte Schnitter zu ihnen senden möge. Viele andere werden nur einmal in ihrem Leben die Chance haben, zu hören, zu glauben und gerettet zu werden. Werden sie diese Chance versäumen? Wird es ihnen nicht gelingen, die Botschaft zu verstehen? Wird Voreingenommenheit sie dazu veranlassen, die Botschaft nicht zu beachten? Ihr Gebet und das meine muß die Kluft überbrücken. Gott hat uns zur einzigen Hoffnung für ihre Errettung gemacht.

Bestimmte moslemische und kommunistische Länder sind für die Mission geschlossen. In diesen und anderen reglementierten und unterdrückten Gesellschaften existiert das biblische Zeugnis praktisch nicht. Die einzige Weise, in der die Menschen in diesen Ländern die Botschaft des Evangeliums hören können, ist durch das Radio. Aber ohne das freudige Zeugnis der öffentlich bekennenden Christen verstehen sie die Bedeutung dieser Botschaft vielleicht gar nicht. Da aus ihren einheimischen Radiostationen keine christliche Stimme zu hören ist, werden sie vielleicht nie eine christliche Rundfunksendung entdecken. Oder etwa doch? Ihr Gebet ist vielleicht ihre einzige Hoffnung. Ihr Gebet kann sie leiten helfen, wenn sie das Radio einstellen. Ihr Gebet kann ihre Voreingenommenheit beseitigen helfen. Ihr Gebet kann ihnen verstehen helfen. Ihr Gebet kann helfen, die vom Satan ausgestreuten Zweifel auszusperren. Ihr Gebet ist vielleicht der einzige Schlüssel, der die Tür zu ihrer Errettung aufschließt.

Christus gibt Ihnen durch das Gebet die Schlüssel zur Errettung von mehr Menschen in dem Kreis Ihrer Bekannten und auf der ganzen Welt, als Sie sich bewußt sind. Eines Tages wird Christus Sie fragen, was Sie mit den Schlüsseln, die er ihnen ausgehändigt hat, getan haben. Für wie viele Menschen haben Sie die Tür des Himmels aufgeschlossen? Für wie viele werden Sie die Tür vor den Irreführungen Satans zugeschlagen und zugeschlossen haben? Im Blick auf den Bau seiner Gemeinde, auf die Ausbreitung seines Reiches, bestand der Plan Christi darin, daß er uns die Schlüssel des Himmels gab. Werden Sie sie treu gebrauchen?

Sie können ein Teil von Gottes SOS-Gebetsnetz sein

Gott sendet und empfängt beständig Notrufe. Manche Ereignisse, die Sie nicht hatten vorhersehen können, verlangen nach Gottes unmittelbarem Eingreifen. Andere Situationen entwickeln sich zu einer Krise. Obwohl Gott niemals überrascht wird, da er alles im voraus weiß, interpretieren Sie und ich diese Situationen als Notfälle.

Christus thront heute zur rechten Hand Gottes und regiert die Welt durch seine Fürbitte und die Fürbitte seiner irdischen Gebetspartner. Wenn sich solche Notfälle ergeben, beschließt Gott manchmal, sie dadurch vorzubereiten, daß er seine Kinder zum Gebet aufruft. Bei anderen Gelegenheiten schickt er einen SOS-Ruf zu genau der Stunde der Not.

Gottes Kinder bilden sein SOS-Gebetsnetz

Dieses SOS-Gebetsnetz steht Ihnen und mir ständig zur Verfügung. Es ist aber auch von Ihnen und mir abhängig. Normalerweise mobilisiert Gott jemanden, der Sie bereits kennt, um für Sie zu beten, und er stärkt auf diese Weise ebenso den Glauben dieser Person wie Ihren eigenen Glauben.

Lassen Sie mich Ihnen ein Beispiel geben. Während meiner Studienzeit betreute ich einen Mit-Studenten. Wir beteten gemeinsam über eine dringende Angelegenheit, die nur diesem Studenten und mir bekannt war. Eine niederdrückende geistliche Dunkelheit lastete schwer auf meinem Freund. Mehrere Tage lang verbrachte ich jeden freien Augenblick im Gebet und mit der Seelsorge, aber aus irgendeinem Grund war es ein richtiger Gebetskampf, für den es keinen Sieg zu geben schien.

Während jener Zeit erhielt ich eine kurze Postkarte von

einem Evangelisten, der mich gut kannte. Er schrieb: „Lieber Bruder Wesley, als ich für Sie betete, hatte ich plötzlich den Eindruck, als sähe ich Sie auf Ihren Knien im Gebet. Ich meinte, Jesus zu sehen, wie er vor Ihnen stand und seine Arme nach Ihnen ausbreitete, aber Sie schienen ihn nicht zu sehen. Ich dachte bei mir, wie oft ist uns Gott doch so nahe, nur zu bereit, unsere Gebete zu beantworten, und wir erkennen es nicht." Gott hatte ihn zum Gebet alarmiert, gerade als ich es brauchte.

Manchmal wissen wir nicht, warum wir eine Last empfinden. Wir merken nur, daß der Herr uns besonders zum Gebet drängt. Wir empfinden den Ruf und die Verpflichtung, zu einem bestimmten Zeitpunkt zu beten.

Im August 1962 beendete ich in der „Scarborough Baptist Church" von Perth eine viertägige Reihe von Versammlungen in ganz Australien. Gott legte es mir aufs Herz, den ganzen Samstag mit Gebet und Fasten zu verbringen. An diesem Samstag fand ich in aller Frühe eine abgelegene Stelle am Strand von Scarborough und begann dort meine „Stille Zeit". Im Verlauf des Tages kam ich in eine schwere Gebetsschlacht mit den Mächten der Finsternis. Ich kannte den Grund nicht, aber der Heilige Geist führte mich in einen regelrechten Gebetskampf gegen Satan, und im Gottesdienst an jenem Abend fühlte ich mich geführt, über „Die Macht Satans und die Macht Gottes" zu sprechen.

Auf dem Weg zum Gottesdienst verließ mich plötzlich meine Stimme. Ich hatte den ganzen Tag leise gebetet und meine Stimme also nicht über Gebühr beansprucht; auch hatte ich keine Erkältung. Als ich mich erhob, um zu sprechen, bewegte ich meine Lippen, konnte jedoch keinen Laut von mir geben. Die Gottesdienstbesucher hielten den Atem an. Ich umklammerte die Kanzel mit beiden Händen und mühte und mühte mich ab. Nach einiger Zeit begann meine Stimme zurückzukehren, aber es schien, als wenn ich jedes Wort über den Rand der Kanzel schieben müßte, von wo es zu Boden fiel. Es gab weder Freiheit noch Segen, und am Schluß des Gottesdienstes verließen die Menschen schweigend die Kirche.

Eine mir unbekannte Frau blieb zurück. Sie erzählte mir, sie wisse, daß sie sechs Monate zuvor wiedergeboren worden sei. Da sie jedoch schwarze Magie betrieben hatte, erlebte sie jetzt, daß die Dämonen sie nicht in Ruhe lassen wollten. Jede Nacht versammelten sie sich sichtbar um ihr Bett und verhöhnten sie. In heiligem Zorn betete ich mit ihr und nahm den Sieg Jesu in Anspruch. Sie wurde völlig von der Bedrängung durch den Satan befreit.

In dem Gottesdienst am nächsten Morgen schien es, als wären alle Himmel für uns offen. Die geistlichen Bedürfnisse vieler wurden gestillt, und manche erhielten den Ruf in die Mission. Am Schluß des Gottesdienstes wurde ein von Dämonen besessener Mann, der von Kopf bis Fuß zitterte, befreit, als der Pastor, die Diakone und ich für ihn beteten. Er war der Ehemann der Frau, die am Abend zuvor völlig frei geworden war. Die Diakone hatten, was mir unbekannt war, während der vergangenen sechs Monate einen Gebetsbund für diesen Mann geschlossen gehabt. Der Heilige Geist rief zur Zeit der Krise zu einem Gebetsalarm auf. Satan versuchte zu stören, aber Jesus gewann den Sieg. Ihm sei alle Ehre!

Wie man sich Gottes SOS-Gebetsnetz anschließt

1. Seien Sie sicher, daß Sie mit dem Heiligen Geist erfüllt sind. Diese Gewißheit ist für alles im geistlichen Leben grundlegend. Obwohl jeder Christ vom Heiligen Geist geführt und gebraucht werden kann, ist es viel einfacher, seine Stimme zu hören, wenn er Ihr Leben völlig kontrolliert. In jedem wiedergeborenen Christen wohnt der Heilige Geist (Röm 8,9), aber nicht jeder Christ lebt ein geisterfülltes, vom Geist kontrolliertes Leben.

Sie können erst dann ein geisterfülltes Leben führen, wenn Sie in dieses Leben eingetreten sind. Der Gläubige muß eine „völlige Übergabe“ (der Ausdruck, den Andrew Murray bevorzugte) vollziehen – eine vollständige Hingabe seiner Person und von all dem, was ihm gehört (Röm

12,1-2). Er muß um die Fülle des Heiligen Geistes bitten (Lk 11,13) und darauf vertrauen, daß der Heilige Geist ihn reinigt, bevollmächtigt und erfüllt (Apg 15,8-9). Jeder Christ von heute kann ebenso geisterfüllt sein wie die ersten Apostel, wenn er nur dieselbe Hingabe praktiziert (Apg 2,38-39). Es geht hier nicht um besondere Manifestationen des Heiligen Geistes; es geht um die Übergabe des eigenen Willens.

Wenn Sie einen Gläubigen mit dem Willen Gottes kämpfen sehen, wenn dieser Gläubige von seinen fleischlichen Lüsten und Neigungen und durch einen störrischen Eigenwillen besiegt wird, und wenn er seiner Familie oder anderen gegenüber fleischlich reagiert, dann wissen Sie, daß er kein geisterfülltes Leben lebt. Entweder hat er die Erfüllung mit dem Heiligen Geist nie erfahren, oder er lebt jetzt durch Ungehorsam und Rücknahme der Hingabe nicht in der Fülle des Heiligen Geistes. Wenn Sie einmal mit dem Heiligen Geist erfüllt worden sind, dann füllt er Sie normalerweise immer wieder neu, so wie Sie es benötigen.

2. Entwickeln Sie ein tiefes Gebetsleben. Je mehr Sie das Gebetsleben entdecken, desto mehr vermag Gott Sie in besonderen Zeiten der Not zu gebrauchen. Gott braucht ständig richtige Gebetskämpfer. Sie lernen beten durch das Beten. Obwohl theoretisches Wissen über das Gebet schön und gut ist, erlangen Sie Vertrauen und Stärke im Gebet nur, wenn Sie beten. Setzen Sie die Prinzipien des Betens in die Praxis um, und der Heilige Geist wird Ihnen zunehmende Freiheit und Kühnheit in der Fürbitte geben.

3. Entwickeln Sie eine Gesprächsbeziehung zu dem Herrn. Sagen Sie dem Herrn immer wieder, wie sehr Sie ihn lieben und verehren. Unterbrechen Sie Ihren Tag, um ihn zu loben. Teilen Sie Ihre Freude mit ihm. Danken Sie ihm in der Stille Ihres Herzens für jede Segnung des Tages – für den Sonnenschein, die Schönheit, ein Lächeln, die Freunde, ein Lied, seine Hilfe bei Ihrer Arbeit. Bitten Sie Gott, die Menschen, die Ihnen irgendwie auffallen, an denen Sie vorbeigehen oder die Sie treffen, zu segnen. Wenn Sie Ihre Arbeit tun, die Straße entlanggehen oder mit dem Auto unterwegs sind, flüstern Sie mit dem Herrn in Ihrem Herzen, ohne daß andere um Ihre häufige Gemeinschaft mit Ihrem wundervollen Herrn wissen. Leben Sie in seiner Gegenwart.

4. Entwickeln Sie ein hörendes Ohr. Es ist Ihr Vorrecht als Kind Gottes, vom Heiligen Geist geführt zu werden (Röm 8,14). Haben Sie es sich zur Gewohnheit gemacht, auf Gott zu hören? Keinem Christen wird das je völlig gelingen, aber Gott kann Ihnen helfen, ein hörendes Ohr zu entwikkeln. Möge Gott Ihnen folgende Vorschläge zum Segen werden lassen:

a) Stellen Sie sicher, daß Sie jeden Tag dem Herrn hingegeben sind und in der Fülle des Geistes leben.
b) Bitten Sie Gott, Sie zu lehren, wie Sie auf ihn hören können. Das Gebet ist keine wirkliche Gemeinschaft, wenn Sie das Reden alleine besorgen.
c) Wenn Sie einen neuen Tag beginnen, bitten Sie Gott dann, zu Ihnen zu sprechen, wann immer er dies im Laufe des Tages tun möchte. Bitten Sie ihn, Ihnen zu helfen, seine Stimme zu erkennen.
d) Lesen Sie Ihre Bibel in der Erwartung, daß Gott zu Ihnen spricht und sein Wort an Ihrem Herzen segnet. Lesen Sie die Bibel zum persönlichen Segen, und beachten Sie Gottes Vorschläge, wie Sie ihm mehr gefallen können und wie Sie seinen Willen noch völliger tun können.
e) Bitten Sie Gott, Sie selbst in den kleinen Dingen zu leiten. Alles, was für Sie wichtig ist, ist auch wichtig für Gott. Bitten Sie ihn, Ihnen zu helfen, ein Segen für andere zu sein, wenn Sie ihnen begegnen, mit ihnen telephonieren oder Briefe schreiben. Bitten Sie Gott, Ihnen kleine Dinge zu zeigen, die Sie für ihn und andere tun können. Sie können ihn bitten, Sie in Ihren Einkäufen, Ihrer Einstellung, Ihren Kontakten, Ihrer Arbeit wie auch in Ihrem Gebetsleben zu leiten.
f) Entspannen Sie sich und vertrauen Sie Gottes beständiger Führung (Jes 58,11). Haben Sie keine Angst und Furcht, den Willen Gottes zu verfehlen. Sie sind sein Kind; ruhen Sie in seiner Treue. Ziehen Sie keine vor-

eiligen Schlüsse. Erwarten Sie keine Stimme oder ein Zeichen vom Himmel. Gottes Führung gehört so sehr zu seinem normalen Handeln mit Ihnen, daß er oftmals am Werke ist, wenn Sie sich dessen überhaupt nicht bewußt sind.

g) Beobachten Sie, wie Gott seine Fügungen für Sie koordiniert. Ärgern Sie sich nicht, wenn er Verzögerungen zuläßt oder Ihre Pläne durchkreuzt. Sein Weg ist der beste. Er will, daß alle Dinge zu Ihrem Besten und zu seiner Ehre dienen. Er weiß immer, was das Höchste und das Beste ist. Kämpfen Sie nicht gegen Gottes Fügungen; entspannen Sie sich einfach in seiner liebenden Fürsorge für Sie. Gott kann eine Tür öffnen, wo zuvor keine war: Sie werden niemals eine Tür gewaltsam öffnen müssen.

5. *Bitten Sie Gott, Sie jeden Tag wachsam sein zu lassen.* Bitten Sie ihn jeden Morgen besonders darum, Ihre Aufmerksamkeit auf jede Person oder Situation zu lenken, für die Sie beten sollen. Führen Sie eine Gebetsliste, denn Gott drängt Sie vielleicht, die Namen von weiteren Personen, die bestimmte Nöte haben, ebenfalls auf diese Liste zu schreiben. Die Liste dient auch als Chronik beantworteter Gebete! Seien Sie täglich aufgeschlossen gegenüber jeder neuen Gebetsaufgabe, die Gott Ihnen vielleicht zeigt. Wenn Sie durch Ihren Tag gehen, dann beten Sie unverzüglich für alles, was Gott Ihnen in Gedanken bringt.

6. *Akzeptieren Sie die Verantwortung für jede besondere Gebetslast, die Gott gibt.* Versichern Sie dem Herrn jeden Tag, daß Sie es versuchen wollen, jede Gebetslast, die er Ihnen gibt, treu zu tragen. Fassen Sie eine solche Gebetslast als ein besonderes Vertrauen des Herrn auf.

Wie erkennt man, welche Gebetslast Gott gibt?

Gott kann Ihnen jemanden sehr nachdrücklich in die Gedanken bringen. Dies kann während Ihrer Gebetszeit oder zu irgendeiner anderen Zeit des Tages geschehen. Wenn Sie Gott Ihre Bereitschaft zu erkennen gegeben haben und Ihnen eine Person immer wieder in Gedanken kommt, dann braucht diese Person vermutlich Ihr Gebet. So etwas mag nur gelegentlich geschehen, aber je enger Sie mit dem Herrn gehen und auf seine Stimme eingestimmt werden, desto häufiger wird Gott Sie auf diese Weise gebrauchen.

Sie haben vielleicht ein besonderes Vorgefühl oder eine Vorahnung einer Gefahr oder einer Not. Gehen Sie sofort zum Herrn. Unterbrechen Sie, wenn das möglich ist, Ihre augenblickliche Tätigkeit für eine kurze Pause. Während Sie beten, bringt Gott Ihnen vielleicht eine Person oder Situation in Ihre Gedanken. Wenn nicht, dann beten Sie einfach um Gottes Hilfe und Gnade, für welches Bedürfnis es auch sein mag. Wie ich im Kapitel „Das Gebet kann Ihnen überall Zutritt verschaffen" erwähnt habe, rief mich Gott zum Gebet, als meine Eltern in Gefahr waren, obwohl ich keinerlei Ahnung hatte, um was für eine Gefahr es sich handelte.

Am 12. Dezember 1939, als ich für die Schwierigkeiten und Nöte des Zweiten Weltkrieges betete, empfand ich eine besondere Last für eine besondere Situation. Die „Graf Spee", ein deutsches Handelsschiff, war in ein „Minikriegsschiff" umgewandelt worden und versenkte viele Handelsschiffe unter großem Verlust von Leben. In jener Nacht spürte ich Gottes besondere Autorität, als ich ihn um sein Eingreifen bat. Am nächsten Tag verkündeten die Radionachrichten, daß man die „Graf Spee" bis in den Hafen von Montevideo in Uruguay verfolgt hatte. Einige Tage später wurde das Schiff aus dem Hafen gebracht und versenkt. Dabei war kein Leben zu beklagen, mit Ausnahme das des Kapitäns, der es vorzog, mit dem Schiff unterzugehen. Gott legte diese Gebetslast zur gleichen Zeit, als er sie mir gab, vermutlich auch auf die Herzen vieler anderer. Aber ich hatte die Freude zu wissen, daß Gott mich zur Alarmbereitschaft im Gebet gerufen hatte und daß er jenes Gebet besonders beantwortet hatte.

Frau Hulda Andrus, die Mutter von Korporal Jacob DeShazer, einem der Männer, die während des Zweiten

Weltkrieges bei den Doolittle-Luftangriffen über Tokio abgeschossen wurden, berichtete einmal, welche Gebetslast Gott ihr damals auferlegt hatte. Sie hatte nicht gewußt, wo ihr Sohn stationiert war. „Ich wachte plötzlich eines Nachts auf mit einem merkwürdigen Gefühl, als würde ich wie ein Backstein hinunterfallen, immer tiefer hinunter. O die schreckliche Last, die auf meiner Seele lag! Ich betete und schrie zu Gott in meiner Qual. Plötzlich war die Last verschwunden." Später erfuhr sie dann, daß ihr Sohn abgeschossen worden war und sich in den Händen der Japaner befand. Als sie den Zeitpunkt verglich, war es genau der Augenblick, in dem ihr Sohn mit dem Fallschirm aus seinem abstürzenden Flugzeug gesprungen war.

Zu einem anderen Zeitpunkt gab Gott ihr eine große Last für die Erlösung ihres Sohnes. Als sie wiederum im Gebet verweilte, erinnerte Gott sie an die Verheißung von Jesaja 55,9. Genau zur gleichen Zeit sprach Gott zu Jacob in seiner Gefängniszelle, und er übergab Christus sein Leben.

Eines Tages wurde in den Nachrichten bekanntgegeben, daß diese Gefangenen hingerichtet werden sollten. Während Hulda Andrus zu Gott schrie, schien er ihr zu sagen: „Seine Engel wachen über ihm." Und wieder wich die Last. Von den vier gefangenen Männern wurden drei durch ein Schießkommando hingerichtet, aber DeShazer wurde durch ein Wunder Gottes bewahrt. Und Gott bewahrte ihren Sohn nicht nur, sondern er berief ihn auch in den Predigtdienst. Nach dem Krieg ging DeShazer zurück nach Japan, wo Gott ihn als Missionar machtvoll gebrauchte.

Gott gibt Ihnen vielleicht ein Gefühl der Dringlichkeit im Blick auf eine Not, die Ihnen gut bekannt ist. Sie haben möglicherweise wiederholt für eine besondere Not gebetet, aber jetzt haben Sie den Eindruck, daß Gott dieses Gebet ohne weitere Verzögerung beantworten muß. Die Gebetslast gilt vielleicht einer körperlichen Heilung, der Errettung eines noch nicht erlösten Menschen, der Wiederherstellung der Einheit in einer Gruppe zerstrittener Menschen oder der Erweckung an einem bestimmten Ort. Gott kann Ihnen tagelang eine allgemeine Last aufs Herz legen und führt Sie dann an einem bestimmten Punkt dazu, eine besondere Zeit für anhaltendes, drängendes Gebet zu reservieren.

Eines der Mitglieder des Führungsgremiums von OMS International hatte einen vom Glauben abgefallenen Sohn, der einmal OMS-Missionar gewesen war. Der Sohn hatte das Missionsfeld verlassen und war in einen weltlichen Beruf gegangen, wo er unbußfertig und fern vom Herrn blieb. Unser Leiter trug einige Monate lang eine schwere Gebetslast für seinen Sohn. Eines Tages befand er sich in einem entfernten Staat auf einer Delegiertenversammlung. Die Gebetslast wurde ihm so schwer, daß er seine Gastgeberin bat, ihn an jenem Tag nicht zu stören oder zum Essen zu rufen. Er schloß sich in seinem Zimmer ein und betete Stunde um Stunde. Am Nachmittag wurde an seine Tür geklopft. Sich für die Störung entschuldigend, sagte seine Gastgeberin: „Da ist ein Ferngespräch für Sie.“ Der Vater ging ans Telefon, und die ersten Worte, die er hörte, waren: „Papa! Ich bin zum Herrn zurückgekommen!“

Gott kann eine Gebetslast immer größer werden lassen, bis sie Ihnen zu einer ständigen Aufgabe wird. Gott braucht Menschen, die in der treuen Fürbitte das Wächteramt im Blick auf Gemeinden, Missionen, Städte, Völker oder Hilfsdienste ausüben. „O Jerusalem, ich habe Wächter über deine Mauern bestellt, die den ganzen Tag und die ganze Nacht nicht mehr schweigen sollen. Die ihr den Herrn erinnern sollt, ohne euch Ruhe zu gönnen, laßt ihm keine Ruhe, bis er Jerusalem wieder aufrichte und es setze zum Lobpreis auf Erden!“ (Jes 62,6-7). Gott sagt hier, daß er Gebets-Wächter aufgestellt hat. Zweifellos gehörte Jesaja zu ihnen, denn er sagt in Vers eins: „Um Zions willen will ich nicht schweigen, und um Jerusalems willen will ich nicht innehalten, bis seine Gerechtigkeit aufgehe wie ein Glanz und sein Heil brenne wie eine Fackel.“ Sie können einer von Gottes Gebetswächtern sein.

Jeder vollzeitliche Reichsgottesarbeiter braucht ein Gebetsteam, das hinter ihm steht, ihn stärkt und fürbittend für ihn eintritt. Jeder Dienst für Christus braucht ein mittragendes Team von Gebetskämpfern. Die Effektivität eines solchen Dienstes hängt ab von der Gottesfurcht der Gruppe und von der Gebetsmacht hinter diesem Dienst. Gott will jede Person und jeden Dienst segnen, wenn Gebetsunterstützung bewußt eingesetzt wird, die Gebetspartner sich sorgfältig informieren und stets im Gebet leiten lassen. Gesegnet sind die Person und der Dienst, die nicht nur über die Hilfe von Gebetshelfern verfügen können, sondern auch über fürbittende Wächter, die eine beständige Last für sie haben.

Das war das Geheimnis der Arbeit von Charles G. Finney, dessen Dienst Hunderttausende von Bekehrungen bewirkte und dessen Versammlungen in den Jahren 1858-59 als eine direkte Ursache für eine der größten Erweckungen der Welt bezeichnet wurden. Finney war selber ein großer Mann des Gebetes, und es beteten viele für seine Arbeit. In seinen zweiundzwanzig berühmten Vorträgen „Revivals of Religion“ gelten vier der Rolle des Gebetes.

Auf seinen Reisen von Ort zu Ort wurde Finney von zwei älteren Männern begleitet, die als Vater Clery und Vater Nash bekannt waren. Als er zu besonderen Versammlungen für einige Wochen nach England ging, begaben sich auch diese zwei durchaus nicht reichen Männer dorthin, mieteten einen dunklen, feuchten Kellerraum für fünfundzwanzig Cent in der Woche und verbrachten ihre Zeit dort auf den Knien in anhaltendem Gebet. Ihre Tränen und Seufzer im Gebet errangen den Sieg. Die beiden Männer waren Finneys fürbittende Wächter.

Als Evan Roberts in der großen Erweckung in Wales von 1904-05 von Gott so mächtig gebraucht wurde, stand hinter ihm eine kleine Gruppe junger Menschen, die ihm als fürbittende Wächter dienten. Einer meiner Schätze ist eine Postkarte von Evan an einen dieser jungen Leute, auf der er sich auf das ihn im Gebet unterstützende Team bezieht.

Wie Sie Ihre Gebetslast wirksam machen

Wenn Gott Sie mit einer besonderen Gebetslast betraut, nehmen Sie sie freudig an und seien Sie treu im Tragen dieser Last. Sie ist ein besonderer Auftrag vom Herrn.

1. Geben Sie der Gebetslast Priorität vor allem anderen. Wenn dies überhaupt möglich ist, legen Sie das, was Sie tun, an die Seite und widmen Sie sich ganz dem Gebet für die betreffende Not. Oft ist diese Zeit von äußerster Wichtigkeit; zögern Sie daher nicht. Wenn Sie sich nicht sofort für diese Gebetslast freimachen können, beten Sie jeden freien Augenblick dafür, bis Sie in der Lage sind, mit allem anderen aufzuhören und sich dem Gebet zuzuwenden.

2. Seien Sie darauf vorbereitet, stundenlang zu beten. Das ist nicht immer notwendig, aber seien Sie so gewissenhaft in Ihrem Gebet, daß Sie so lange fürbittend eintreten, bis Sie die Gewißheit haben, daß Gott geantwortet hat.

In den 30er Jahren war ein lieber Freund von mir, ein Friseur in Oklahoma, ein eifriger Zeuge für den Herrn. Eines Nachmittags hatte er stark den Eindruck, daß er für die Errettung des stellvertretenden Sheriffs seines Bezirkes beten sollte. Er schloß seinen Friseurladen mitten am Nachmittag, zog die Rolläden herunter, so daß die Leute nicht hineinschauen konnten, und begab sich in ein Hinterzimmer, um dort zu beten.

Für den Rest des Nachmittags, während der Abendstunden und bis in die Nacht betete George Sherrick ohne Unterlaß. Gegen zwei Uhr morgens klopfte jemand an die Tür. Niemand wußte, daß sich George zu dieser Nachtstunde in seinem Geschäft befand. Als er zur Tür ging, stand dort der Sheriff, für den er – vom Heiligen Geist getrieben – gebetet hatte. In jener Nacht führte George Sherrick ihn zum Herrn.

3. Beten Sie, bis Gott die Last wegnimmt oder Ihnen Gewißheit gibt, daß er erhört hat. Etwa 1949 traf sich eine Gruppe von Chinamissionaren im Ruhestand mit einigen treu betenden Freunden zu ihrer regulären Missionsgebetsstunde in Adelaide in Südaustralien. Als sie sich versammelten, kamen eine große Gebetslast und ein Gefühl der Dringlichkeit über sie. Alle empfanden eine besondere Last für Hayden Melsap, der damals für die China-Inland-Mission arbeitete. Sie beschlossen einmütig, alle Vorbesprechungen fallen zu lassen und sich direkt dem Gebet zuzuwenden. Sie beteten, bis alle ein Gefühl des Friedens und der Erleichterung empfanden.

Als Hayden einige Jahre später nach Australien kam, fragten ihn die Missionare, ob er sich an ein ungewöhnliches Ereignis zu jener Zeit erinnere. Zu ihrem Erstaunen stellten sie fest, daß Hayden und wenigstens zwei andere Missionare genau an jenem Tag und zu jener Stunde mit dem Rücken an die Wand eines Innenhofes in China gestellt worden waren und Kommunisten ihre Gewehre auf sie richteten. Gerade als der Offizier den Befehl zum Schießen geben wollte, öffnete sich die Tür des Hofes und ein ranghöherer Beamter trat ein. Erschrocken über das, was er sah, rief er: „Stop!" Dann schritt er vor, legte seinen Arm um Melsap und brachte ihn und die anderen in Sicherheit. Ich hörte dieses Zeugnis von Hayden Melsap selber und habe es auch in Briefform von einem australischen Freund vorliegen.

4. Gott kann Sie leiten, das Gebet von einigen anderen heranzuziehen. Viele Wunder wurden durch den Heiligen Geist bewirkt als Antwort auf eine Gebetskette oder die Gebete einer speziell einberufenen Gruppe. Viele Ortsgemeinden haben SOS-Gebetsketten organisiert. Wenn ein dringendes Gebetsanliegen eintrifft, werden sofort fünf oder sechs Leute angerufen. Diese wiederum rufen den nächsten auf ihrer Liste an. Innerhalb weniger Minuten sind viele Menschen im Gebet. Wir haben eine solche Vereinbarung unter unseren Angestellten des OMS-Hauptquartiers.

Während des Mau-Mau-Aufstandes in Kenia im Jahre 1960 kehrten die Missionare Matt und Lora Higgens eines Nachts mitten durch das Mau-Mau-Gebiet nach Nairobi zurück, wo Kenianer wie Missionare gleichermaßen getötet und verstümmelt worden waren. Siebenundzwanzig Kilometer außerhalb von Nairobi blieb ihr Landrover stehen. Higgens versuchte, das Auto in der Dunkelheit zu reparieren, konnte es jedoch nicht wieder starten. Sie verbrachten die

Nacht im Auto, aber nahmen Psalm 4,9 für sich in Anspruch: „Ich liege und schlafe ganz mit Frieden; denn allein, du, Herr, hilfst mir, daß ich sicher wohne." Am Morgen gelang es ihnen, das Auto zu reparieren.

Einige Wochen später kehrten die Higgens auf Heimaturlaub nach Amerika zurück. Sie berichteten, daß sie an dem Abend, bevor sie Nairobi verließen, Besuch von einem Pastor erhalten hatten. Von ihm erfuhren sie, wie ein Mitglied der Mau-Mau bekannt habe, daß er sich mit drei anderen an den Wagen der Higgens herangeschlichen habe, um sie zu töten, aber als sie sahen, daß sechzehn Männer um das Auto herumstanden, flüchteten die Mau-Mau voller Furcht. „Sechzehn Männer?" antwortete Higgens. „Ich weiß nicht, was Sie meinen!"

Während ihres Heimaturlaubes wurden die Higgens von einem Freund, Clay Brent, gefragt, ob sie sich kürzlich in irgendeiner Gefahr befunden hätten. Higgens fragte: „Warum?" Da erzählte Clay, daß ihm Gott am 23. März eine schwere Gebetslast auf sein Herz gelegt habe. Er rief die Männer der Gemeinde an, und sechzehn von ihnen versammelten sich und beteten, bis die Last verschwand. Schickte Gott sechzehn Engel, um diese Männer zu repräsentieren und ihre Gebete wirksam zu machen?

Im Himmel wird es einmal viele wunderbare Berichte geben, wie Gott besondere Gebetslasten gebraucht hat, um seine Sache zu fördern und seine Kinder zu beschützen.

Sie können mit Tränen säen

„Die mit Tränen säen, werden mit Freuden ernten. Sie gehen hin und weinen und streuen ihren Samen und kommen mit Freuden und bringen ihre Garben“ (Ps 126,5-6).

Tränen sind kostbar in den Augen Gottes, wenn es Tränen des Sehnens sind, die bei der Fürbitte vergossen werden, oder wenn es sich um Tränen der Freude handelt, wenn man Gott für ein beantwortetes Gebet lobt und preist. Der Sohn Gottes weiß, was es heißt, unter Tränen zu beten. Der kürzeste Vers in der Bibel, „Jesus weinte“ (Joh 11,35; Zürcher Bibel), spricht nicht nur Bände über die Liebe und das Mitleid Jesu, sondern erklärt auch die Beziehung zwischen seinen Tränen und seiner Fürbitte. Er, der mit uns weint, weinte für uns, als er im Garten Gethsemane mit den Mächten der Finsternis rang (Hebr 5,7).

Wir möchten betonen, daß wir hier nicht von den Tränen des Selbstmitleids sprechen. Solche Tränen können im Grunde fleischlich sein. Sie können zwar eine Erleichterung von Spannungen geben, denn oft ist es für die Verfassung eines entmutigten oder depressiven Menschen gut, wenn er sich einmal richtig ausweint. Aber wiederholte Tränen des Selbstmitleids zeugen nicht von geistlicher Tiefe oder Kraft. Wir sprechen hier über die Kraft der Tränen, die aus einem tiefen geistlichen Verlangen kommen.

Wir sollten uns der Tränen, die in liebender Fürbitte vergossen werden, niemals schämen. Tatsächlich bezeugen sie Gott, wie sehr Sie sich mit denen identifizieren, für die Sie fürbittend einstehen, und wie stark das Verlangen ist, das Ihrer Fürbitte zugrunde liegt. Sie dienen als ein Zeugnis des Heiligen Geistes, der durch Sie betet. Tränen verleihen dem Gebet eine zusätzliche, ganz persönliche Dimension der Intensität und Kraft.

Solche weinende Fürbitte wird wesentlich wahrscheinlicher stattfinden, wenn Sie mit Gott alleine sind. Normalerweise kann unser privates Gebet tiefer und intensiver sein als unser öffentliches Gebet. Tränen sind so sehr persönlich, daß die betende Seele natürlicher und freier weinen kann, wenn nur Gott Zeuge dieser Tränen ist. Es ist jedoch möglich, einen weinenden Geist zu haben, auch wenn die Tränen nicht im wahrsten Sinne des Wortes über die Wangen rinnen. Gott sieht vor allem unser Herz an (1. Sam 16,7).

Ihre Tränen sind wie Ihre Worte sehr wichtig. Gott kennt und sieht Sie freilich, und er weiß, wie Sie wirklich sind (2. Sam7,20; Joh 21,17). Gott kennt die geheimen Tiefen Ihres Verlangens sogar besser, als Sie sie zum Ausdruck bringen können. Versuchen Sie, Ihren Herzensschrei zu Gott durch völlige Identifizierung mit denjenigen, für die Sie beten, zu intensivieren. Aber versuchen Sie nicht, äußere Tränen zu produzieren. Das wäre Heuchelei. Akzeptieren Sie jedoch Tränen, wenn der Heilige Geist sie gibt, aber trachten Sie in Ihrem tiefsten Innern nur nach jenem großen Sehnen, das der Heilige Geist empfindet.

Wann man weinen soll

Manchmal ruft Gott uns zum Weinen auf (Klgl 3,4). Das ist sein Ruf zu Einfühlungsvermögen, zu stellvertretender, fürbittender Identifizierung mit anderen. In solchen Zeiten müssen wir dafür sorgen, daß wir „wir"-Gebete und nicht „sie"-Gebete beten. Wir müssen uns mit den Menschen in Not identifizieren, anstatt sie zu verurteilen und anzuklagen. Anstatt zu beten: „Herr, vergib ihnen, daß sie so kalt sind", sollten wir beten: „Herr, vergib uns als Gemeinde, daß wir so kalt sind. Hilf uns, einander mehr zu lieben, hilf uns, mehr zu beten, hilf uns, mehr für dich zu wirken."

Aus mehreren Gründen glaube ich, daß unsere gegenwärtige Weltsituation eine solche ist, die zum Weinen aufruft:

Wir sollten weinen, weil die Menschheit Gott verlassen hat! Die Nationen haben Gott vergessen (Ps 9,17). Sie wollen die Kenntnis von Gott nicht in ihren Herzen bewahren (Röm 1,28). Sie schätzen Gottes beständige Freundlichkeit,

Toleranz und Geduld gering (Röm 2,4). Oft sind sie verhärtet durch Gottes Gerichte und durch das Reifen dessen, was sie gesät haben (Röm 2,5; Offb 16,21). Wir sollten um unsere Welt weinen: „Herr, vergib uns eigensinnigen Menschen!“

Wir sollten weinen, weil die Sünde überhand nimmt! Böse Menschen werden immer schlechter, sie verführen und werden verführt (2. Tim 3,13). Die in 2. Timotheus 3,1-5 aufgeführten Sünden sind nur zu offensichtlich: Die Menschen halten viel von sich anstatt von Gott, sind geldgierig, prahlerisch, hochmütig, Lästerer, den Eltern ungehorsam, undankbar, gottlos, lieblos, unversöhnlich, verleumderisch, zuchtlos, wild, dem Guten feind, Verräter, unbedacht, aufgeblasen und lieben die Wollust mehr als Gott. Dies alles, verbunden mit den schändlichen Sünden der sexuellen Perversion, der Vergewaltigung und der Pornographie, hat unser nationales Gewissen verhärtet. Die Kriminalität eskaliert. Terrorismus, Sadismus und gewollte Grausamkeit haben unvorstellbare Ausmaße erreicht. Die Kriege sind sogar noch schrecklicher, und der Frieden erscheint ständig gefährdet. Der Mensch steht offenbar kurz davor, sich selbst zu vernichten. Was anders können wir tun als weinen: „Herr, hab Erbarmen mit uns sündigen Menschen!“

Wir sollten weinen, weil wir als Gemeinde zu leblos und kraftlos sind! Wir können Gott für die engagierten Gläubigen in vielen Teilen der Welt danken und für das, was Gott durch sie wirkt. Aber die Welt hat ihren Respekt vor der christlichen Kirche im allgemeinen verloren, weil wir Gott nicht die Ehre bringen, die wir ihm bringen sollten.

Wir haben „den Namen, daß wir leben“, aber allzu oft sind wir geistlich tot (Offb 3,1). Uns fehlt die Kraft, die der Welt ein Zeugnis von Geistlichkeit und Frömmigkeit sein sollte (2. Tim 3,5). Es besteht ein Abdriften oder Ablassen von der gesunden Lehre, und Irrlehren nehmen zu (2. Tim 4,3-4). Zu oft wird unser geistlicher Zustand durch die der Gemeinde von Laodizea verkörpert; wir erkennen nicht, wie lauwarm, erbärmlich, geistlich arm, blind und nackt wir in den Augen Gottes sind (Offb 3,17). Ein wie geringer Prozentsatz guter evangelikaler Gemeinden zeichnet sich tatsächlich aus durch Erweckung, durch beständiges Seelengewinnen durch die Mehrheit ihrer Mitglieder und durch aufopfernde Hingabe an missionarische Unternehmungen. Wir müssen über uns selber weinen: „Herr, schenke uns eine neue Erweckung!"

Wir sollten weinen, weil wir als Gottes Volk geistlich schlafen. „Und das tut, weil ihr die Zeit erkennt, nämlich daß die Stunde da ist, aufzustehen vom Schlaf ... Die Nacht ist vorgerückt, der Tag aber nahe herbeigekommen" (Röm 13,11-12). Es ist eine Schande, daß wir während der Ernte geschlafen haben (Spr 10,5). Wir haben weitgehend die bezeugende, seelengewinnende Leidenschaft der frühen Kirche verloren. Wir entsetzen uns über zum Himmel schreiende Sünden, lassen uns aber nicht stören durch Christen, die niemals eine Seele für Christus gewonnen haben, durch Christen, deren Gebet weitgehend selbstzentriert ist und die selten um die Welt weinen. Die größte und weißeste Ernte der Erde seit Pfingsten ist da, und wir leben, wie wenn alles „seinen üblichen Gang" ginge; wir neigen dazu, Gemeinde zu „spielen" und die Mission als reines Hobby zu behandeln anstatt als die Hauptaufgabe der Gemeinde. Möge Gott uns zu Tränen bewegen: „Herr, wecke mich auf und bewege mich und meine Gemeinde immer wieder!"

Wir sollten weinen, weil das Kommen Christi so nahe und unsere Aufgabe so unvollendet ist! Unter den Bedingungen, die nach der Bibel für die Wiederkunft unseres Herrn notwendig sind, scheint nur noch eine nicht erfüllt zu sein: „Und es wird gepredigt werden dies Evangelium vom Reich in der ganzen Welt zum Zeugnis für alle Völker, und dann wird das Ende kommen" (Mt 24,14). Der große Auftrag, den Christus seinen versammelten Jüngern als den Repräsentanten der Gemeinde aller Zeiten gab, war die Erreichung der ganzen Welt. Vermutlich ein Viertel aller Menschen auf der Erde hat den Namen Jesus Christus noch nicht einmal gehört. Wenigstens die Hälfte der Weltbevölkerung ist nicht in der Lage, eine vernünftige Entscheidung zu treffen und ihn als persönlichen Erretter anzunehmen. Kalte Statistiken mögen uns nicht berühren, aber wir sollten uns vor Augen führen, daß jede Zahl für eine tatsächliche Person steht, die die Ewigkeit entweder im Himmel oder in der Hölle verbringen wird.

Als ich vor einigen Jahren als Seminarleiter in Indien arbeitete, zogen meine Studenten und ich während eines Semesters mit der Evangeliumsbotschaft und christlicher Literatur von Dorf zu Dorf. Gelegentlich zelteten wir in den Dörfern, um den Menschen Zeugnis zu geben und ihnen seelsorgerisch zu dienen.

Eines Abends las ich bei einer Dorfversammlung die Weihnachtsgeschichte aus Lukas 2. Als ich zu sprechen begann, unterbrach mich ein alter Dorfbewohner, der vor mir auf dem Boden saß. „Wie lange ist es her seit dem großen Tag, an dem Gottes Sohn geboren wurde?" Ich sagte ihm, daß dies vor beinahe zweitausend Jahren geschehen war. Anklagend zeigte er mit dem Finger auf mich: „Sie sagen, daß Sie das seit fast zweitausend Jahren gewußt haben! Wer hat jenes Buch die ganze Zeit über versteckt?"

Was hätten Sie ihm geantwortet? Wenn er Ihr Bruder wäre, welche Entschuldigung hätten Sie dann dafür angenommen, daß ihm so lange keine einzige Chance gegeben worden war, gerettet zu werden? Was wird Gott als angemessene Entschuldigung gelten lassen, daß wir dies nicht zu einer ernsthaften täglichen Gebetslast machen? Der Zustand unserer Welt sollte uns oft zu Tränen bewegen. Eine meiner kostbarsten Erinnerungen sind die täglichen Tränen meiner Mutter, wenn sie für die Errettung der unerreichten Völker betete. „Herr, gib uns Tränen, wenn wir beten!"

Diejenigen, die geweint haben

Hiob bezeugte: „Ich weinte ja über die harte Zeit, und meine Seele grämte sich über das Elend" (Hiob 30,25). Mose und andere Israeliten weinten über die Sünde ihres Volkes (4. Mose 25,6). David bezeugte, wie er für Gottes Volk geweint und gefastet hatte (Ps 69,10). Jesaja weinte über die

Not seines Volkes (Jes 16,9). Gott sagte König Josia: „Weil du im Herzen betroffen bist und dich gedemütigt hast vor dem Herrn … und weil du deine Kleider zerrissen hast und vor mir geweint hast, so habe ich's auch erhört, spricht der Herr“ (2. Kön 22,19). Als Esra um sein Volk weinte, begannen die Menschen ebenfalls zu weinen und zu beten (Esra 10,1). Nehemia „setzte sich nieder und weinte (um Jerusalem) und trug Leid tagelang und fastete und betete vor dem Gott des Himmels“ (Neh 1,4).

Jeremia war aufgrund der großen Gebetslast, die er für sein Volk trug, als der weinende Prophet bekannt. „Mich jammert von Herzen, daß mein Volk so ganz zerschlagen ist; ich gräme mich … Ach daß ich Wasser genug hätte in meinem Haupte und meine Augen Tränenquellen wären, daß ich Tag und Nacht beweinen könnte die Erschlagenen meines Volkes“ (Jer 8,21.23). „Wollt ihr das aber nicht hören, so muß ich heimlich weinen über solchen Hochmut; meine Augen müssen von Tränen überfließen“ (13,17). „Meine Augen fließen über von Tränen, unaufhörlich Tag und Nacht; denn die Tochter meines Volkes ist unheilbar verwundet und völlig zerschlagen“ (14,17). „Ich habe mir fast die Augen ausgeweint, mein Leib tut mir weh, mein Herz ist auf die Erde ausgeschüttelt über dem Jammer der Tochter meines Volks, weil die Säuglinge und Unmündigen auf den Gassen in der Stadt verschmachten“ (Klgl 2,11). „Wasserbäche rinnen aus meinen Augen über den Jammer der Tochter meines Volks. Meine Augen fließen und können's nicht lassen, und es ist kein Aufhören da, bis der Herr vom Himmel herabschaut und darein sieht. Mein Auge macht mir Schmerzen“ (Klgl 3,48-51).

Paulus, der große Apostel der Mission, war auch für seinen Dienst der Tränen bekannt. „Denn ich schrieb euch aus großer Trübsal und Angst des Herzens unter vielen Tränen“ (2. Kor 2,4). „Ihr wißt, wie ich mich … die ganze Zeit bei euch verhalten habe, wie ich dem Herrn gedient habe in aller Demut und mit Tränen“ (Apg 20,18-19). „Denkt daran, daß ich drei Jahre lang Tag und Nacht nicht abgelassen habe, einen jeden unter Tränen zu ermahnen“ (20,31).

Gott ruft uns auf, unter Tränen zu beten

Gott fordert uns durch den Propheten Joel auf: „Bekehret euch zu mir von ganzem Herzen mit Fasten, mit Weinen, mit Klagen!“ (Joel 2,12). Er ruft alle christlichen Führer dazu auf, unter Tränen für ihr Land zu beten: „Laßt die Priester, des Herrn Diener, weinen zwischen Vorhalle und Altar und sagen: Herr, schone dein Volk ... Warum willst du unter den Völkern sagen lassen: Wo ist nun ihr Gott“ (2,17). Gott kennt und zählt unsere Tränen: „Sammle meine Tränen in deinen Krug; ohne Zweifel, du zählst sie“ (Ps 56,8). Unsere Zeit gleicht der Zeit Jesajas: „Zu der Zeit rief Gott, der Herr Zebaoth, daß man weine und klage“ (Jes 22,12).

Tränen alleine machen ein Gebet nicht effektiv; aber ein schweres Herz, eine zu Gott schreiende Seele ist das eigentliche Wesen der Fürbitte. Es ist ein geistliches Verbrechen, gleichgültig zu sein, während die Welt zur Hölle fährt. Es ist geistlich kriminell, gelegentlich, trockenen Auges und unbeschwert zu beten, während sich eine Welt in Sünde und Schmerz befindet. Es ist christusähnlich, wenn Ihr Herz mit den Weinenden weint (Röm 12,15). Es ist christusähnlich, wenn Sie so mit liebendem Erbarmen erfüllt sind, daß Sie unter Tränen für jene beten, die durch die Sünde zerbrochen, gefangen und zerstört sind.

Das Gebet ist für den Christen nicht erholsam oder willkürlich. Das Gebet ist das eigentliche Geschäft des Reiches Christi. Beten ist das Sich-Anschließen an Gott, an den Vater mit dem zerbrochenen Herzen, an Christus, den weinenden Hohepriester und an den mitfühlenden, fürbittenden Heiligen Geist, indem man ihren Herzschlag teilt und mit ihnen dieselben Lasten trägt, die sie in ihrem liebenden Herzen tragen.

Unter Tränen zu beten heißt, Schätze in der Ewigkeit zu sammeln. Unter Tränen zu beten heißt, Ihre Tränen im Blick auf eine ewige Ernte zu säen. Keine Träne, die in der mittragenden Fürbitte für andere vergossen wird, wird je von Gott vergessen, bleibt ungezählt oder ist vergeblich. Fürbitte, die durch Ihre Tränen gewässert wird, ist eine der mächtigsten Formen des Gebetes, die es gibt. Ebenso sicher, wie Gott im Himmel ist, „werden die, die mit Tränen säen, mit Freuden ernten. Sie gehen hin und weinen und streuen ihren Samen und kommen mit Freuden und bringen ihre Garben“ (Ps 126,5-6). Lassen Sie das nachfolgende Gedicht, das ich während meiner Zeit in Indien schrieb, zu Ihnen sprechen.

Gib mir Tränen

Gib mir Tränen in meine Augen, geliebter Herr,
so bitte ich;
Gib mir Tränen, wenn ich Fürbitte leiste.
Gib mir Tränen, wenn ich jeden Tag vor deinem Thron knie;
Gib mir Tränen, bis ich es lerne zu bitten.
Nägeldurchbohrter Herr, zerbreche mein kaltes, steiniges Herz;
Schmelze mein Herz mit deinem heiligen Feuer.
Überspüle meine Seele mit der Leidenschaft der göttlichen Liebe;
Möge ich mich sehnen mit deinem Sehnen.
Nimm jegliche Gleichgültigkeit wieder aus meinem Herzen,
Bis ich hungere und dürste und seufze,
Bis das Verlangen nach den Seelen von durch
Sünde ruinierten Menschen
Alles verzehrend in mir brennt.
Erfülle mein Herz mit deinen Tränen; dort offenbare dein Kreuz,
Bis alles andere dieser Welt gestorben ist,
Bis ich alles andere in dieser Welt als Unrat ansehe,
Abgesehen von dem Kreuz des Gekreuzigten.
Möge mein Herz immer ein gekreuzigtes Herz sein,
Daß es blute für die Seelen von Menschen.
Möge die Last für die Seelen meine Seele jeden
Tag zerschmelzen,
Bis ich deine innere Qual wieder teile.

Gib mir Liebe, wenn ich deine sterbende Liebe predige;
Gib mir Tränen, wenn ich um Menschen ringe.
Gib mir Tränen, wenn ich zu deinem Thron aufsehe.
Liebe Gottes, schmelze mein Herz erneut.

Sie können Ihr Gebet durch Fasten vertiefen

Warum blieb der Mund der Kirche sooft geschlossen über das Thema des Fastens? Wie ist es Satan heute gelungen, so viele christliche Führer zum Schweigen über dieses Thema zu bringen? Obschon das Fasten sowohl im Alten wie im Neuen Testament eindeutig gelehrt und praktiziert wird, kann ich mich nicht erinnern, je eine vollständige Botschaft über dieses Thema gehört zu haben.

Mose fastete zweimal vierzig Tage lang (5. Mose 9,9.18), bis sein Angesicht mit der Herrlichkeit Gottes erstrahlte. Josua fastete nach der Niederlage in Ai (Jos 7,6). In der Zeit der Richter (Ri 20,26) und zur Zeit Samuels (1. Sam 7,6.12) fastete ganz Israel. David fastete, bevor er gekrönt wurde, als sein Kind krank war, als seine Feinde krank waren (Ps 35,13) und wegen der Sünden seines Volkes (69,9-10). Joschafat und seine Leute fasteten, bis Gott sagte: „Aber nicht ihr werdet kämpfen" (2. Chr 20,17). Sie gewannen durch Fasten und Lobpreis, ohne eine Stunde des Kampfes oder des Blutvergießens. Elia, Esra, Nehemia, Ester, Daniel – alle waren für ihr Fasten bekannt.

Das Fasten war eine machtvolle, von Gott gesegnete Strategie der ersten Gemeinde und im Leben von vielen der Leiter, die Gott erweckte. Paulus betete mit Fasten in jeder Gemeinde (Apg 14,23). Man kann auf keine andere Weise neutestamentliche Gemeinden gründen.

Epiphanias, der Bischof von Salamis (geboren 315 n. Chr.), schrieb: „Wer weiß nicht, daß das Fasten am vierten und sechsten Tage der Woche von allen Christen auf der ganzen Welt gehalten wird?" Im dreizehnten Jahrhundert ging Franz von Assisi singend, predigend, Zeugnis gebend, betend und fastend durch die Straßen Italiens, bis Tausende Jugendliche gerettet waren. Martin Luther wurde kritisiert, weil er zu viel fastete. Johannes Calvin fastete und betete, bis sich fast ganz Genf bekehrt hatte und es kein Haus gab, in dem nicht wenigstens ein Mensch betete. John Knox fastete und betete, bis Queen Mary sagte, daß sie seine Gebete mehr fürchte als alle Armeen Schottlands. Latimer, Ridley, Cranmer, tatsächlich die meisten Reformatoren waren bekannt für ihr Fasten, mit dem sie ihr Gebet bereicherten.

John Wesley fastete zweimal in der Woche bis zum Nachmittag nach dem Vorbild der Urgemeinde. Er drängte alle seine Anhänger, dasselbe zu tun. Er sagte, er werde eher fluchen, als mit Fasten aufzuhören, denn „der Mensch, der niemals fastet, ist ebenso wenig auf dem Weg zum Himmel wie der Mensch, der niemals betet". Jonathan Edwards war mächtig im Fasten und im Gebet. Manche sagen, daß er fastete, bis er beinahe zu schwach war, um auf der Kanzel zu stehen. Aber er bewegte Neuengland für Gott. Charles G. Finney, den Gott im neunzehnten Jahrhundert machtvoll für eine Erweckung gebrauchte, fastete regelmäßig jede Woche. Wann immer er ein Nachlassen der Gegenwart des Heiligen Geistes in seinen Versammlungen feststellte, verbrachte er drei Tage und Nächte mit Beten und Fasten. Er berichtete, daß die Kraft des Heiligen Geistes danach wieder wie zuvor spürbar war und die Erweckung weiterging. Dwight L. Moody, der manchmal in seinen Kampagnen eine bestimmte Not empfand, pflegte in solchen Fällen das Moody Bible Institute zu benachrichtigen und den Lehrkörper und die Studenten zu bitten, einen Tag lang zu beten und zu fasten. Oftmals beteten sie bis zwei, drei, vier oder sogar fünf Uhr am frühen Morgen. „Wenn Sie sagen, daß Sie fasten, wann immer es Gott Ihnen auferlegt, dann werden Sie nie fasten", sagte Moody. „Sie sind zu kalt und gleichgültig. Nehmen Sie Ihr Joch auf sich."

Das Fasten ist heute auf unseren Missionsfeldern eine weitverbreitete Praxis. Wie jede andere von Gott verordnete Handlungsweise kann auch das Fasten falsch eingesetzt oder mißbraucht werden. Darüber werden wir später noch sprechen. Aber das Fasten ist noch immer der von Gott gewählte Weg zur Vertiefung und Stärkung des Gebets. Sie werden geistlich ärmer sein, und Ihre Gebete werden niemals das sein, was Gott will, daß sie sind, bis Sie von dem Vorrecht des Fastens Gebrauch machen.

Dies ist eine Zeit des geistlichen Kampfes für Menschen und Nationen, aber fleischliche Christen ziehen eine Parade vor. Es ist eine Zeit, eins zu sein, aber der fleischliche Christ macht sein Ich geltend. Wir brauchen vom Heiligen Geist gewirkte Taten, aber das fleischliche Ich zieht Worte vor. Es ist Zeit zu fasten, aber unser Volk zieht es vor, Feste zu feiern (Jes 22,12-13).

Das Christentum begann mit Menschen, die nichts als ihr Eigentum betrachteten (Apg 4,32); die Gemeinde erhielt jedoch große Macht und große Gnade. Heute reißen wir mehr und mehr an uns; wir wollen die neuesten Annehmlichkeiten und materielle Besitztümer haben. Wir verstehen den Geist des Fastens oder des Tragens des Kreuzes Christi nicht. Um der Freude der Ernte willen mühte, betete und fastete Paulus und erschütterte er das Römische Reich für Christus. Für die ihm in Aussicht gestellte Freude erlitt Jesus das Kreuz (Hebr 12,2) und erlangte ewige Errettung für all die, die an seinen Namen glauben.

Die geistliche Rolle des Fastens

Biblisches Fasten ist eine Form der Selbstverleugnung um der Sache Jesu und seines Reiches willen. Es ist der freiwillige Verzicht auf einen Teil der Nahrung oder auf die gesamte Nahrung zu einem geistlichen Zweck. Es erfordert ein großes Maß an Hingabe und Opferbereitschaft. Obwohl das Fasten aus gesundheitlichen Gründen manchmal körperlich sinnvoll sein kann, ist das nicht der Sinn des christlichen Fastens. Das Fasten im biblischen Sinne ist der Entschluß, keine Nahrung zu sich zu nehmen, weil der geistliche Hunger, die Entschlossenheit in der Fürbitte oder der geistliche Kampf so groß sind, daß man eine Zeitlang auch die körperlichen Bedürfnisse an die Seite stellt, um sich dem Gebet und der Meditation hinzugeben.

Der Geist des Fastens kann sich auch auf den Schlaf erstrecken. Christus fastete oft im Blick auf den Schlaf, um mehr Zeit alleine mit dem Vater zu verbringen. Man kann aus denselben Gründen, aus denen man im Blick auf die Nahrung fastet, auch in bezug auf das Schlafen fasten. Viele der 105 OMS-Teams, die sich mit Gemeindegründungen befassen, fasten heute monatlich oder sogar wöchentlich im Blick auf die Nahrung, und etliche von ihnen fasten wenigstens einmal im Monat während einer ganzen Gebetsnacht auch in bezug auf den Schlaf. Manchmal schließen sich ihnen die Neubekehrten an. Derselbe geistliche Hunger, dieselbe Last und dasselbe Verlangen, die das Fasten im Blick auf die Nahrung inspirieren, liegen auch dem Fasten bezüglich des Schlafes zugrunde.

Ein freiwilliges sich Zurückziehen aus der Gemeinschaft mit Freunden und der Familie, um sich für eine gewisse Zeit völliger und ausschließlicher der Gemeinschaft mit Gott und der Fürbitte zu widmen, ist echtes Fasten. Wenn unsere Mitgläubigen in Korea über einen Zeitraum von vierzig Tagen fasten, ziehen sie sich häufig auf einen bestimmten Berg, in ein „Gebetshaus" oder ein „Gebets-Freizeitzentrum" zurück. Dort verbinden sie das Fasten hinsichtlich der Nahrung, das Fasten hinsichtlich des normalen sozialen Umgangs und oft auch – wenigstens für einen Teil der Zeit – das Fasten im Blick auf den Schlaf miteinander.

Ganztägige Gebetstreffen können das Fasten hinsichtlich der Gemeinschaft und der Nahrung miteinander verbinden, das heißt, wenn die Zeit vorwiegend im Gebet verbracht wird. Unglücklicherweise wird die einzige Art der Gebetstreffen, die die meisten Menschen kennen, charakterisiert durch Singen, das Hören von Predigten und Essen, wobei der intensiven Fürbitte nur eine beschränkte Zeit eingeräumt wird. Christus schickte manchmal seine Jünger fort, um sich ausschließlicher dem Gebet zu widmen (Mt 14,23). Zu anderen Zeiten zog er sich von allen Menschen zurück und duldete nur die Gesellschaft von drei Jüngern (Petrus, Jakobus und Johannes) oder der zwölf Apostel (Mt 17,1; Lk 8,18).

In einem noch weiteren Sinne ist das Fasten jegliche freiwillige Selbstverleugnung und Abstinenz zu dem Zweck, geistlich stärker zu werden und die Arbeit am Reich Gottes zu fördern. Sie können im Blick auf Ihre Sehnsüchte, Absichten und Pläne, Ihre legitimen Vergnügungen, Rechte und Freuden und auf Komfort und Luxus fasten. Als John Wesley das Haus eines Adligen gezeigt wurde, bewunderte er die teuren Kunstwerke und andere Symbole des Reichtums und der Kultur. „Auch ich könnte diese Dinge lieben", sagte er, „aber da ist eine andere Welt."

Im Mittelpunkt des Evangeliums steht ein Kreuz. Der Geist Christi ist ein Geist der Selbsthingabe. Das Kreuz, die Selbsthingabe, die Selbstverleugnung und das Fasten stehen in einer gegenseitigen Wechselbeziehung. Es ist der Geist, der Gott an die erste Stelle setzt, der zuerst das Reich Gottes sucht, Gottes Willen und ewigen Zielen Priorität gibt, der sein tägliches Kreuz auf sich nimmt und Christus nachfolgt. Im Mittelpunkt des hingegebenen Lebens steht die Entscheidung der Kreuzigung, der Selbstaufgabe und der völligen Hingabe, der ein gekreuzigtes Leben folgt. Der geisterfüllte Gläubige sollte Freude am Fasten für die Ziele des Reiches Gottes finden.

Fasten kann mißbraucht werden

In der Geschichte der Kirche hat es manchmal falsche asketische Akzente gegeben, und wir müssen weiterhin vor verfehlten Motivationen oder gar Ekzessen auf der Hut sein. Die evangelikalen Gemeinden laufen jedoch weit mehr Gefahr, den Willen Gottes und die Segnungen des Fastens als Mittel der Gnade zu vernachlässigen, als daß sie hier übertreiben würden. Jedes Mittel der Gnade kann zur Gefahr werden, sobald es zum Ziel an sich wird.

Fasten Sie nicht, um Gottes Segen zu verdienen. Es besteht die subtile Gefahr im Denken, daß Gott mit Gewißheit antworten wird, wenn Sie nur genug beten, oder wenn Sie genug fasten, Gott ihr Gebet immer beachtet. Gottes Ohren sind immer offen für Sie; Gottes Herz ist immer gnädig. Sie können sich niemals die Errettung eines anderen Menschen verdienen, und das gilt auch für Gottes Segen auf Ihre Arbeit oder die Erweckung der Gemeinde. So etwas kann nicht durch rituelle Handlungen oder krampfhafte Aktivität erlangt werden; es sind alles Gaben von Gottes Güte und Barmherzigkeit.

Fasten Sie nicht als Ersatz für den Gehorsam. In Jesaja 58,1-11 lesen wir Gottes eindeutige Mahnung an sein Volk, das fastete, um Gott zu bestechen. Statt dessen wurde es aufgefordert, aufzuhören mit dem Hadern, die Ungerechtigkeit zu beseitigen, den Armen und Notleidenden zu helfen und die Lasten anderer zu erleichtern, wenn es Gottes Antwort auf seine Gebete und sein Fasten erhalten wollte. „Ihr sollt nicht so fasten, wie ihr jetzt tut, wenn eure Stimme in der Höhe gehört werden soll" (V. 4).

Wenn Gott Sie der Sünde überführt, wenn Sie etwas unterlassen haben oder etwas taten, das Sie nicht hätten tun sollen, dann blockiert diese Sünde Ihr Gebet, bis Sie die Sache in Ordnung gebracht haben. Ihr Fasten kann Gott nicht dazu verführen, den Ungehorsam zu übersehen. Gott zieht den Gehorsam dem Opfer vor, aber Gehorsam und Opfer zusammen gefallen ihm am meisten.

Fasten Sie nicht, um andere zu beeindrucken. Sacharjas Botschaft über das Fasten spiegelt die von Jesaja wider: Das Fasten bringt nicht automatisch den Segen Gottes, und Ungerechtigkeit sowie der Mangel an Barmherzigkeit und Erbarmen kann das Fasten nichtig werden lassen. Die Kinder Israels hatten nicht so sehr gefastet, um dadurch Gott zu sehen, als wohl um dadurch die Menschen und Gott zu beeindrucken.

Christus lehrte, daß man, wenn man fastet (beachten Sie bitte, daß hier „wenn" und nicht „falls" steht), dies im Geheimen tun solle und nicht so wie die heuchlerischen Pharisäer, die ihr Gesicht nicht wuschen oder Öl über ihr Gesicht gossen, um andere mit ihrer Frömmigkeit zu beeindrucken. Das Fasten soll nur für den Herrn geschehen. Andere Menschen merken es vielleicht oder auch nicht.

Lassen Sie das Fasten nicht zu einer reinen Formsache werden. Ebenso wie die Taufe, die Teilnahme am Abendmahl, das Lesen der Bibel oder das Geben des Zehnten für viele Christen leere Rituale werden können, so können auch das Gebet und das Fasten zur reinen Formsache werden. Jedes Gnadenmittel kann zu einem Ziel an sich herabgewürdigt werden. Das Heilmittel dagegen ist nicht, mit dieser Praxis aufzuhören, sondern alles aus einer tiefen Liebe zu Gott und aus der völligen Hingabe an ihn zu tun.

Gebrauchen Sie das Fasten nicht als eine Form der Gesetzlichkeit. Jede Praxis, die die Bibel lehrt, kann zu der Knechtschaft der Gesetzlichkeit führen. Sie können gebunden sein durch das Maß an Zeit, das Sie im Gebet verbringen, durch die Höhe des Geldbetrages, den Sie für Gottes Sache geben oder sogar durch Ihre Teilnahme an den Gottesdiensten Ihrer Gemeinde. Die Antwort liegt nicht darin, diese Aktivitäten abzubrechen, sondern darin, den Herrn so sehr zu lieben, daß Sie jedes nur mögliche Mittel dazu einsetzen wollen, ihm näherzukommen.

Selbstdisziplin ist keine Gesetzlichkeit. Die Selbstdisziplin kann Ihnen dabei helfen, besondere Gebetszeiten festzusetzen, ein angemessenes Mindestmaß an Zeit im Gebet zu verbringen sowie Gebetslisten zu führen und dem Gebet Zeiten des Fastens hinzuzufügen. Seien Sie auch darauf vorbereitet, daß der Heilige Geist Sie zu ungeplanten und unerwarteten Zeiten des Fastens und Betens veranlaßt. Diese können zu Ihren reichsten Erfahrungen zählen. Wenn Sie nur beten, wenn Ihnen danach ist, oder fasten, wenn Sie dazu Lust haben, dann werden Sie geistlich schwach werden und die großen Segnungen, die Gott Ihnen geben möchte, versäumen.

Wie man für den Herrn fastet

1. Fasten Sie, um dem Herrn zu gefallen. Fasten Sie, um eine engere Gemeinschaft mit dem Herrn zu haben. Fasten Sie, weil Ihnen Gott so kostbar ist, daß Sie ihm ein kostbares

Geschenk machen wollen. Fasten Sie, weil er so viel für Sie gelitten hat, daß Sie freudig den Entschluß fassen, in den Geist seines Kreuzes hineinzukommen. Fasten Sie, weil Sie ihn lieben und ihn immer noch mehr lieben wollen. In Sacharja 7,5 fragte Gott: „Habt ihr da für mich gefastet?“ Gott schätzt Ihr Fasten, wenn Sie fasten, um ihm zu gefallen.

2. *Fasten Sie als Antwort auf Gottes Ruf.* Sowohl im Alten wie im Neuen Testament war das Fasten ein charakteristisches Merkmal der Frömmigkeit von Männern und Frauen, Laien und besonderen Dienern Gottes. Im Alten Testament ermahnte der Prophet Joel: „Sagt ein heiliges Fasten an!“ (Joel 1,14; 2,15). Im Neuen Testament machte Jesus selber deutlich, daß er erwartete, daß sein Volk faste (Lk 5,33-35).

Wir sind aufgerufen, Gott zu dienen, und das Fasten wird in Lukas 2,37 und Apostelgeschichte 13,2 ausdrücklich „Gottesdienst“ genannt. Wenn Sie niemals fasten, könnte Ihrem Gottesdienst etwas fehlen.

3. *Fasten Sie, um sich vor Gott zu demütigen.* In der Bibel wird das Fasten häufig mit der Buße in Verbindung gebracht (1. Kön 21,27; Ps 35,13). Aber das Fasten beinhaltet mehr noch als sein Gebrauch im Anfangsstadium der Reue; sie werden sich immer wieder vor dem Herrn demütigen müssen, wie David es tat (Ps 35,13). Das Fasten kann Sie in die Lage versetzen, die Leere Ihres Herzens, Ihre Unzulänglichkeit, die Tatsache, daß Sie Gott brauchen, zu empfinden. „Gott … gibt den Demütigen Gnade“ (Jak 4,6). Das Fasten ist ein Weg, sich unter die mächtige Hand Gottes zu demütigen (1. Petr 5,6).

4. *Fasten Sie, um Gottes Angesicht intensiver zu suchen.* Sie sollen Gott mit Ihrem ganzen Sein lieben – mit Ihrem ganzen Herzen, mit Ihrer ganzen Seele, mit Ihrem ganzen Verstand und mit Ihrer ganzen Kraft (Mk 12,30.33). „Ihr werdet mich suchen und finden; denn wenn ihr mich von ganzem Herzen suchen werdet, so will ich mich von euch finden lassen“ (Jer 29,13.14). Das Fasten ist ein geheiligter Weg, um Gott von ganzem Herzen zu suchen.

Christus lehrte uns, daß wir, um die himmlischen Antworten zu erhalten, „bitten … suchen … anklopfen" müssen (Mt 7,7). Jedes Wort verweist auf ein größeres Maß der Intensität. Auch das Fasten weist hin auf ein intensives Verlangen, Gott zu suchen. Der Hunger, Gott und sein machtvolles Handeln zu sehen, kann so groß sein, daß man das Verlangen nach Nahrung verliert. Es ist auch möglich, durch freiwilliges Fasten das Verlangen des Herzens zu steigern, obwohl man dabei vielleicht körperlichen Hunger verspürt.

5. Fasten Sie als eine heilige Erziehungsmaßnahme für Ihre Seele. Auch John Wesley glaubte und lehrte, daß wir Gottes Angesicht durch Beten und Fasten suchen sollen. Er betonte die Methodisierung des Wandels mit Gott so sehr, daß die ersten Anhänger Wesleys „Methodisten" genannt wurden.

Ein Jünger Jesu ist ein disziplinierter Jünger. Regelmäßige Gewohnheiten des Betens und Fastens sind ein natürlicher Teil des geistlichen Lebens derjenigen, die Jesus nachfolgen. Sie bilden eine reguläre Methode, um Gott näherzukommen, sich selber vor Gott zu prüfen und sich umfassender dem Leben der Fürbitte zu widmen. Es ist eine kostbare Art und Weise, das Kreuz aufzunehmen und Jesus nachzufolgen (Mt 16,24).

Denken Sie daran, daß die apostolischen Methoden auch heute noch ihre Gültigkeit besitzen. Satan haßt das Fasten, aber Gott ehrt es. Akzeptieren Sie in diesem missionarischen Zeitalter, in dem eine stark aktive Gemeinde strategische Schlachten für den Herrn gewinnen muß, wieder Gottes Strategie, das Gebet durch das Fasten zu ergänzen.

Durch das Kreuz haben Sie Autorität im Gebet

Christen sollten sich immer wieder an dem herrlichen Triumph Christi am Kreuz erfreuen. Wir werden jedoch erst, wenn wir im Himmel sind, voll und ganz die ewige Bedeutung des Kreuzes für uns selbst und für die ganze Welt erkennen. In Gottes Plan ist das Kreuz Christi nicht länger ein Gegenstand der Qual und Schande, sondern das größte Zeichen seiner Herrlichkeit.

Erinnern Sie sich, wie Jesus seinen Jüngern die Nägelmale in seinen Händen und Füßen und die Speerwunde in seiner Seite zeigte (Joh 20,20.27)? An seinem Auferstehungsleib trägt er noch immer diese Merkmale des Preises, den er für unsere Errettung gezahlt hat. Ich glaube daran, daß Sie eines Tages die Freude der persönlichen Gemeinschaft mit Jesus erleben werden und daß er Ihnen wie seinen Jüngern seine nägeldurchbohrten Hände zeigen wird. Offenbarung 5,6 sichert uns zu, daß Jesus für alle Ewigkeit die sichtbaren Zeichen seines Leidens am Kreuz als einzigartiges Merkmal seiner Ehre tragen wird.

Lassen Sie mich Ihnen einige Gedanken über die Herrlichkeit des Triumphes Christi weitergeben. Es ist von wesentlicher Bedeutung, daß Sie Jesu Sieg verstehen, damit Sie den Satan in Ihren Gebetsschlachten wirksamer binden und neue Siege über ihn davontragen können.

Das Reich Satans

Satan, der Erzfeind Gottes und der Gemeinde, besitzt sein eigenes Reich des Bösen. Er herrscht über die gefallenen Engel, Dämonen und Sünder, die vom Standpunkt Gottes aus Kinder des Teufels sind (Joh 8,44). Die gefallenen Engel dürfen heute nicht aktiv sein. Sie sind eingesperrt in die Finsternis des Tartarus (das griechische Wort für „Hölle“ in 2. Petr 2,4). Sie sind dort mit ewigen Ketten gebunden (Judas 6) und erwarten den Tag ihres Gerichtes.

Die Dämonen dagegen sind heute sehr aktiv. Das griechische Wort für Dämon, *daimon,* unterscheidet sich völlig von dem Wort, das für die gefallenen Engel verwendet wird, *angelos.* Die Dämonen werden auch unreine Geister genannt, *pneumaton akatharton* (Apg 5,16), und böse Geister, *pneumata ta ponera* (19,12-16). Wir kennen ihre Herkunft nicht, aber Gott erschafft keine schlechten Wesen; daher waren sie anscheinend wie die gefallenen Engel einmal heilig und wurden dann sündhaft aufgrund ihrer eigenen Entscheidung.

In seinem hartnäckigen Widerstand gegen Gott und die Menschen ist der Satan sehr von seinen Dämonen abhängig. Gott ist allgegenwärtig, während Satan nur an einem Ort zugleich sein kann. Gott ist allwissend, während Satan abhängig ist von den Informationen, die er von seinen Dämonen erhält. Aber der Satan ist der Betrüger der ganzen Welt (Offb 12,9), der Vater aller Lügen (Joh 8,44). Ebenso wie er seine Dämonen zum Lügen anhält, so belügen sie zweifellos auch ihn, denn Satan scheint oft aufgrund ungenauer Informationen zu handeln. Gott ist allmächtig, während der Satan begrenzte Macht hat und gewöhnlich durch einen oder durch viele Dämonen wirken muß.

Satan ist gegen Gott, gegen Christus, gegen die Gemeinde, gegen die Christen und gegen die Menschheit überhaupt. Er liebt selbst die Seinen nicht; er verachtet und haßt sie. Sein einziger Weg, Gott einen Schlag zu versetzen, ist, jemandem zu schaden, den Gott liebt. Daher versucht er beständig, Menschen zu behindern, zu schädigen und zu verdammen. Wenn wir vom Binden Satans sprechen, dann meinen wir das Binden der Macht Satans, die gewöhnlich durch Dämonen zur Ausführung gelangt.

Wie Satan die Dämonen in seinem Reich der Finsternis organisiert hat, wissen wir nicht. Die Heilige Schrift verwendet eine Reihe von Ausdrücken für diese Geistwesen, und oft auf eine solche Art und Weise, die darauf hinweist, daß sie sich unter der Herrschaft Satans befinden. Hier sind einige dieser Ausdrücke in Griechisch, zusammen mit Stellenangaben, wo sie zu finden sind:

archai Reiche, Herrschaften
(1. Kor 15,24; Eph 1,21; 3,10; 6,12; Kol 1,16; 2,10.15)

exousiai Gewalten
(1. Kor 15,24; Eph 1,21; 3,10; 6,12; Kol 1,16; 2,10.15)

dunameis Mächte
(Röm 8,38; 1. Kor 15,24; Eph 1,21)

kuriotes Herrschaften
(Eph 1,21; Kol 1,16)

thronoi Throne
(Kol 1,16)

archontes Führer, Herrscher
(1. Kor 2,6)

kosmokratores Herren der Welt
(Eph 6,12)

Diese Ausdrücke beziehen sich möglicherweise auf unterschiedliche Autoritätsränge, unterschiedliche Hintergründe oder unterschiedliche Aufgaben unter Satan. Wichtig ist, daß all diese Wesen in Macht, Wissen und Handlungsspielraum eingeschränkt sind. Alle wurden durch Christus am Kreuz besiegt. Alle wissen, daß ihnen das Gericht bevorsteht, dem dann ihre ewige Strafe folgt (Mt 8,29).

Satan und alle bösen Geister wurden am Kreuz besiegt

Haben Sie erkannt, wie umfassend der Sieg Christi am Kreuz auf Golgatha war? Es war ein Sieg für uns, denn Jesus nahm unseren Platz ein, trug unsere Sünde ans Kreuz. Er zahlte den Preis für unsere Erlösung. Er war die Erfüllung der alttestamentlichen Prophezeiungen und aller alttestamentlichen Vorbilder, die auf ihn hindeuteten. Jedes Sündopfer von Adam an wurde von Gott angenommen auf der Grundlage des endgültigen, vollkommenen und heiligen Opfers Christi am Kreuz. So war jedes von Gott angenommene

Opfer eines reuigen Sünders wie ein weiterer Schuldposten, ein weiterer Schuldschein, für dessen Bezahlung Jesus garantiert hatte. Preis dem Herrn! Am Kreuz hat er sie alle bezahlt! Golgatha war ein ewiger Sieg für jeden, der bereit ist, ihn anzunehmen (Offb 22,17).

Es war außerdem ein Sieg für Gottes Plan. Sein ursprünglicher Plan der ewigen Gemeinschaft mit den Menschen wird eines Tages auf einer neuen und rechtschaffenen Erde wieder zum Tragen kommen (Offb 21,1). Alles, was der Mensch durch den Sündenfall verloren hat, wird durch Golgatha wiederhergestellt werden. Sünde, Leiden, Tränen, Tod, der Fluch – alles, was durch den Sündenfall des Menschen in die Welt kam – wird für immer entfernt werden (21,4-5.25; 22,3.5).

Gottes ewiger Plan wurde durch Satan unterbrochen. Diese Unterbrechung dauerte mehrere tausend Jahre. Das erscheint uns aus dem Blickwinkel unseres Erdenlebens heraus eine lange Zeit zu sein, aber von Gottes Standpunkt aus ist es nur ein kurzer Augenblick. Die satanische Unterbrechung wird zeitlich begrenzt durch die triumphale Wiederkunft Christi. Sein zweites Kommen ist möglich aufgrund von Golgatha. Die unermeßlichen, nicht endenden Zeitalter der Ewigkeit werden die Unterbrechung durch den Satan und die Sünde während dieser Zeitspanne von wenigen tausend Jahren mehr als ausgleichen und überschatten, so daß, wenn wir im Himmel sind, die Herrschaft der Sünde nur noch wie ein böser Traum erscheinen wird.

Für Satan war der Sieg Christi auf Golgatha freilich eine verheerende, völlige und ewige Niederlage. Zuerst glaubte Satan, er habe gewonnen; das zeigt, wie begrenzt sein Wissen und sein Verstand sind. In Wirklichkeit vernichtete das Kreuz den Satan, die Sünde, den Tod und das gesamte Reich Satans. Es beseitigte den Satan oder seine gefallenen Geister, die Heerscharen von Dämonen, jedoch nicht. Sie werden auf immer und ewig in dem Pfuhl von Feuer gequält werden (Offb 20,10). Die Hölle wurde für Satan und seine bösen Wesen bereitet. Der Mensch fährt nur deshalb zur Hölle, weil er sich mit Satan verbündet und sich weigert, Buße zu tun und durch das auf Golgatha vollbrachte Sühnopfer Christi von der Sünde befreit zu werden (V. 14-15). Beachten Sie die bildhafte Sprache, die die Bibel gebraucht, um Satans schmähliche Niederlage auf Golgatha zu illustrieren:

Am Kreuz hat Jesus Satan, den „Fürsten dieser Welt", ausgestoßen (Joh 12,31-33). Heute ist Satan ein unrechtmäßiger Machthaber. Das Kreuz war das Anfangsgericht über ihn. Seine Ansprüche wurden vernichtet; seine behauptete Autorität wurde für ungültig erklärt. Seine Niederlage war so umfassend, daß er seinen Platz und seine Autorität völlig verloren hat. Das griechische Wort *ekballo* bedeutet „austreiben, vertreiben". Das Kreuz verdammte Satan zum endgültigen Rückzug aus unserer Welt, obwohl er noch immer aktiv ist und in seinem Ärger und zwecklosen Handeln verzweifelt agiert. Er ist nur so lange der *archon,* der Herrscher dieses Zeitalters, bis Gott das Gericht des Kreuzes nach der Wiederkunft Christi an ihm vollzieht.

Am Kreuz „entkleidete Jesus die Mächte und Gewalten" (Kol 2,15). Das Wort „entkleiden" kommt von dem Griechischen *ekduo (apekduomai),* das eine doppelte Bedeutung hat: „völlig wegnehmen, völlig entkleiden" und daher „machtlos zurücklassen". Am Kreuz entkleidete Christus alle dämonischen Autoritäten. Dieses Bild bezieht sich auf den alten orientalischen Brauch, einem abgesetzten Beamten die Amtskleider abzustreifen. Am Kreuz wurden die Führer und Befehlshaber der Streitkräfte und des Reiches Satans ihrer Autorität und ihrer Ehre entkleidet. Jetzt sind sie nicht mehr befugt, Ihnen Widerstand zu leisten, Sie einzuschüchtern oder Sie zu quälen.

Aber das ist noch nicht alles; in diesem Bild ist noch mehr enthalten. Paulus sagt, daß Christus „sie öffentlich zur Schau gestellt und einen Triumph aus ihnen gemacht hat" (V. 15). Auch dies ist wieder eine Illustration aus der Antike. Wenn ein siegreicher Kaiser von einem großen Sieg heimkehrte, wurde ihm häufig ein Triumphmarsch veranstaltet. Der Sieger und seine Armee marschierten durch die Straßen, die von Tausenden jubelnder Menschen gesäumt waren. Unter dem Spiel der Musikanten trugen die Streitwagen und Soldaten die erbeuteten Schätze des besiegten Königs, und der König selber und sein General oder andere ausgewählte Gefangene wurden in Ketten mitgeführt, um ihre Schande öffentlich zur Schau zu stellen.

Das griechische Wort *edeigmatisen* bedeutet „eine öffentliche Darbietung machen“. In der Zeit zwischen Christi Tod und Auferstehung, als er den bösen Geistern im Gefängnis Satans Niederlage am Kreuz verkündete (1. Petr 3,19), da marschierte Christus symbolisch durch das Geistergefängnis, wobei ihm Satan und dessen dämonische Herrscher gekettet und in schmählicher Machtlosigkeit folgten. Er machte ein öffentliches Schauspiel, einen Triumph, aus ihrer Niederlage, sagt Paulus, und jetzt weiß jedes dämonische Wesen, daß seine Sache für immer verloren ist, daß seinem satanischen Herrn die Autorität für immer abgestreift wurde und daß ihm sein eigenes Verhängnis auf die festgesetzte Zeit bevorsteht (Mt 8,29).

Am Kreuz wurden Satan und seine unreinen Geister vernichtet (Hebr 2,14). Das Wort „vernichten“ kommt von dem griechischen *katargeo*, das „handlungsunfähig machen, wirkungslos machen“ bedeutet. Es wird wiederholt gebraucht, um zu zeigen, wie durch den Tod und die Wiederkunft Christi *(parousia)* die Mächte der Zerstörung, die den Menschen geistlich bedrohen, alle außer Kraft gesetzt werden. In 1. Korinther 15,24 schließt dies jede Herrschaft dämonischer Gewalten und Mächte ein. Nach Vers 26 wird der Tod selber der letzte Feind sein, der beseitigt werden wird. Sie alle werden „vernichtet werden“, einschließlich dem Satan selber (Hebr 2,14) und seinen dämonischen Führern (1. Kor 2,6).

Als eine Folge von Golgatha, der Auferstehung und der Himmelfahrt wurde Christus inthronisiert. „Er (Gott) hat ihn (Christus) eingesetzt ... über alle Reiche, Gewalt, Macht, Herrschaft und alles, was sonst einen Namen hat ... Und alles hat er unter seine Füße getan“ (Eph 1,21-22). Diese Begriffe für himmlische Wesen können sowohl die heiligen Engelwesen wie die gefallenen Engel, die jetzt Dämonen sind, einschließen. Die King-James-Bibel sagt, er machte sie zum „Schemel seiner Füße“. Der Ausdruck betont, daß die unreinen Geister hier ebenfalls eingeschlossen sind, denn diese Redewendung ist ein Zitat aus Psalm 110,1, in dem sie als Feinde Christi bezeichnet werden. Christus sitzt zur rechten Hand Gottes, weit über alle himmlischen Wesen jedweden Ranges und zweifellos weit über allen gefallenen Geistwesen jedweden Ranges. Diese gefallenen Wesen befinden sich potentiell „unter seinen Füßen“, denn sie sind bereits besiegt worden. Aber sie treten so dreist auf, als wären sie noch unbesiegt, und versuchen, ihre Herrschaft über uns geltend zu machen.

Die Metapher vom Fußschemel wird durch Josua 10,24 veranschaulicht, wo eine Szene geschildert wird, in der Josuas Befehlshaber ihre Füße auf den Nacken der besiegten feindlichen Könige setzten, bevor diese hingerichtet wurden. Jesus wird eines Tages alle die besiegten Geister unter seine Füße legen – und auch unter unsere, da wir seine siegreichen Kämpfer sind. Dann wird er sie in die Hölle werfen lassen.

Die dämonischen Wesen wissen, daß sie besiegt sind und wie ihr Ende sein wird; darum fürchten sie uns und unsere Gebete so sehr. Sie wissen, daß Jesus uns seine Autorität gegeben hat. Wenn Sie ihnen in Jesu Namen und Kraft widerstehen, dann werden sie nicht nur zurückweichen, sondern in der Tat von Ihnen fliehen (Jak 4,7).

Zusammengefaßt: Satan mag wohl wie ein Löwe brüllen und versuchen, Sie in Angst zu versetzen, aber er ist ein besiegter, unrechtmäßiger Machthaber. Er besitzt kein Recht, keine Gewalt, keine Autorität und keinen legalen Platz in Ihrem Leben.

a) Er ist von Jesus hinausgeworfen, ausgestoßen worden (Joh 12,31).
b) Er ist entkleidet und entwaffnet und ist als ein besiegter Feind im Triumphmarsch Christi zu einem öffentlichen Schauspiel gemacht worden. Christus hat den entehrten Satan als seine wichtigste Beute zur Schau gestellt und damit allen Wesen im Himmel und in der Hölle gezeigt, daß Satan verloren hat (Kol 2,15). Der falsche brüllende

Löwe ist durch den wahren Löwen aus dem Stamme Juda, Jesus Christus, den Menschensohn und den geliebten Sohn Gottes, besiegt worden (Offb 5,5).

c) Seine Macht ist vernichtet, und er und all seine Truppen sind schachmatt gesetzt worden, soweit es jede wirkliche Macht betrifft (Hebr 2,14; 1. Kor 2,6; 2. Kor 15,24).

d) Er und alle seine dämonischen Heerscharen sind Jesus prinzipiell unter die Füße gelegt worden. Das wird bald auch in einem absoluten Sinne der Fall sein (Eph 1,21-22). Tatsächlich wird er auch unter Ihren Füßen zertreten werden *(syntribo)* (Röm 16,20).

Syntribo bedeutet „in Stücke brechen durch Zerdrücken" – eine völlige, vernichtende Niederlage.

Daher sagt Jesus uns, was er auch zu seinen Jüngern sagte: „Seht, ich habe euch Macht gegeben … über alle Gewalt des Feindes; und nichts wird euch schaden" (Lk 10,19). Obwohl wir so unwürdig sind, sollten wir demütig und doch zuversichtlich diese Autorität annehmen und auf der Grundlage des herrlichen Sieges Christi auf Golgatha handeln, wenn wir die Macht Satans in Jesu Namen besiegen und binden.

Sie müssen den Befehl des Glaubens verwenden

Berge werden in der Bibel dazu gebraucht, um Stärke und Stabilität zu symbolisieren. Auch stellen sie massive Schwierigkeiten und anscheinende Unmöglichkeiten dar. Obwohl Gott verspricht, einige Berge für seine Kinder zu bewegen oder zu bezwingen, gibt es andere, die Sie nach Gottes Befehl bewegen sollen. Er wird sie nicht bewegen, bevor Sie nicht den Befehl dazu gegeben haben. Daher gibt es zwei Arten von „Bergen" in der Bibel.

Manche Berge von Schwierigkeiten sollen Ihnen nach Gottes Willen zum Segen werden. „Ich will alle meine Berge zum ebenen Wege machen" (Jes 49,11). Dies sind Gottes Berge. Er läßt sie zu. Er leitet Sie einen Pfad entlang, der Sie zu dieser Art von Bergen führt. Die Berge sind zu Ihrem geistlichen Wohl gedacht. Sie verlangsamen vielleicht Ihren Schritt, aber sie werden Ihre geistlichen Muskeln aufbauen, Ihren Glauben stärken und Ihre Fähigkeit zum Gebet entwikkeln, wenn Sie lernen, auszuharren, bis die Antwort Gottes kommt. Manche Berge sind so massiv, so schwierig, daß sie sich nur dann bewegen lassen, wenn mehrere Gläubige sich mit Ihnen zum einmütigen Gebet vereinigen.

Es handelt sich hier um Gottes Berge, auch wenn Ihnen das nicht der Fall zu sein scheint. Er hat es zugelassen, daß sie Ihnen eine Zeitlang den Weg verstellen. Er will Sie tiefe geistliche Geheimnisse lehren, wenn Sie vor diesen Bergen stehen und im Gebet ausharren. Manchmal werden Sie müde, wenn Sie beten, aber zum richtigen Zeitpunkt – zu Gottes perfekter Zeit – werden Sie ernten, wenn Sie nicht nachlassen (Gal 6,9).

Einer meiner geschätzten Lehrer sagte oft: „Gottes Uhr geht immer ganz genau." Gott ist niemals zu früh und niemals zu spät. Sein Zeitplan ist immer der beste. Nachdem

Gottes Berg seine Straße geworden ist, entdecken Sie vielleicht, warum der Herr die Antwort auf Ihr Gebet hinausgezögert hat. In manchen Fällen müssen Sie warten, bis Sie im Himmel sind, bevor Ihre Fragen beantwortet werden. Vertrauen Sie Gott; er weiß, was er tut. Dessen können Sie freilich gewiß sein: Wenn Gott es einem Berg erlaubt, Sie an der Erreichung Ihres Zieles zu hindern, dann bereitet er ein Wunder vor. Gott verwandelt alle seine Berge in Straßen.

Satan errichtet häufig Straßensperren, die zu Bergen werden und Ihnen den Weg versperren. Diese Art von Bergen unterscheidet sich völlig von den bisher beschriebenen Bergen. Je länger Sie im Blick auf diese Berge beten, desto überzeugter werden Sie, daß die Verzögerung nicht von Gott kommt. Je mehr Sie beten, desto gewisser werden Sie, daß Sie in einen geistlichen Konflikt mit den dämonischen Mächten der Finsternis verwickelt sind. Es sind Satan und seine Kräfte, die Ihren Weg blockieren in dem Versuch, das Werk Gottes aufzuhalten und dem Namen Jesu Unehre zu bereiten.

Sie können beinahe hören, wie Satan Sie verspottet, Sie verhöhnt; Sie können praktisch sehen, wie er Ihnen Widerstand leistet. Aber kann Satan ein Kind Gottes aufhalten? Ja, er mag dazu in der Lage sein, Sie eine Zeitlang zurückzuhalten. Wiederholt hielt er Paulus davon ab, Thessalonich zu besuchen (1. Thess 2,18), aber schließlich kehrte Paulus zu seinem Dienst dort zurück (Apg 20,1-2).

Gott kann dem Satan erlauben, Sie zu behindern, um so einen höheren Zweck zu erreichen, aber Gott will nicht, daß Satan Sie ganz und gar aufhält. Gott will, daß Sie die Berge bewegen. Er will nicht, daß Sie den Platz aufgeben, den er Ihnen gegeben hat, oder daß Sie auf den nächsten Schritt verzichten, den er Ihnen gezeigt hat. Es handelt sich eben um dämonische Berge, nicht um Gottes Berge. Sie müssen bewegt werden.

Aber wie sollen Sie sie bewegen? Sie erwarten natürlich, daß Jesus Ihnen sagt, daß Sie angesichts solcher Berge so lange beten sollen, bis Gott sie entfernt. Nun gibt es einige Probleme, die nur durch das Gebet gelöst werden können

(Mk 9,29). Aber Jesus hat uns noch ein anderes Werkzeug gegeben, das, wenn es zusammen mit dem Gebet eingesetzt wird, die Hindernisse beseitigt. Er sagt: „Denn wahrlich, ich sage euch: Wenn ihr Glauben habt wie ein Senfkorn, so könnt ihr sagen zu diesem Berge: Heb dich dorthin!, so wird er sich heben; und euch wird nichts unmöglich sein" (Mt 17,20).

Diese Wahrheit war für die Ausbreitung des Reiches Christi von so strategischer Bedeutung, daß Jesus sie mit noch deutlicheren Worten wiederholte: „Wahrlich, ich sage euch: Wenn ihr Glauben habt und nicht zweifelt, so werdet ihr nicht allein Taten wie die mit dem Feigenbaume tun, sondern, wenn ihr zu diesem Berge sagt: Heb dich und wirf dich ins Meer!, so wird's geschehen. Und alles, was ihr bittet im Gebet, wenn ihr glaubt, so werdet ihr's empfangen" (Mt 21,21-22).

In dem ersten Fall (Mt 17,20) hatte ein Vater seinen von einem Dämon besessenen Sohn zu den Jüngern gebracht, während Jesus auf dem Berge der Verklärung war. Weil sie geistlich unvorbereitet waren, gelang es den Jüngern nicht, den Dämon auszutreiben, und ihr Versagen brachte dem Namen Jesu Unehre. Im zweiten Fall (Mt 21,21-22) verfluchte Jesus den unfruchtbaren Feigenbaum, der sofort verdorrte. Der Feigenbaum war eine Schande. Jesus lehrte, daß das Werk Satans – ungeachtet dessen, wie groß oder wie klein – zum Verdorren gebracht werden muß.

Der Befehl des Glaubens ist biblisch

Manchmal nennt man die Inanspruchnahme der Autorität Christi „den Befehl des Glaubens". Diese Wahrheit wird durch Symbole und Beispiele im Wort Gottes gelehrt. Gott will, daß seine Kinder die Autorität, die er ihnen gegeben hat, gebrauchen. Der Stab von Mose war das Symbol der Autorität, die er als Repräsentant Gottes vor Pharao hatte. Während seines Konfliktes mit den dämonischen Mächten hinter den Magiern und Götzen Ägyptens betete Mose manchmal zu Gott. Bei anderen Gelegenheiten wurde ihm nur gesagt, er solle seinen Stab gebrauchen.

Gott sagte Mose, er solle seinen Stab ausstrecken und das Wasser des Nil schlagen, und das Wasser verwandelte sich in Blut; er solle seinen Stab ausstrecken, und die Frösche fielen über Ägypten her; er solle seine Hand ausstrecken und den Staub mit seinem Stab schlagen, und der Staub verwandelte sich in Mücken; er solle seine Hand gegen den Himmel ausstrecken, und riesige Hagelkörner fielen herab; er solle seine Hand ausstrecken, und die Heuschrecken kamen und verwüsteten das Land; er solle seine Hand ausstrecken, und drei Tage lang schienen weder die Sonne noch der Mond und die Sterne (2. Mose 7-10). Als Israel an das Rote Meer gelangte, begann Mose zu beten. „Was schreist du zu mir?" (14,15) fragte Gott ihn. Er forderte Mose auf, seinen Stab über das Meer auszustrecken: Da teilten sich die Wasser, und die Menschen gingen trockenen Fußes hinüber. Manchmal weist anhaltendes Gebet auf einen Mangel an Glauben hin. Gott will, daß wir den Befehl des Glaubens geben und vorwärtsgehen.

Elia war ein mächtiger Mann des Gebetes, aber es gab Zeiten, da wurde er geführt, den Befehl des Glaubens in Anspruch zu nehmen. Er befahl der Witwe von Zarpat, zuerst eine Mahlzeit für ihn zuzubereiten. Da erlebte sie eine wunderbare Bereitstellung von Nahrung, die so lange andauerte, bis die Hungersnot vorüber war (1. Kön 17,8-16). Er sagte zu dem unverschämten Hauptmann von Ahasja: „Bin ich ein Mann Gottes, so falle Feuer vom Himmel" (2. Kön 1,10). Das Feuer kam und fraß den Hauptmann und seine fünfzig Männer. Als Elia und Elisa den Jordan erreichten, betete Elia nicht. Statt dessen schlug er das Wasser, und der Jordan wich zurück, wie es das Rote Meer vor Mose getan hatte. Als Elisa nach Elias Himmelfahrt zurückkehrte, schlug er die Wasser des Jordan ebenfalls, und sie teilten sich auch für ihn (2,14).

Jesus demonstrierte und gebrauchte den Befehl des Glaubens wiederholt. In Kana in Galiäa, dem Schauplatz seines ersten Wunders, befahl er einfach den Dienern, die Wasserkrüge mit Wasser zu füllen. Er befahl den Gelähmten: „Seid rein!“ Er berührte die blinden Augen und sprach: „Seid geöffnet!“ Er befahl den tauben Ohren: „Seid geöffnet!“ Dem Gelähmten sagte er: „Stehe auf!“ Er berührte fiebernde Körper, leprakranke Körper, ja sogar tote Körper, und das Wunder geschah. Am Grab befahl er: „Lazarus, komm heraus!“ Er tadelte böse Geister, und sie fuhren aus. Er tadelte den Wind und sagte zu dem stürmischen Meer: „Schweig und verstumme!“

Auch die Apostel wendeten den Befehl des Glaubens an. Am Tor des Tempels befahl Petrus dem Gelähmten: „Im Namen Jesu Christi von Nazareth, steh auf und geh umher!“ Dem gelähmten Äneas sagte Petrus: „Steh auf!“ Zu Dorkas, die im Sterben lag, sprach er: „Steh auf!“ Zu dem Zauberer Elymas sagte Paulus: „Du sollst blind sein!“ Und er war es. In Lystra rief Paulus dem von Geburt Lahmen zu: „Stell dich aufrecht auf deine Füße!“ Dem Dämon, der in Philippi eine Magd versklavte, befahl Paulus: „Ich gebiete dir im Namen Jesu Christi, daß du von ihr ausfährst!“ Der Geist verließ sie sofort (Apg 16,18).

Wann sollten Sie den Befehl des Glaubens anwenden?

Der Befehl des Glaubens ist keine fakultative geistliche Kraft, die Sie nach Belieben gebrauchen können, um sich das Leben leichter zu machen, all Ihre Prüfungen zu entfernen oder Ihrer Wut auf den Teufel Luft zu machen. Er ist eine sehr wohlüberlegte Anwendung von Christi eigener Autorität und Christi Namen in einer Situation, in der seine Ehre auf dem Spiel steht, in der sein Reich behindert wird, oder in der Christus Sie aufruft, seine Macht zu demonstrieren, um zu beweisen, daß er der lebendige Gott ist. Als offizieller Vertreter Jesu Christi dürfen Sie diesen Befehl immer anwenden, ungeachtet der Tatsache, daß zur Erfüllung Ihres Befehles die Hilfe seiner heiligen Engel erforderlich sein kann.

Aber darf man in Fällen des Selbstschutzes keinen Gebrauch von ihm machen? Doch, es gibt Notlagen, in denen dies erlaubt ist, Notlagen, in denen Gottes Kinder zum Beispiel eine Person, die einen Raub, eine Vergewaltigung oder einen körperlichen Angriff plant, in ihre Schranken weisen. Weil Sie ein Kind Gottes sind, stehen Sie unter seinem Schutz. Ähnlich können Sie von Gott dazu geführt werden, den Elementen im Namen Jesu zu gebieten, wie John Wesley es tat, als ein heraufziehender Sturm seine Predigt zu einer Menschenmenge unter offenem Himmel zu stören drohte. Beachten Sie jedoch, daß Wesley diese Macht nicht zu seinem eigenen Wohlbefinden oder zu seiner eigenen Bequemlichkeit anwandte, sondern um das Evangelium zu fördern.

Der Befehl des Glaubens ist keine Alternative zum Gebet. Er ist ein zusätzlicher Gehorsamsschritt, der sich normalerweise aus anhaltendem Gebet oder aus einem Gebetskampf ergibt. In Notsituationen haben Sie vielleicht keine Zeit für lange Gebete, sondern Sie müssen sofort den Namen Jesu anrufen. Normalerweise ist der Befehl des Glaubens jedoch Teil eines offensivem Gebetskampfes, wenn Sie das Territorium Satans betreten, Satans Straßensperren angreifen oder satanischem Widerstand gegenüberstehen. Im folgenden finden Sie einige Beispiele für Gelegenheiten, in denen Gott Sie dazu führen kann, den Befehl des Glaubens zu gebrauchen:

– Um Satan zu befehlen, aus einem Gebiet zu verschwinden
– Um Satan zu befehlen, damit aufzuhören, Widerstand gegen das Evangelium zu erzeugen
– Um Satan zu befehlen, seine dämonische Finsternis aufzuheben, mit der er einen Menschen, eine Familie oder ein Dorf blind macht
– Um Satan zu befehlen, damit aufzuhören, den Willen eines Menschen zu binden, der zögert, Christus nachzufolgen
– Um Satan zu befehlen, Depressionen wegzunehmen und einen Menschen in Frieden zu lassen

- Um Satan zu befehlen, seine Hände von einem Menschen oder einer Familie zu lassen
- Um Satan zu befehlen, aufzuhören, einen Jungbekehrten zu verwirren
- Um Satan zu befehlen, aufzuhören, ein Kind Gottes zu bedrängen
- Um Satan zu befehlen, einen Menschen nicht länger mit Krankheit zu quälen
- Um Satan zu befehlen, zurückzuweichen, wenn er sich Ihnen mit scheußlichen Versuchungen nähert
- Um Satan zu befehlen, aufzuhören, Gottes Volk zu spalten
- Um Satan zu befehlen, mit dem Wirken von falschen Zeichen und Wundern aufzuhören
- Um Satan zu befehlen, Gläubige nicht länger mit seinem löwenartigen Brüllen in Schrecken zu versetzen
- Um Satan zu befehlen, seine Dämonen zurückzuhalten
- Um Dämonen zu befehlen, eine Person zu verlassen
- Um Krankheit zu befehlen, zu verschwinden
- Um den Elementen zu befehlen, sich eine gewisse Zeit zurückzuhalten
- Um einem Verbrecher zu befehlen, aufzuhören oder zu gehen.

Sie können den Befehl des Glaubens geben

Sie müssen kein Superheiliger sein, um den Befehl des Glaubens geben zu können. Selbst diejenigen, die noch sehr jung im Glauben sind, können bevollmächtigt werden, im Namen Jesu Wunder zu wirken.

Ich habe junge Gläubige in Indien gekannt, die niemals zuvor eine Demonstration der Macht Jesu gesehen hatten und dennoch plötzlich in der Lage waren, Dämonen auszutreiben. Während einer Gebetsgemeinschaft, die eine unserer neuen Gemeindegruppen in dem Haus eines der Gemeindemitglieder abhielt und bei der kein Pastor oder Missionar anwesend sein konnte, hörte ein hinduistischer Nachbar das Singen der Gläubigen und kam an die Tür.

„Wir haben Gäste von weit draußen aus unserem Bezirk", sagte er, „und bei ihnen ist eine von Dämonen besessene Frau. Könnt ihr uns irgendwie helfen?"

„Bringe sie her", antworteten die Christen sofort. „Unser Jesus treibt Dämonen aus."

Die von Dämonen besessene Frau wurde hereingebracht, die jungen Gläubigen trieben die Dämonen aus, und die Gruppe Hindus ging fort.

Einen Monat später kam ein Bote aus dem etwa sechsundneunzig Kilometer entfernten hinduistischen Dorf mit der Bitte, die Christen mögen jemanden senden, der sie unterrichten könne. „Wir haben niemals von einem Gott gehört, der eine solche Macht hat", sagten sie. Unsere Evangelisten folgten diesem Ruf, und viele wurden aufgrund des Zeugnisses, das sie mit ihren eigenen Augen gesehen hatten, für Christus gewonnen. An einem Tag wurden mehr als achtzig neue Gläubige getauft. Ich hatte die persönliche Freude, das aus Lehm gebaute Kirchengebäude einzuweihen, das sie für den Gottesdienst gebaut hatten.

In seinem großartigen Buch „The Enthroned Christian" berichtet F. J. Huegel von einem gläubigen Jungen, dem Sohn eines einheimischen Pastors, der in Abwesenheit seines Vaters einen Dämon aus einem Menschen austrieb, als dieser Mensch mit der Bitte um Hilfe gebracht wurde. Er erklärte, er habe gesehen, wie sein Vater es getan habe, und so wisse er Bescheid. Die Dämonen mußten sogar dem Befehl eines gläubigen Kindes gehorchen, als es im Namen und in der Autorität Jesu befahl. (Ergänzend soll aber noch die Erfahrung genannt werden: Seelsorge an dämonisch Gebundenen ist normalerweise Aufgabe eines erfahrenen Seelsorgers in Verbindung mit einem Beterkreis – Anm. d. Verlags.)

Lassen Sie sich nicht vom Teufel überzeugen, daß Sie keine Macht oder kein Recht haben, den von Gott angeordneten Befehl des Glaubens anzuwenden. Huegel legt sogar nahe, daß die Lehre Christi vom Befehl des Glaubens so eindeutig ist, daß er im Leben des normalen Christen denselben Platz wie das Gebet einnehmen sollte!

Voraussetzungen für den Gebrauch des Befehls des Glaubens

Es gibt wesentliche Voraussetzungen, die erfüllt sein müssen, bevor jemand sicher und erfolgreich den Befehl des Glaubens anwenden kann. Die nicht wiedergeborenen, ungläubigen Söhne Skevas' versuchten, ihn anzuwenden, und wurden von einer dämonisch besessenen Person tätlich angegriffen und verletzt (Apg 19). Die Voraussetzungen sind sehr einfach:

Sie müssen ein wahres Kind Gottes sein. Jeder wiedergeborene Gläubige besitzt die Autorität, den Namen Christi im Gebet, im Lobpreis und im Befehl zu gebrauchen. Christus gibt diese Autorität ausschließlich seinen Kindern.

In Ihrem Leben darf nichts den Heiligen Geist betrüben. Jesu Autorität wird unter der Oberaufsicht des Heiligen Geistes in Anspruch genommen. Ihre Lippen sprechen die Worte, aber tatsächlich verschaffen ihnen der Heilige Geist und Gottes Engel Geltung gegenüber Satan und seinen Dämonen, und alles muß Gott weichen, was es auch sei. Wenn die Hilfe der Engel notwendig ist, wird Gott dafür Sorge tragen. Aber wenn Sie unversöhnlich sind oder irgendeine andere Sünde in Ihrem Herzen verbergen (Ps 66,18; Mt 6,15), können Sie nicht mit der Hilfe des Heiligen Geistes rechnen.

Ihr Befehl muß mit dem Willen Gottes übereinstimmen. Sie dürfen nicht versuchen, diese Macht für eigennützige Ziele einzusetzen. Als ein Mitglied des Reiches Christi dürfen Sie sich dessen Segnungen aneignen, aber Ihr Ziel muß es sein, Gott zu ehren und sein Reich zu fördern. Die einzige Ausnahme ist eine Notlage, wenn Ihre Sicherheit bedroht ist. Sie und Ihr Körper gehören Gott; daher ist es Ihnen erlaubt, in drohender Gefahr den Namen Christi zu Ihrem eigenen Schutz zu gebrauchen.

Wie können Sie den Willen Gottes kennen? Manche Lebenssituationen wie zum Beispiel Versuchung, Krankheit oder Verfolgung können der klar offenbarte Wille Gottes sein oder auch nicht, ungeachtet der Tatsache, daß Gott sie zu seiner letztendlichen Ehre zuläßt. Sie können jedoch sicher sein, daß andere Dinge immer nach dem Willen Gottes sind – zum Beispiel die Errettung eines Sünders, das Wachstum der Gemeinde, die Durchdringung von Satans Finsternis mit dem Licht des Evangeliums. In den Situationen, wo wir nicht sicher sind, kann es geschehen, daß wir, während wir im Gebet ausharren und vielleicht mit den Mächten der Finsternis ringen, zu einer vom Heiligen Geist gegebenen klaren Überzeugung vom Willen Gottes kommen. Wenn wir dann erkennen, daß Satan uns behindert, sind wir bevollmächtigt, ihn durch den Befehl des Glaubens in die Schranken zu weisen.

Wie man sein Herz für wirksamere Befehle vorbereitet

1. Seien Sie erfüllt mit dem Heiligen Geist. Sie können Ihr größtes geistliches Potential nur dann erkennen, wenn Sie mit dem Heiligen Geist erfüllt sind. Wie in Kapitel 11 erklärt wird, verlangt diese Erfahrung eine völlige Hingabe an Gott im Vertrauen darauf, daß er seine Verheißungen erfüllt. Wenn Sie dann beständig im Heiligen Geist leben, können Sie immer wieder neu erfüllt werden.

Zu viele Christen leben im Fleisch und haben nicht die Kraft, ein beständiges siegreiches Christenleben zu leben. Gott kann solchen entmachteten Gläubigen in Notlagen helfen, aber um ein inthronisiertes Leben zu leben und sofort in der Lage zu sein, den Befehl des Glaubens zu geben, ist ein tägliches Leben in der Fülle des Heiligen Geistes erforderlich. Haben Sie Ihre Bindung an Christus gelockert, müssen Sie Ihre Hingabe erneuern und wieder neu mit dem Heiligen Geist erfüllt werden.

2. Schauen Sie Ihren Berg direkt an. Versuchen Sie nicht, so zu tun, als würde er nicht existieren. Akzeptieren Sie die Realität des Berges und konzentrieren Sie Ihre Aufmerksamkeit auf das Wesen des Hindernisses. Erkennen Sie die Hand Satans dahinter. Vielleicht benutzt der Satan gute Menschen, die er betrogen hat. Ihr Feind ist nicht Fleisch und Blut, sondern die dämonische Macht hinter dem Problem. Vielleicht sehen Sie einen Pseudo-Berg Satans oder ein Pseudo-Wachstum wie den unfruchtbaren Feigenbaum, den Jesus verfluchte. Der Heilige Geist kann jegliches falsche Wachstum, das die wahre Situation belastet und verhüllt, verdorren lassen. Fürchten Sie Satans Irreführungen nicht. Stellen Sie sich Ihrem Problem und erwarten Sie Gottes Antwort.

3. Leben Sie im Geist des Glaubens. Haben Sie keine Angst. Wie oft sagte Christus: „Fürchtet euch nicht!“ Der Zweifel gibt dem Teufel Raum; verschaffen Sie ihm diesen Vorteil nicht (Eph 4,27). Gottes Verheißungen gelten Ihnen. Gott kennt die Situation besser als Sie. Leben Sie in einer Erwartungshaltung; warten Sie einfach ab, wie Gott mit dem Problem fertig wird. Der Berg mag Sie überrumpelt haben, aber Gott ist niemals überrascht oder unvorbereitet.

Denken Sie daran, daß Satan bereits auf Golgatha besiegt wurde. Sie sind nicht nur mit Christus gestorben und mit ihm auferstanden, sondern sind auch geistlich mit Christus aufgefahren und sitzen jetzt mit ihm auf dem Thron. „Und Gott hat uns mit auferweckt und mit eingesetzt im Himmel in Christus Jesus“ (Eph 2,6).

Schauen Sie nicht voller Furcht an Ihrem Berg hoch. Schauen Sie von Ihrem Platz neben Jesus auf ihn hinab! Schauen Sie vom Thron auf Satan, Ihren besiegten Feind, hinab. „Der Gott des Friedens aber wird den Satan unter eure Füße treten in Kürze“ (Röm 16,20). Freuen Sie sich an Ihrem Sieg in Christus; leben Sie im Triumph des Glaubens. Erwarten Sie, daß Gott sich der Situation annimmt und Sie beim Bewegen des Berges leitet.

4. Erkennen Sie den Willen des Herrn. Sie benötigen Gottes Weisheit und Führung im Umgang mit den sich verschanzenden Mächten Satans. Eilen Sie nicht in die Schlacht, bevor Gott Sie nicht mit seinem Plan vertrautgemacht hat. Vor jeder Schlacht sah David auf Gott, um neue Anweisungen zu erhalten. Gott wirkt selten zweimal auf genau dieselbe Art und Weise. In 2. Samuel 5,18-20 fragt David im Grunde: „Bin ich derjenige, der angreifen soll? Ist das dein Auftrag für mich?“ Und wieder fragt er: „Wann und wie soll ich angreifen?“ Jedesmal leitete Gott ihn (2. Sam 5,22-25).

Beten Sie, bis Sie den Eindruck haben, daß Sie erkannt haben, wie Gott möchte, daß Sie den Berg angehen sollen, wann er möchte, daß Sie den Berg angehen sollen, und manchmal, mit wem er möchte, daß Sie den Berg angehen sollen. Es ist vielleicht eine Situation, in der Gott will, daß Sie sich mit mehreren im Gebet vereinigen, bevor Sie den Befehl des Glaubens aussprechen.

Als ein vom Heiligen Geist erfüllter Gläubiger haben Sie ein Recht auf Gottes Leitung (Röm 8,14). Der Herr kann Sie beständig leiten (Jes 58,11). Er will, daß Sie seinen Willen verstehen (Eph 5,17). Es ist ihm wichtiger als Ihnen selber, daß Sie jeden einzelnen Schritt korrekt tun.

5. Machen Sie einen besonderen Glaubensschritt. Sie leben bereits im Glauben und thronen mit Jesus weit über allen Mächten Satans. Gott hat Ihnen seine Richtlinien gegeben. Jetzt ist es Zeit, die Initiative zu ergreifen; es ist Zeit, im Glauben zu handeln. Zittern Sie nicht vor Ihrem „Roten Meer“. Marschieren Sie hindurch auf dem trockenen Land, das der Herr Ihnen verschaffen will (2. Mose 14,15).

Zögern Sie nicht vor Ihrem Jericho. Marschieren Sie im Glauben darum herum und erwarten Sie, daß Gott Ihnen das Zeichen gibt, wann Sie das Geschrei des Glaubens erheben sollen. Dann werden die Mauern Ihres „Jerichos“ einstürzen (Jos 6,20).

Jesus sagte: „Ich will meine Gemeinde bauen, und die Pforten der Hölle sollen sie nicht überwältigen“ (Mt 16,18). Tatsächlich kann man diese Aussage auf zweierlei Weise interpretieren. Es ist richtig, daß Sie in Christus so sicher sind, daß Satan Sie nie überrennen, auf Ihnen herumtrampeln, Sie ergreifen oder vernichten kann. All die dämonischen Kräfte, die er vielleicht aus den Pforten der Hölle herausschickt, können Sie nicht überwinden.

Es ist aber auch so, daß Gott mehr von Ihnen will, als daß Sie in Ihrer Festung sitzen oder Ihre Schlachtenlinie gegen Satan halten. Er möchte, daß Sie angreifen. Dieser Vers kann auch so interpretiert werden, daß die Pforten der Hölle niemals in der Lage sein werden, Ihnen standzuhalten. Gott will nicht, daß Sie ihm passiv vertrauen; er möchte, daß Sie einen militanten Glauben haben! Er will, daß Sie gerade die Pforten der Hölle stürmen und den Teufel vernichtend schlagen. Er will, daß Sie die Mächte Satans aus ihren lange gehaltenen Stellungen vertreiben.

Der Satan wird versuchen, Sie einzuschüchtern, solange Sie ihm Gelegenheit dazu geben. Beenden Sie Ihre vielen Gebete, ergreifen Sie die Initiative und jagen Sie Satan aus seinen Stellungen – befinden sich diese nun im Leben eines Menschen, einer Familie oder sonstwo. Bleiben Sie nicht in der Defensive; ergreifen Sie die Offensive für Jesus. Gehen Sie vorwärts und loben Sie Gott dabei!

6. Geben Sie den Befehl des Glaubens. Jesus unterweist uns ganz klar im Blick auf die Worte, die wir bei der Anwendung dieses Befehles gebrauchen sollen: „Wahrlich, ich sage euch: Wer zu diesem Berge spräche: Heb dich … so wird's ihm geschehen“ (Mk 11,22-23). Sprechen Sie zu Ihrem Berg im Namen Jesu. Beanspruchen Sie die Autorität, die Jesus Ihnen als seinem offiziellen Vertreter gegeben hat. Sprechen Sie aus Ihrer Situation heraus mit Jesus auf dem Thron. Sie haben gebetet und erkannt, daß Gott will, daß der Berg bewegt wird. Sie sind sicher, daß Gottes Zeit da ist. Gott hat Ihnen die Schritte des Glaubens gezeigt. Gehen Sie vorwärts und sprechen Sie unerschrocken zu dem Berg; befehlen Sie Satan, seine Mächte zu nehmen und zu verschwinden.

Sagen Sie Satan, daß er am Vergießen des Blutes Jesu schuld hat. Er hat die Sünde getan, die nicht vergeben wird. Er hat gegen den Sohn Gottes gesündigt. Er hat gegen die Streitkräfte des Himmels gesündigt. Millionen von Engeln sind bereit, ihn anzugreifen. Er wurde am Kreuz besiegt; er ist auf ewig besiegt. Sagen Sie ihm das. So wie Jesus sagte: „Geh weg von mir, Satan!“ (Mt 16,23; Mk 8,33), so müssen Sie ihm befehlen zu gehen.

Die Dämonen fürchten den Namen Jesu. Gebrauchen Sie ihn. Loben Sie seinen Namen, bis die Dämonen in eine solche Verwirrung geraten, daß sie sich gegenseitig behindern wie die Feinde vor Joschafats Armee (2. Chr 20,22-23). Gebrauchen Sie den Namen Jesu als Ihre machtvolle Waffe. Wagen Sie es, die Finsternis zu durchdringen und Satan durch den Namen Jesu und den Befehl des Glaubens zu verjagen.

Seien Sie Gottes Serubbabel. „Wer bist du, du großer Berg, der du doch vor Serubbabel zur Ebene werden mußt?“ (Sach 4,7). Seien Sie Gottes David. David sagte dem Riesen Goliat: „Ich aber komme zu dir im Namen des Herrn Zebaoth … den du verhöhnt hast“ (1. Sam 17,45). Andere mögen vor Goliat fliehen; Sie blicken ihm entgegen im Namen des Herrn. Gott sagt zu Ihrem Berg: „Siehe, ich will an dich, du Berg des Verderbens … ich will meine Hand wider dich ausstrecken“ (Jer 51,25). Sie haben Gottes Verheißung. Nun sagen Sie dem Teufel, daß Sie kommen im Namen Jesu Christi, des Sohnes Gottes, der ihn auf Golgatha besiegt hat. In diesem allmächtigen Namen befehlen Sie ihm, zu weichen.

Ihr Gebet kann helfen die Göttlichkeit Jesu zu beweisen

Bei Völkern, bei denen jahrhundertelang andere Religionen vorgeherrscht haben, muß Christus unter Beweis stellen, daß er wahrhaftig der lebendige Gott ist. Eine Person oder eine Familie, die das Evangelium zum ersten Mal hört, kann dadurch sehr wohl in Verwirrung geraten. Wie sollen diese Menschen nun wissen, was die Wahrheit ist? In gewisser Hinsicht kann ihre mißliche Lage verglichen werden mit der Situation jener Menschen, die in der alttestamentlichen Zeit lebten, in der Israel in den Götzendienst zurückgefallen war. Als Gott einen Propheten erweckte, wie sollten da die Menschen wissen, daß er von Gott gesandt war?

Falsche Propheten widersprachen den wahren Propheten; falsche Götter konkurrierten um die Treue der Herzen der Menschen. Jahwe bestätigte den wahren Propheten und die von ihm gelehrte Wahrheit aber häufig durch ein Wunder. Hierbei handelte es sich meistens um zwei Arten von Wundern – um Wunder der Erkenntnis (Prophetie) und um Wunder der Macht.

Heute stehen Pastoren, Evangelisten, Missionare und sogar junge Gläubige erneut vor diesem Dilemma. Wenn das Evangelium in ein neues, nicht-christliches Gebiet eindringt, wie sollen da die Menschen willig gemacht werden, der Botschaft zuzuhören? Wie kann ihnen geholfen werden, die Religion ihrer Väter aufzugeben und sich dem Gott zuzuwenden, den „die anderen" möglicherweise nur für den „Gott der Ausländer" halten werden? Solch eine Entscheidung zieht für den neuen Gläubigen oftmals offene Verfolgung nach sich – soziale Ächtung, Verlust von Familie und Arbeitsplatz, Verweigerung einer weiteren Ausbildung und sogar körperliches Leiden und Todesdrohungen.

Unter solchen Umständen muß sich Christus irgendwie

als der lebendige Gott erweisen. In der biblischen Zeit, in der die heidnischen Religionen einen wesentlichen Einfluß hatten, waren Demonstrationen von Christi überlegener Gegenwart und Macht notwendig, bevor man die Menschen zum Glauben führen konnte. Ihr Gebet spielt eine bedeutende Rolle bei der Unterstützung der Reichsgottesarbeiter in solch schwierigen Gegenden. Zusammen mit ihnen können Sie um die Öffnung der Augen der Nicht-Christen für die Realität Christi beten. Ihr Gebet kann dazu beitragen, die Gebetserhörungen zustande zu bringen, die die Nicht-Christen bereit machen, auf das Evangelium zu hören und ihm Glauben zu schenken.

Der geistliche Machtkampf in biblischer Zeit

In Ägypten, wo Gottes Volk unter der Knechtschaft Pharaos lebte, fand der geistliche Machtkampf statt zwischen den Zauberern und Götzen Ägyptens auf der einen Seite und Mose und Aaron als den Repräsentanten Jahwes auf der anderen Seite. Gott, der Mose und Aaron als seine Sprecher gebrauchte, sandte zehn überwältigende Zeichen seiner Macht, nämlich zehn Plagen, um zu beweisen, daß er der einzig wahre und lebendige Gott sei: Die ägyptischen Zauberer reagierten mit ihren eigenen Tricks. Waren diese anscheinend paranormalen Machtdemonstrationen reine Schikane? Oder waren sie Demonstrationen begrenzter dämonischer Macht? Von dem, was wir heute von den Missionsfeldern wissen, können diese Darbietungen in der Tat dämonischer Natur gewesen sein.

Gott wußte, daß Israel einen sichtbaren Beweis göttlicher Macht brauchte, um es aus der Abgötterei, in der es gefangen war, herauszuführen. Den Plagen folgten übernatürliche Manifestationen von Gottes Macht, bis Israel sich in Kanaan niederließ. Da gab es zum Beispiel die wunderbare Teilung des Roten Meeres, die tägliche Bereitstellung von Manna während der vierzig Jahre der Wüstenwanderung, die wundersame Zurverfügungstellung von Wasser aus dem Felsen, die erstaunliche Offenbarung von Gottes Macht am Sinai, die sichtbaren Zeichen der Gegenwart Gottes unter ihnen durch die Wolkensäule, die sie am Tage führte, und durch die Feuersäule bei Nacht. Gott ließ sich herab, die Bedürfnisse der Kinder Israel auf ihrer eigenen Ebene zu befriedigen. Er wußte, daß sie Wunder brauchten, und er gab sie ihnen.

Samuel, Elia und Elisa wurden durch übernatürliche Demonstrationen von Gottes Macht als seine wahren Propheten bestätigt. Sogar zur Zeit der alttestamentlichen Könige zögerte Gott nicht, sich als der lebendige Gott zu erweisen.

Zur Zeit Christi bestätigte Gott seinen Sohn durch die Stimme vom Himmel und später durch die von Jesus gewirkten Wunder. Jesus sagte seinen Zuhörern, daß sie, wenn sie schon seinen Worten nicht glauben wollten, doch wenigstens aufgrund seiner Wunder glauben sollten (Joh 14,11). In der neutestamentlichen Gemeinde bestätigte Jesus seine Realität weiter durch Wunder, als die Apostel und Paulus den heidnischen Religionen und der dämonischen Macht gegenüberstanden.

Sie und ich brauchen vielleicht keine besonderen Zeichen und Wunder, um dem Evangelium zu glauben. In unserem Volk ist die Geschichte des biblischen Lichtes recht lang. Aber die Anhänger anderer Religionen befinden sich in einer Situation, die völlig anders ist und mit der wir uns nur sehr schwer identifizieren können. Christus ist bereit, zu diesen Menschen zu kommen und sein Evangelium zu bestätigen. Er zögert nicht, dort, wo dies notwendig ist, zu beweisen, daß er der einzig wahre und lebendige Gott ist.

Das Vorherrschen des Dämonischen in nicht-christlichen Religionen

Die Bibel lehrt, daß der Ursprung falscher Lehren (1. Tim 4,1) und der Ursprung falscher Religion dämonisch ist (1. Kor 10,19-20). Das erklärt das häufige Auftreten dämonischer Besessenheit unter Menschen mit falschen Religionen und den starken dämonischen Widerstand gegen die Missionsarbeit an so vielen Orten auf der ganzen Welt.

In gewissem Sinne sind alle Sünder Kinder des Teufels (Joh 8,44); daher sind sie viel empfänglicher für Satans Einflüsterungen, oft ohne es zu merken. Es überrascht deshalb nicht, daß Satan seinen Vorteil aus „natürlichen" menschlichen Reaktionen zieht. Er erregt den Zorn von Familie und Freunden über einen Neubekehrten, von dem sie glauben, er sei durch eine falsche, beziehungsweise ausländische Religion betrogen worden. Er weckt Verdächtigungen, Eifersucht, Haß und alle Arten von Widerstand gegen die Reichsgottesarbeiter, die eine nicht-christliche Gesellschaft mit dem Evangelium durchdringen. Er beschwört Verfolgung, Bedrohung und sogar Mord herauf.

Hinzugefügt wird dem allen die Demonstration wahrhafter dämonischer Macht durch die Worte und Taten der Medizinmänner, Hexenpriester und einiger der Führer nichtchristlicher Religionen. Diese Macht ist manchmal in einzelnen Kulten in unserem eigenen Land ebenfalls vorhanden, aber gewöhnlich nicht in demselben Ausmaß wie in den alten nicht-christlichen Religionen.

Solche Menschen versuchen durch ihre okkulten und dämonischen Kräfte, Gläubige und Reichsgottesarbeiter zu verfluchen, um sie so zu behindern, zu verletzen oder zu vernichten. Ihr Gebet ist notwendig, um den Schutz Jesu für diese Christen, die besondere Zielscheiben Satans werden, in Anspruch zu nehmen.

In Indonesien gab es bei der OMS einen Neubekehrten, dessen Herz für den Herrn brannte. Er nahm sein Zeugnis zusammen mit einer kurzen biblischen Belehrung auf Kassette auf. Dann kehrte er auf seine Heimatinsel zurück und spielte die Kassette von Tür zu Tür ab als eine Form der persönlichen Evangelisation. Das führte zu starkem Widerstand und zu heftigen Drohungen gegen sein Leben.

Eines Tages, als dieser junge Christ mit seinem Kassettenrecorder in einem zur Straße hin offenen Geschäft saß, sah er, wie ein Ball aus geschmolzenem Metall durch die Luft in das Geschäft flog. Dort fiel der Gegenstand zu seinen Füßen nieder. (Dieses Phänomen ist denen, die in jenem Gebiet Schwarze Magie praktizieren, nicht unbekannt, und es hat gewöhnlich fatale Folgen für den, gegen den es angewandt wird.) Der Christ wartete, bis das rotglühende Metall abgekühlt war, nahm es dann auf und ging damit zu dem Haus eines Mannes, der Schwarze Magie ausübte und von dem er wußte, daß er seinem christlichen Zeugnis heftigen Widerstand leistete. Er trat diesem Mann gegenüber, öffnete seine Hand und zeigte ihm die noch immer warme Metallmasse. Der Zauberer sprang auf seine Füße und schrie: „Sage mir das Geheimnis deiner Macht!“ Der Bekehrte bezeugte sofort, daß Jesus alle Macht hatte, Macht über alle dämonischen Kräfte.

Während unseres ersten Aufenthaltes in Indien schien es, als würde Satan jedesmal, wenn ich meine Familie wegen einer ausgedehnten Evangelisations- oder Predigtreise verließ, meine Frau und Kinder durch Unfall oder Krankheit angreifen. Die Vorfälle häuften sich so, daß meine Frau bei meiner Abreise zu sagen pflegte: „Nun bin ich gespannt, was wohl diesmal passiert.“ Ich versicherte ihr dann, daß Gott die Kinder beschütze, daß das Blut Christi sie bedecke und daß sie sich nicht fürchten oder sich ängstigen solle. Aber jedes Mal, wenn ich weg war, geschah doch etwas. Das ging so weiter, bis einige Zeit später eine Gemeinde in London eines Abends darüber betete. Danach hörte die Kette der Vorfälle fünfzehn Jahre lang auf. Andere Missionare können Ähnliches bezeugen.

Solche Ereignisse sind schwer zu erklären, aber sie erinnern uns daran, daß wir uns ständig in einem geistlichen Kriegszustand befinden. Ihr Gebet wird täglich von Gottes treuen Botschaftern an vorderster Front des Missionsdienstes gebraucht.

Gebetserhörungen können beweisen, daß Christus Gott ist

Wenn ein Missionar, ein einheimischer Mitarbeiter oder ein Gläubiger den Anhängern anderer Religionen Zeugnis gibt, wie sollen diese Leute dann davon überzeugt werden, daß Christus wahrhaftig der einzige lebendige Gott ist?

Einer meiner älteren indischen Mitarbeiter gebrauchte den Namen Gottes niemals ohne Adjektiv, wenn er predigte oder Zeugnis gab. Er sprach immer von „dem lebendigen Gott“ – „der lebendige Gott sagt …“, „der lebendige Gott sandte seinen einzigen Sohn“, „der lebendige Gott beantwortet Gebet“. Er hatte den Eindruck, daß immer klar sein mußte, daß der Gott, von dem er Zeugnis ablegte, keinem anderen Gott und keiner anderen Vorstellung von Gott entsprach.

Bei denjenigen, die so wenig Gelegenheit hatten, ihn kennenzulernen, ist der lebendige Gott bereit, seine Realität zu bezeugen. Einer der Wege, die er dazu wählt, sind Gebetserhörungen. Pastoren, Evangelisten und andere Gläubige in vielen Nationen sehen, wie Gott seine Wundermacht erweist, indem er auf die Bedürfnisse der Menschen, denen sie Zeugnis geben, antwortet.

Jeden Monat erhalte ich Berichte von unseren Evangelisationsstationen, in denen berichtet wird, wie Nicht-Christen zu ihnen kamen und sie baten, für spezielle Nöte zu beten. Wenn Gott seine lebendige Realität erweist, dann verbreitet sich die Nachricht, daß der Gott der Christen Gebete beantwortet, wie ein Lauffeuer. Dadurch öffnen sich immer wieder Türen für das Evangelium, und viele Menschen werden gerettet. Wenn ich die Berichte lese, fühle ich mich oft in die neutestamentliche Zeit zurückversetzt.

So gibt es zum Beispiel Berichte von der wunderbaren Heilung von Krankheit und von Unfruchtbarkeit. Obwohl wir keine Heilungskampagnen abhalten, greifen unsere Teams solche Gebetsanliegen auf, wenn diese an sie herangetragen werden. Für viele Nicht-Christen, die lange Zeit ernsthaft krank waren, sind unsere Missionare die letzte

Hoffnung. Sie erzählen dann, daß sie von Tempel zu Tempel gepilgert sind, daß es ihnen aber trotzdem nicht besser ging. Wenn dann von einem oder mehreren Mitgliedern unseres Teams gebetet wird, kommt oft die Heilung. Dieses dramatische Auftreten von Heilung führt immer wieder zu der Evangelisierung ganzer Familien, wenn sie zu der Überzeugung gelangen, daß Christus Gott ist und daß Gott Gebete beantwortet.

Jede Familie in Indien möchte ein Kind. Oft hat das Ehepaar in den heidnischen Tempeln gebetet und Opfer dargebracht und manchmal weite Strecken zurückgelegt, aber alles war vergeblich. Immer wieder flehen die Leute uns an: „Kann euer Gott uns helfen?“ Das Team geht in das betreffende Haus, hält eine Gebetsversammlung ab und bittet Gott, dieses Haus mit einem Kind zu segnen. Und es gibt wiederholt Berichte, daß nach entsprechender Zeit ein Kind geboren wird und sich die gesamte Familie Christus zuwendet. Unsere Mitarbeiter zögern niemals, eine solche Herausforderung, die Gottheit Christi zu beweisen, anzunehmen.

Einer der dramatischsten Beweise für die Souveränität Gottes ist das Austreiben von Dämonen. In diesen alten Gesellschaften sind sich die Nicht-Christen der Realität der Dämonen sehr bewußt. Seit alters her ist es allgemein bekannt, daß die heidnischen Religionen und Religionsführer in zahlreichen Fällen dämonischer Besessenheit nicht in der Lage waren, zu helfen. Manchmal verursachen die Dämonen den besessenen Menschen große Qual. Voller Verzweifelung werden solche Menschen zu unseren Evangelisationsteams gebracht, und ihre nicht-christlichen Freunde und Angehörigen bitten um jede Hilfe, die Jesus geben kann. Wenn der Dämon ausgetrieben ist, wenden sich einer oder mehrere der staunenden Umstehenden Christus zu.

Diese Art übernatürlicher Antworten auf das Gebet, wobei Christus den satanischen Kräften entgegentritt und sie besiegt, werden oft „Machtkämpfe“ genannt. Christus beweist, daß er lebt, indem er Gebete beantwortet, wie kein anderer Gott es kann.

Ihr Gebet kann dazu beitragen, Christus zu bestätigen

Ein wirksames Gebetsleben ist eine der wichtigsten Voraussetzungen für jeden Missionar, Pastor oder Evangelisten in vorderster Front der missionarischen Unternehmungen. Aber Ihre fürbittende Gebetsunterstützung für ihre Arbeit ist das, was sie am meisten brauchen. Das ist ihr größtes Bedürfnis. Das christliche Zeugnis in unerreichten und unempfänglichen Gebieten muß durch das Gebet gedeckt werden, damit sich Gottes Gegenwart erweisen kann und Gebete auf eine solche Art und Weise beantwortet werden, daß sie für viele Menschen Errettung bringt. Die Christen, die eine solche Gebetspartnerschaft brauchen, arbeiten an einigen der schwierigsten Orte dieser Welt.

Während seiner Stationierung in Zentralindien kam ein indischer Soldat in einer unserer neuen Gemeinden zu Christus. Später wurde er versetzt nach Kaschmir in die nordwestliche Ecke von Indien, einen Staat, wo die christliche Arbeit langsam vorankommt und wo es nur sehr wenige Gemeinden gibt.

Als der gläubige Soldat auf seinem neuen Posten eintraf, lernte er eine Moslemin kennen, die seit mehreren Jahren von Dämonen besessen war. Ihre Verwandten hatten sie von einem berühmten moslemischen Heiligtum zum nächsten gebracht, doch ohne Erfolg. Als der Soldat von ihrem Zustand erfuhr, wurde er von christlichem Mitleid bewegt und bat um die Erlaubnis, im Namen Jesu für sie beten zu dürfen. Sie wurde unmittelbar frei. Die Moslems waren überwältigt.

Dann wurde ein Moslem mit einem schweren Herzleiden zu ihm gebracht, und man bat ihn, im Namen Jesu für den Mann zu beten. Er tat dies mit Freuden, und der Mann wurde gesund. Man brachte eine Frau mit einem riesigen Kropf zu ihm, und wieder betete der Soldat. Innerhalb von zwei Wochen war der Kropf verschwunden.

Bald kamen die Moslems, die glauben, daß Gott durch einen ihm geweihten Ort besonders geehrt wird, auf den Soldaten zu. „Du brauchst einen Platz, an dem du deinen Gott anbeten kannst." So gaben ihm die Moslems über 1 Hektar

Land an einer auffallenden Stelle an einem Berghang und boten ihm ihre Hilfe beim Bau einer kleinen Kirche an.

Da es weit und breit keine andere christliche Gemeinde und keine Reichsgottesarbeiter gab, nahm der Soldat ihr Angebot an, sandte jedoch eine dringende Botschaft an den Pastor der Gemeinde, in der er den Herrn gefunden hatte. „Ich bin nur ein Soldat. Die Menschen hier wollen Christen werden. Jemand muß kommen und helfen!" Heute haben wir dort eine kleine christliche Gemeinde, weil Christus sich durch das Gebet dieses gläubigen Soldaten bestätigte, der nur versucht hatte, christliches Erbarmen zu zeigen.

Wie kann Ihr Gebet dazu beitragen, daß Nicht-Christen bewiesen wird, daß Christus Gott ist? Lassen Sie mich einige Vorschläge machen, was Sie beten können:

1. Setzen Sie die „Machtkämpfe" auf Ihre tägliche Gebetsliste. Denken Sie jeden Tag an diejenigen, die in solch schwierigen Gebieten arbeiten, wo es nur wenige Christen gibt und wo der Preis für den Dienst und die Nachfolge Jesu hoch ist. Beten Sie für all diejenigen, die der Herausforderung gegenüberstehen, zu beweisen, daß Christus der liebende Gott ist und daß er Gebete beantwortet.

2. Beten Sie darum, daß Christus durch wunderbare Beweise seiner Kraft offenbar wird. Beten Sie nach dem Vorbild der Jerusalemer Gemeinde: „Und nun, Herr, sieh an ihr Drohen und gib deinen Knechten, mit allem Freimut zu reden dein Wort; strecke deine Hand aus, daß Heilungen und Zeichen und Wunder geschehen durch den Namen deines heiligen Knechtes Jesus" (Apg 4,29-30). Als die Mitglieder dieser Gemeinde dieses Gebet gemeinsam sprachen, erschütterte Gottes Macht die Stelle, an der sie versammelt waren. Ihre Gebete können dazu beitragen, ungezählte Scharen von Menschen und Orten geistlich für Christus zu erschüttern.

3. Beten Sie zu Gott, daß seine Diener geistlich siegreich und durch den Heiligen Geist bevollmächtigt bleiben. Satan versucht auf jede mögliche Art und Weise, den Reichsgottesarbeitern in diesen Pionierdiensten durch Entmutigung und Versuchung das Leben schwer zu machen. Sie müssen sehr nahe beim Herrn bleiben und im Heiligen Geist leben, damit die Kraft Christi machtvoll auf ihnen ruht. Dies war das Geheimnis des Dienstes von Paulus, und es muß auch Ihr Geheimnis sein (Röm 15,18-19; 1. Kor 2,4; 2. Kor 12,9; Eph 3,7.20; 2. Tim 1,7; Apg 15,12). Beten Sie zu Gott, Sie täglich mit seinem Heiligen Geist zu umkleiden.

4. Beten Sie um tägliche Führung für diese Reichsgottesarbeiter. Beten Sie zu Gott, sie auf die Menschen aufmerksam zu machen, deren Bedürfnisse Gott befriedigen und durch die er die Tür für das Evangelium öffnen will. Beten Sie um Leitung bei der Gewinnung derjenigen, für die Christus seine wunderbare Macht ausübt.

5. Beten Sie um Gottes Schutz für diese Reichsgottesarbeiter. Satan wird sehr zornig über diejenigen, die von Gott gebraucht werden, und macht sie zur besonderen Zielscheibe seiner Angriffe. Bitten Sie Gott, diese Menschen geistlich und körperlich zu bewahren, sie freizuhalten von der Furcht vor gegen sie geäußerten Drohungen und ihre Familien zu beschützen.

Der „Machtkampf" ist an vielen Orten ein wichtiger Aspekt des christlichen Dienstes und der geistlichen Auseinandersetzung. Ihr Gebet kann diejenigen, die an vorderster Front Dienst tun, bevollmächtigen. Beten Sie darum, daß der Name Jesus geehrt wird und daß Gott die Ernte, für die er starb, einbringt.

Sie können Satan besiegen und binden

Aufgrund des Sieges Jesu auf Golgatha besitzen Sie und ich eine erstaunliche neue Autorität. Was beinhaltet sie? Entspricht es wirklich dem Plan Jesu, daß Sie und ich Satan und seine Dämonen binden und ihnen Einhalt gebieten? Jesus sagte: „Wenn ich aber die bösen Geister durch den Geist Gottes austreibe, so ist ja das Reich Gottes zu euch gekommen. Oder wie kann jemand in das Haus eines Starken eindringen und ihm seinen Hausrat rauben, wenn er nicht zuvor den Starken fesselt? Erst dann kann er sein Haus berauben" (Mt 12,28-29).

Diese Lehre ist so wichtig, daß sie sowohl in Markus (3,27) wie in Lukas (11,21-22) wiederholt wird. Der starke Mann, auf den Jesus hier verweist, ist der Satan. Der Hausrat, der dem Satan weggenommen wird, sind die Menschen, die von ihm versklavt werden – auch diejenigen, die von Dämonen besessen und bewohnt werden. Die Macht, die Jesus gebrauchte, umfaßte seine eigene, ihm innewohnende Gewalt und die des Heiligen Geistes.

Erwartet Jesus von Ihnen, daß Sie Satans Hausrat an sich reißen? Ja, Gott will, daß Sie diejenigen retten, von denen Satan Besitz ergriffen oder die er in irgendeiner Weise gebunden hat. Judas 23 drängt: „Andere reißt aus dem Feuer und rettet sie." Sprüche 24,11 befiehlt: „Errette, die man zum Tode schleppt, und entzieh dich nicht denen, die zur Schlachtbank wanken." 2. Timotheus 2,26 lehrt, daß die Sünder von Satan zu seinen Gefangenen gemacht werden, damit sie seinen Willen tun. Jesus und seine Nachfolger sind beauftragt, „den Gefangenen die Freiheit zu verkündigen" (Jes 61,1; Lk 4,18).

Aber besitzen wir wirklich Autorität, den Satan zu binden? Erinnern Sie sich der Worte in Matthäus 16,18-19:

„Auf diesen Felsen will ich meine Gemeinde bauen, und die Pforten der Hölle sollen sie nicht überwältigen. Ich will dir die Schlüssel des Himmelreichs geben: alles, was du auf Erden binden wirst, soll auch im Himmel gebunden sein, und alles, was du auf Erden lösen wirst, soll auch im Himmel gelöst sein." Die Ausleger kommentieren diesen Abschnitt auf unterschiedliche Art und Weise, wie wir in einem der vorangegangenen Kapitel gesehen haben. Was auch immer die volle Bedeutung sein mag, so bezieht sich diese Aussage in jedem Fall auf den Bau der Gemeinde Christi.

Diese Lehre ist Christus so wichtig, daß er sie zwei Kapitel später wiederholt und erweitert. Hier wird sie in Beziehung gesetzt zu dem Gebet im Namen Jesu, und ihre Bedeutung wird noch unterstrichen durch den Hinweis auf die Einmütigkeit im Gebet. „Wahrlich, ich sage euch: Was ihr auf Erden binden werdet, soll auch im Himmel gebunden sein, und was ihr auf Erden lösen werdet, soll auch im Himmel gelöst sein. Wahrlich, ich sage euch auch: Wenn zwei unter euch eins werden auf Erden, worum sie bitten wollen, so soll es ihnen widerfahren von meinem Vater im Himmel. Denn wo zwei oder drei versammelt sind in meinem Namen, da bin ich mitten unter ihnen" (Mt 18,18-20). Woran immer Jesus auch sonst noch dachte, so lehrte er doch zweifellos folgende Wahrheiten:

a) Er hat die Absicht, seine Gemeinde zu bauen.
b) Dieses Bauen wird sowohl von seiner Macht wie von unserem Gehorsam abhängen.
c) Das Binden und Lösen ist für den Bau seiner Gemeinde von Bedeutung.
d) Er erwartet, daß wir an diesem Binden und Lösen teilhaben.
e) Die himmlische Autorität und Macht wird unser Binden und Lösen decken.
f) Dieses Binden und Lösen kann mit der Einmütigkeit im Gebet in Verbindung gesetzt werden.
g) Bei denjenigen, die im Gebet eins werden, muß es sich nicht notwendigerweise um eine große Gruppe handeln,

denn Jesus selber will sich ihrem einmütigen Gebet anschließen.

h) Das Binden und Lösen geschieht hauptsächlich durch unser Gebet.

Es wurde prophezeit, daß Jesus das Haupt der Schlange zertreten würde (1. Mose 3,15). Jesu Sieg über den Satan ist hier und in dem folgenden Abschnitt symbolisch enthalten: „Seht, ich habe euch Macht gegeben, zu treten auf Schlangen und Skorpione, und Macht über alle Gewalt des Feindes" (Lk 10,19). Der Haupthinweis gilt nicht tatsächlichen Schlangen und Skorpionen. Der Vers muß geistlich interpretiert werden. Christus gibt uns, seinen Jüngern, Autorität über alle Macht von Satan, unserem Hauptfeind. „Dazu ist erschienen der Sohn Gottes, daß er die Werke des Teufels zerstöre" (1. Joh 3,8). Das Binden der Macht Satans, das Verhindern seines teuflischen Werkes durch die Autorität Christi entspricht zweifellos dem Willen Gottes.

Aber bitte denken Sie daran: Dies ist kein Kinderspiel. Dies ist ein geistlicher Kampf. Selbst die Erzengel respektieren die furchteinflößende Macht Satans, und in ihrem Kampf gegen ihn tun sie alles im Namen und in der Autorität Jesu (Judas 9). Als die sieben Söhne des jüdischen Hohenpriesters Skevas törichterweise versuchten, den Namen Jesu zu gebrauchen, ohne selber in der richtigen Beziehung zu Jesus zu stehen und sie daher nicht durch seine Verheißung gedeckt waren, wurden sie von dem von Dämonen besessenen Mann tätlich angegriffen und verletzt (Apg 19,13-17). Geistlicher Kampf ist nichts für die, die geistlich ohne Macht sind, noch für die, die nicht durch das Blut Jesu gedeckt werden. Sie binden Satan nicht durch das Wiederholen einiger Worte, als wenn sie magische Formeln wären. Um den Namen Jesu gebrauchen zu können, müssen Sie „in Christus" sein und in Übereinstimmung mit seinem heiligen Wesen und Willen leben.

Paulus sagt deutlich: „Wir kämpfen" (Eph 6,12). Der Gebetskampf ist ein ernsthafter geistlicher Konflikt. Die Bibel befiehlt Ihnen in diesem Zusammenhang jedoch, kühn zu sein, Glauben zu haben und zu erwarten, daß Christus seine

Hinlänglichkeit und seine Autorität unter Beweis stellt. Sie brauchen nicht zu fürchten, daß Sie von Satan besiegt werden, wenn Sie den Namen Jesu biblisch gebrauchen.

Wie man Satan bindet

Da der Gebetskampf so notwendig und Satan so mächtig ist, sind wir dringend aufgefordert, die gesamte Rüstung und alle Waffen zu gebrauchen, die Gott zur Verfügung stellt, um den Sieg zu erlangen. Wir sollen „die Waffenrüstung Gottes ergreifen“ (Eph 6,13). Dieser Abschnitt, der im Epheserbrief (V. 10-20) zu finden ist, bezieht sich auf jeden geistlichen Kampf, aber hauptsächlich auf den Gebetskampf (V. 18-20). Die volle Waffenrüstung schließt all die Einzelteile ein, die in diesem Abschnitt aufgezählt werden. Der Zweck der Rüstung und der Ermahnung ist, „damit ihr bestehen könnt gegen die listigen Anschläge des Teufels“ (V. 11). In diesem Kampf wird von dem Christen erwartet, daß er „alles“ von Gott möglich Gemachte tut (V. 13). Das impliziert, daß der Gebetskampf verschiedene Aspekte hat.

Wenn Sie ein geisterfülltes Leben leben und täglich gemeinsam mit Christus und dem Heiligen Geist Ihre Rolle als Fürbittender erfüllen, können unerwartete Notsituationen auftreten, in denen Sie mit einer Manifestation von Satans Macht konfrontiert werden und Sie wie Jesus den Satan sofort in seine Schranken weisen müssen (Mt 16,23; Lk 4,8). Zögern Sie nicht, die Autorität, die Christus Ihnen gibt, in Anspruch zu nehmen, wann immer Sie sie brauchen.

Es gibt jedoch andere Orte und Situationen, wo Satan sich seit langem festgesetzt hat. Dann handelt es sich nicht so sehr um eine Notsituation wie um eine dringende Notwendigkeit. Vielleicht haben Sie wiederholt gebetet und dennoch Gottes Antwort auf Ihr Gebet nicht gesehen. Gott führt Sie möglicherweise in eine längere Zeit des Gebetes, bis Sie das innere Zeugnis des Heiligen Geistes erfahren, daß Ihr Gebet erhört worden ist und Sie im Glauben den Satan binden. Für eine solche Periode längeren Gebetes sind die folgenden Vorschläge gedacht. Bitte haben Sie die Freiheit, sie nach Belieben und zu einer beliebigen Zeit zu gebrauchen, so wie der Heilige Geist Sie führt, ohne Rücksicht auf die hier gegebene Reihenfolge.

1. Freuen Sie sich an Christi Sieg auf Golgatha über den Satan und seine dämonischen Geister. Stärken Sie Ihr Gebet, indem Sie Bibelstellen lesen wie Lukas 10,19; Johannes 12,31-33; Römer 16,20; 1. Korinther 2,6; Epheser 1,21-22; Kolosser 2,15; Hebräer 2,14 und Jakobus 4,7. Loben Sie Gott für den vollständigen Sieg Christi. Danken Sie Jesus, daß er den Preis bezahlt hat. Vielleicht drücken einige Chorusse oder Lieder die Empfindungen Ihres Herzens aus. Mein indischer Mitarbeiter sang häufig diesen Chorus über den Sieg Christi:

Er unterschrieb den Bund mit seinem sühnenden Blut. Und lebt ewig, um seine Verheißungen wahr zu machen. Wenn sich auch die Heerscharen der Hölle zusammenrotten, um erneut ihren Anspruch geltend zu machen, So fliehen sie bei der Nennung des Namens Jesu.

2. Freuen Sie sich an Christi souveräner Autorität und Allmacht. Loben Sie Gott, daß Jesus sich gesetzt hat „zur Rechten der Majestät in der Höhe“ (Hebr 1,3). Er hat seinen Platz zur rechten Hand Gottes, bis Gott alles unter seine Füße legt (Ps 110,1). „… Auf daß seine Herrschaft groß werde und des Friedens kein Ende“ (Jes 9,6). Er hat die Macht, alles unter seine Kontrolle zu bringen (Phil 3,21). „Dein Gott ist König!“ (Jes 52,7). Jesus thront zur rechten Hand Gottes im Himmel „über alle Reiche, Gewalt, Macht, Herrschaft und alles, was sonst einen Namen hat“ (Eph 1,20-21). Alle Autorität im Himmel und auf Erden ist ihm gegeben worden (Mt 28,18). Unser Herr Jesus Christus besitzt dieselbe Macht und Autorität gestern, heute und in Ewigkeit (Hebr 13,8).

3. Berufen Sie sich auf das Blut Jesu. Sie besitzen keinen eigenen Verdienst, aber Jesus ist für Sie gestorben. Sie gründen den Glauben nicht auf sich selbst, sondern auf das Blut

Jesu (Röm 3,25). Als Jesus am Kreuz ausrief: „Es ist vollbracht!“ (Joh 19,30), war Satan völlig besiegt, war ein vollständiger Sieg auf Golgatha errungen worden, und seither steht das Blut des Sohnes Gottes zur Verfügung als die Grundlage für Ihre Bitte um Gottes Antwort auf Ihr Gebet. Jetzt können Sie Satan durch das Blut des Lammes Gottes besiegen (Offb 12,11). Berufen Sie sich auf das Blut Jesu, wenn Sie sich Satans Festung nähern und sie angreifen.

4. Gebrauchen Sie den Namen Jesu. Ihr Gebetskampf geschieht um seines Namens willen. Um der Herrlichkeit des Namens Jesu willen rücken Sie gegen Satan vor. Vor Jesus muß sich jedes Knie beugen, denn er ist der Herr (Phil 2,9-10). Jesus hat versprochen: „Und was ihr bitten werdet in meinem Namen, das will ich tun, damit der Vater verherrlicht werde im Sohn. Was ihr mich bitten werdet in meinem Namen, das will ich tun“ (Joh 14,13-14). „,... Damit, wenn ihr den Vater bittet in meinem Namen, er's euch gebe“ (15,16). „Wahrlich, wahrlich, ich sage euch: Wenn ihr den Vater um etwas bitten werdet in meinem Namen, wird er's euch geben ... Bittet, so werdet ihr nehmen“ (16,23-24).

Alle Macht im Himmel und auf Erden steht hinter diesem Namen. Jeder Dämon aus der Hölle kennt die Autorität jenes Namens. Petrus, Paulus, die Apostel und die Urgemeinde bewiesen wieder und wieder die Macht des Namens Jesu. Auf der ganzen Welt wird Satan heute durch die Anwendung des Namens Jesu zurückgetrieben und gezwungen, seine Gefangenen freizulassen. Sie sind bevollmächtigt, den Namen Jesu zu gebrauchen. Nehmen Sie die Autorität in Anspruch, die Gott Ihnen gegeben hat.

Gebrauchen Sie den Namen Jesu, wenn Sie beten. Gebrauchen Sie ihn, wenn Sie sich auf Gottes Verheißung berufen. Gebrauchen Sie ihn, wenn Sie die Initiative ergreifen, um Satan und seine bösen Geister zurückzutreiben. Gebrauchen Sie ihn, um die Ketten der Sünde und der Hölle zu zerbrechen und die Freilassung der Gefangenen Satans zu fordern. Gebrauchen Sie den Namen Jesu, um Satan in die Flucht zu schlagen. Gebrauchen Sie ihn, um Satans Macht und Autorität zu binden. Gebrauchen Sie den Namen Jesu jetzt!

5. Nehmen Sie das Schwert des Geistes, das Wort Gottes. Indem Jesus aus dem Alten Testament zitierte, gebrauchte er das Wort Gottes, um Satan zu widerstehen (Mt 4,1-11). Die Waffe, die der Heilige Geist gebraucht, um Satan zu besiegen, das Schwert des Geistes, ist die Bibel (Eph 6,17). Die gesamte Bibel enthält Abschnitte, die machtvoll benutzt werden können, um den Sieg über Satan in Anspruch zu nehmen. Sie können die Heilige Schrift gebrauchen, um Satan darzulegen, wie Christus der Sieger über ihn ist. Sie können wie Jesus die Heilige Schrift gebrauchen, um Satan einen deutlichen Verweis zu erteilen. Beziehen Sie sich auf die Heilige Schrift, zitieren Sie Bibelabschnitte; Sie können sogar machmal symbolisch die Bibel in Ihrer Hand halten oder Ihre Hand auf das Wort Gottes legen, wenn Sie beten oder den Teufel zurückweisen.

Als Dr. Frank Kline Präsident des „Union Biblical Seminary“ in Indien war, besuchte er das Dorf eines Neubekehrten, um an einem Festgottesdienst teilzunehmen, bei dem dessen Haus von den früheren Götzen gereinigt werden sollte. Er wurde ausgewählt, das Haus zu betreten und die Götzenbilder herauszubringen.

Der indische Pastor beauftragte ihn: „Berufen Sie sich auf den Namen Jesu, tragen Sie Ihre Bibel vor sich, gehen Sie hinein und bringen Sie die Götzenbilder heraus.“ Das war eine neue Erfahrung für Frank. Mit der Bibel an seiner Seite und vergessend, den Namen Jesu zu gebrauchen, ging er auf die Tür des Hauses zu. Zu seinem Erstaunen wurde er an einer bestimmten Stelle durch eine unsichtbare Macht aufgehalten. Frank, der ein starker Mann ist, versuchte mit aller Macht, einen weiteren Schritt zu tun, aber es gelang ihm nicht.

„Halten Sie die Bibel vor sich, Frank, und gebrauchen Sie den Namen Jesu!“ rief der Pastor. Plötzlich erkannte Frank die Ernsthaftigkeit der gegen ihn gerichteten Macht Satans. So hielt er seine Bibel vor sich und ging im Namen Jesu direkt in das Haus hinein und brachte die Götzenbilder heraus. Ich selber habe in Indien ähnliche Situationen erlebt, in denen ich die Bibel in meiner Hand haben wollte, um meine

Kraft und meine Zuversicht zu symbolisieren. Die biblische Wahrheit ist im wahrsten Sinne des Wortes das Schwert des Geistes.

6. Marschieren Sie vorwärts und loben Sie den Herrn. Der Lobpreis ist nicht nur eine Methode zur Anbetung Gottes, die Gottes Herz erfreut und Ihre Liebe und Dankbarkeit zum Ausdruck bringt. Lobpreis kann auch eine mächtige geistliche Waffe sein. Joschafat ist vielleicht der einzige König, der einen buchstäblichen Krieg durch Lobpreis anstatt durch Waffen gewann (2. Chr 20). Eine große Armee von Ammon, Moab und dem Gebirge Seir war in Juda eingefallen. Joschafat rief die Nation zusammen, um in Jerusalem zu fasten und zu beten. Die Menschen kamen aus allen Städten, „den Herrn zu suchen" (V. 4).

König Joschafat stand auf und leitete das Volk im Gebet. Zuerst lobte er Gottes Souveränität und trat dann fürbittend ein für die Männer, Frauen und Kinder, die alle betend vor dem Herrn standen. Der Heilige Geist kam auf einen der Leviten in jener Versammlung, und dieser prophezeite, daß sie nicht zu kämpfen hätten; die Schlacht sei des Herrn (V. 15). Er sagte ihnen, sie sollten sich nicht fürchten, sondern hinausgehen und dem Feind entgegentreten, und der Herr würde mit ihnen sein. Das gesamte Volk fiel anbetend auf sein Angesicht vor dem Herrn, und die Leviten priesen Gott „mit laut schallender Stimme".

Früh am nächsten Morgen machten sie sich alle auf; Joschafat ermahnte sie, Gott zu glauben, und dann bestimmten sie Sänger, um die Armee unter dem Lob Gottes in die Schlacht zu führen. „Und als sie anfingen mit Danken und Loben, ließ der Herr einen Hinterhalt kommen" über den Feind. (V. 22). Während die Israeliten Gott lobten, begannen die Feinde, sich gegenseitig anzugreifen, und alle wurden sie vernichtet. Juda brauchte drei Tage, um die besiegten Feinde auszuplündern.

Am vierten Tag hielten sie einen Dankgottesdienst, und dann führte der König das ganze Volk in einem Triumphmarsch zurück nach Jerusalem und in den Tempel. Wir haben keinen Bericht darüber, daß Joschafat erneut von einem anderen Volk angegriffen wurde. Satan war gänzlich besiegt.

Loben Sie Gott, um den Teufel zu besiegen. Der Lobpreis stärkt Ihren eigenen Geist des Glaubens. Der Lobpreis bringt die Engel Gottes dazu, Ihnen zu helfen. Der Lobpreis fegt die dunklen Wolken hinweg, mit denen Satan Sie gerne einhüllen würde. Der Lobpreis ärgert und entsetzt Satan und seine Dämonen. Der Name Jesu ist machtvoll im Gebet, machtvoll in den Befehlen, die Sie Satan geben, und machtvoll, Furcht in den Reihen Satans zu wecken.

Rücken Sie vor gegen den dämonischen Widerstand, indem Sie den Herrn loben. Rufen Sie das Lob Gottes in das Angesicht des Teufels. Ich bin mehrfach vom Heiligen Geist dazu gebraucht worden, einen Dämon auszutreiben, indem ich einfach das Lob Jesu in das Ohr des Besessenen rief, während der Dämon diesen Menschen hin- und herriß. Der Lobpreis Jesu schlägt die unreinen Geister in die Flucht.

7. Befehlen Sie Satan im Namen Jesu. Ich kann die Bedeutung des direkten Sprechens zu Satan im Namen Jesu gar nicht überbetonen. „Satan, du bist auf Golgatha besiegt worden. Durch die Autorität des Namens Jesu befehle ich dir, zu gehen. Durch den Namen Jesu binde ich dich und all dein Wirken."

Wenn beim Austreiben von Dämonen der Name des Dämons bekannt ist, sollten Sie ihn gebrauchen, wenn Sie den Dämon im Namen Jesu anweisen, auszufahren. Zögern Sie in Fällen von dämonischem Druck, Bedrängnis oder Widerstand nicht, wenn Gott Sie so leitet, dem Satan und all seinen Dämonen zu befehlen, Ihrer Anordnung Folge zu leisten. (Andere Beispiele und ausführlichere Anweisungen über den Befehl des Glaubens wurden im Kapitel „Sie müssen den Befehl des Glaubens verwenden" dargelegt.)

Durch Christus können Sie Satan besiegen

Gott sei gedankt: Der Christ ist in der Lage, Satan zu widerstehen und ihn zu veranlassen, vom Schlachtfeld zu fliehen

(Jak 4,7). Manchmal müssen Sie ihn durch Gebet und Lobpreis forttreiben. Manchmal müssen Sie ihm befehlen, zu weichen. Manchmal müssen Sie seine Macht binden. Manchmal müssen Sie ihm seine Gefangenen rauben und sie im Namen Jesu befreien. Sie besitzen im Namen Jesu volle Autorität, um Satan auf jeglichem Kampfplatz zu besiegen. Sie sollen nicht fliehen. Sie sollen Satan zur Flucht zwingen.

Sie sollen in das Gebiet des Satans eindringen und seine Gefangenen befreien. Satan ist nichts anderes als ein unrechtmäßiger Machthaber. Durch den, der uns geliebt hat und sich selbst für uns gegeben hat, durch ihn, der mit uns geht und uns deckt mit dem Schutz seines Blutes, durch ihn, der uns bewaffnet hat mit der Autorität seines siegreichen Namens sollen Sie in die Schlacht ziehen und den Satan immer wieder besiegen.

Manche Schlachten mögen länger sein als andere; manchmal hat der Satan sehr festen Fuß gefaßt. In manchen Schlachten brauchen Sie vielleicht die Rückendeckung einer fürbittenden, fastenden Gruppe von Gläubigen, die sich mit Ihnen im Gebet vereinigt. Aber Jesus ist der Sieger jetzt und ewig. Stehen Sie in seinem Sieg. In sich selbst sind Sie nichts, aber in Christus und in seinem Namen überwinden Sie weit.

Ihr Lobpreis kann den Teufel in die Flucht schlagen

Es gibt viele Gelegenheiten, bei denen es wichtiger ist, Gott zu loben, als mit der Fürbitte fortzufahren. Der Lobpreis lenkt Ihre Augen von der Schlacht auf den Sieg, denn Christus ist bereits der Sieger, und Sie haben den Sieger in Ihrem Herzen, damit Sie seinen Sieg in Ihrem Leben und in Ihrem Gebet erlangen. Normalerweise sollte jedes Gebet mit Lobpreis beginnen (Ps 100,4). Der Heilige Geist möchte Sie oftmals aus der mittragenden Fürbitte heraus zu siegreichem Lobpreis führen. Das Lastentragen ist biblisch, was jedoch noch mehr für den Lobpreis gilt.

Haben Sie sich je vor Augen geführt, daß Gottes Antworten auf Ihr Gebet manchmal verzögert werden, weil Sie ihn nicht genug loben? Haben Sie erkannt, daß Berge von Schwierigkeiten häufig vor Ihnen stehenbleiben, weil Sie Gott nicht gelobt haben? Haben Sie gewußt, daß Sie den Satan oft schneller durch Lobpreis in die Flucht schlagen können als auf irgendeine andere Art und Weise, den Befehl des Glaubens ausgenommen? Oder daß der Befehl des Glaubens oftmals mit einem großen Maß an Lobpreis verbunden ist? Wissen Sie, daß Depressionen durch das Opfer beständigen Lobpreises beseitigt werden können? Lobpreis durchdringt die Dunkelheit, beseitigt hartnäckig Hindernisse und jagt die Dämonen der Hölle in die Flucht.

Frau Charles E. Cowman, die Autorin von „Streams in the Desert“ und Mitbegründerin von OMS International, zeigte auf, daß Christen oft die bekannte Aussage „Gebet verändert die Dinge“ zitieren. Gott lehrte sie aber die tiefe geistliche Wahrheit, daß, nachdem man gebetet und geglaubt hat, es oftmals der Lobpreis ist, der die Dinge verändert. Gebete, die über einen langen Zeitraum wiederholt werden, ohne daß Gott sie anscheinend beantwortet, erfüllen sich sehr schnell, wenn sich der Fürbittende vom Bitten dem Loben zuwendet. Frau Cowman sagt, daß die Seele zwei Flügel braucht, um Gottes Thron zu erreichen – das Gebet und den Lobpreis. Warum betonen wir das Gebet mehr als den Lobpreis, wenn die Bibel wesentlich nachdrücklicher zum Loben als zum Beten auffordert?

Es gibt drei Stufen des Lobpreises, die Ihr Leben segnen und Ihr Gebet wirksam machen können: (1) Lobpreis für das, was Gott getan hat, (2) Lobpreis für das, was Sie erwarten, daß Gott tut, und (3) Lobpreis für das, was Gott ist. Solcher Lobpreis ist nicht nur würdige Anbetung; er ist ein machtvoller geistlicher Kampf.

Wie Gott Ihren Lobpreis gebraucht

Lobpreis erneuert Ihre Kraft. Das Warten auf Gott und das Hoffen auf ihn erneuern Sie geistlich und oft auch körperlich (Jes 40,29-31). Gott zu loben ist im Blick auf Erfrischung, Erneuerung und Bevollmächtigung oft wirksamer als das Gebet. Jeder Christ hat manchmal das Gefühl geistlicher Trockenheit. Zweifellos gibt es nach einer geistlichen Schlacht geistige und emotionale Erschöpfung. Immer wieder benötigen wir ein Ausgießen des Heiligen Geistes. Lobpreis verändert die Stimmung. Der Lobpreis öffnet einen artesischen Brunnen des Glaubens und der Freude. Der Lobpreis ist eines von Gottes Mitteln zu Ihrer inneren Erneuerung (2. Kor 4,16; Ps 103,1-5). Wenn Sie in Ihrem Gotteslob aufrichtig sind, ist der Lobpreis heilig, Gott wohlgefällig und mächtig.

Sie werden geistlich wesentlich stärker sein, wenn Sie den Lobpreis in Ihren täglichen Wandel mit dem Herrn einbauen. Sie werden körperlich gesünder sein, wenn Sie den Lobpreis Gottes in Ihren Lebensstil integrieren. Wenn Sie den Herrn loben, fliehen die Sorgen. Der Lobpreis vertreibt Frustration, Spannung und Depression. Der Lobpreis vertreibt die Dunkelheit und läßt Gottes Licht leuchten. Der Lobpreis reinigt die Atmosphäre von Satans Einflüsterungen, seiner Kritik und seiner Irritation. Der Lobpreis gibt Ihnen eine himmlische Transfusion.

A. B. Simpson nannte den Lobpreis sowohl ein körperliches Stärkungsmittel wie ein zuträgliches Anregungsmittel. Der Lobpreis wird die Atmosphäre Ihres Lebens, Ihres Hauses und Ihrer Gemeinde verändern. Ein Wort, ein Chorus oder ein Lied des Lobpreises kann die tägliche Hausandacht beleben. Sie werden täglich in geistlicher Kraft wachsen, wenn Sie den Lobpreis einplanen und beständig ausüben. Spurgeon sagte: „Wenn wir Gott für seine Gnadenerweise loben, so verlängern wir sie; und wenn wir ihn für Mißgeschicke loben, so beenden wir sie gewöhnlich."

Der Lobpreis reinigt Ihren Blick. Der Satan wird versuchen, seine Perspektive in Ihren Geist einzuimpfen, bevor Sie sich dessen bewußt werden. Er malt die Dinge gerne schwarz. Er läßt Maulwurfshügel zu Bergen werden, verdunkelt Ihren Himmel mit Schwermut und läßt die Schwierigkeiten wie Unmöglichkeiten aussehen. Er will, daß Sie sich falsch einschätzen. Er hält Ihnen vor, Sie seien für Gott zu unwichtig und zu schwach, um von ihm gebraucht werden zu können, ja, Sie seien gar ein Versager. Er läßt seine Mächte des Bösen viel größer, viel klüger und viel stärker aussehen, als sie es in Wirklichkeit sind.

Beginnen Sie damit, Gott zu loben, und Sie können Satans Einflüsterungen abschütteln. Loben Sie Gott, und der Heilige Geist wird Ihnen einen klaren Blick geben. Satans Perspektiven sind immer irreführend; er will Ihnen nur einen Teil des Gesamtbildes zeigen. Preisen Sie den Herrn, und der Heilige Geist wird damit beginnen, Ihnen seine Perspektiven aufzuzeigen. Der Lobpreis reduziert den Satan auf seine tatsächliche Größe und trägt dazu bei, die Falschheit und Hohlheit seiner Prahlereien zu erkennen.

Der Lobpreis gibt Ihnen den Überblick des Heiligen Geistes über die Art und Weise, wie Gott wirkt und wie Gottes Antwort sich nähert. Der Lobpreis hebt Sie aus dem Staub der Schlacht empor und läßt Sie aus der Perspektive Jesu, der zur rechten Hand des Vaters auf dem Thron sitzt, darauf herabblicken. Der Lobpreis zeigt die Lügenhaftigkeit von

Satans Ansprüchen und läßt Sie sehen, was Gottes Engel sehen.

Der Lobpreis reinigt Ihre Seele. Sie wären erstaunt, wüßten Sie, wie sehr das Gebet durch ein ich-bezogenes Leben der Christen behindert wird. Die Fleischlichkeit verhindert, daß Tausende von Gebeten höher steigen als bis an die Dekke. „Wenn ich Unrechtes vorgehabt hätte in meinem Herzen, so hätte der Herr nicht gehört“ (Ps 66,18). Sündige Gedanken, fleischliche Einstellungen und Ich-Bezogenheit zerstören die Kraft des Gebetes. Sie schließen Gottes Ohr für unsere Worte und Wünsche.

Die Heilige Schrift spricht oft davon, daß Menschen beten und Gott nicht hört. Nach Jakobus muß unsere Beziehung zu Gott wahrhaftig und müssen unsere Motive rein sein, bevor Gott uns erhören wird (4,3). Stolz macht viele Gebete unwirksam (4,6). Eine kritische Haltung, Unversöhnlichkeit und Bitterkeit im Herzen blockieren das Gebet. Wenn Sie wollen, daß Ihre Gebete beantwortet werden, lassen Sie sich durch den Heiligen Geist reinigen (4,6-10).

Sie können durch den Geist des Lobpreises Ihre Reinheit bewahren. Wenn Satan sich Ihrem Geist mit solchen Einflüsterungen nähert, reinigen Sie dann Ihr Denken durch Lobpreis. Der Lobpreis lenkt Ihre Augen von Ihnen selbst weg auf Jesus hin. Der Lobpreis wäscht Negativität, Selbstmitleid und Ich Bezogenheit sowie die Anfänge der Selbstvergötterung fort. Der Lobpreis macht Sie so wunderbar rein, daß Gott Sie annimmt, wenn Sie sich dem Thron der Gnade nähern.

Der Lobpreis bevollmächtigt Ihr Gebet. Psalm 50,14-15 besagt, daß bei Schwierigkeiten das Opfern von Dank die angemessene Einleitung für Ihr Gebet um Befreiung ist. Mit anderen Worten, der Lobpreis macht Ihre Bitte wirksamer. Gott hat bereits so viel für uns getan, wofür wir ihm so oft nur unangemessen gedankt haben, daß anbetender Lobpreis das Herz Gottes erwärmt und den Weg für rasche Antworten bereitet.

Wenn es je einen Experten im geistlichen Kampf gegeben hat, so war dies Martin Luther. Er war sich der dämonischen

Mächte, die gegen ihn kämpften, sehr bewußt. Luther schrieb: „Wenn ich nicht beten kann, dann singe ich immer." Der Lobpreis bringt die Macht des Himmels auf Sie. Gott hat durch den Lobpreis Menschen von sündhaften Gewohnheiten befreit. Jedesmal, wenn die Versuchung wieder auftrat, lobten sie den Herrn noch etwas mehr, bis der Druck wich. Andere Menschen wurden geheilt, als sie den Herrn lobten. Auch John Wesley kannte das Geheimnis: „Der Lobpreis öffnet die Tür zu mehr Gnade."

Der Lobpreis vervielfacht Ihren Glauben. Wenn Sie beginnen, Gott zu loben, dann ist ihre Aufmerksamkeit nicht mehr auf die Komplexität des Problems gerichtet, sondern sie wird auf die Zulänglichkeit der Möglichkeiten Gottes gelenkt, von der Dringlichkeit Ihrer Not auf die Macht des Herrn, Ihr Bedürfnis zu befriedigen. Wenn Sie ihn loben, beginnen Sie sich daran zu erinnern, wie er Ihnen bei anderen Gelegenheiten geholfen hat, und Ihr Glaube wächst in der Zuversicht. Sie beginnen, Gottes Kraft und Bereitschaft, Ihnen jetzt zu helfen, in Anspruch zu nehmen. Je mehr Sie loben, desto kleiner erscheinen die Berge, denen Sie gegenüberstehen, in dem Licht von Gottes Größe.

Der Lobpreis lenkt Ihre Augen auf Jesus, und fast unbewußt können Sie Ihre Last auf den Herrn werfen (Ps 55,12). Der Lobpreis hilft Ihnen zu erkennen, wie vergleichsweise unbedeutend Satan und seine dämonischen Helfer sind, wie vollständig besiegt und wie furchtsam sie bereits aufgrund von Golgatha geworden sind. Der Lobpreis gibt Ihnen Mut, im Namen Jesu standzuhalten und sie in ihre Schranken zu weisen. Der Lobpreis ist nicht nur der Weg, Ihren Glauben zu vervielfachen, er wird auch zu einem Beweis Ihres Glaubens.

Der Lobpreis vereint Sie im Geist mit den Engeln. Geistliche Schlachten werden in der unsichtbaren Welt gewonnen durch das Gebet und durch die aktive Unterstützung der Engel Gottes, die Ihnen als Helfer bestimmt sind (Hebr 1,14). Gabriel berichtete Daniel, daß er und Michael die ihnen Widerstand leistenden bösen Geister besiegen mußten, bevor er

Daniel eine Antwort auf sein Gebet überbringen konnte (Dan 10,12-13).

Die große Freude der Engel besteht darin, Jesus zu loben und anzubeten. Wenn Sie damit beginnen, Gott zu loben, scheinen sich die Engel um Sie herum zu versammeln und sich an Ihrem Lobpreis und Ihrer Freude zu beteiligen. Sie sehen sie zwar nicht, aber sie sind doch da. Immer wieder scheint der Himmel so nahe zu sein, wenn Sie mit dem Lobpreis beginnen. Gott und seine Engel hören zu und sind erfreut.

Der Lobpreis veranlaßt den Satan, davonzulaufen. Satan und seine Dämonen fürchten die Gegenwart und die Autorität Jesu. Sie wissen, daß Jesus sie jederzeit in den Feuersee verbannen kann, der ihr letztendliches Schicksal sein wird. Die Furcht vor jener Strafe und der heiligen Gegenwart Jesu quälen sie (Mt 8,29).

Der Lobpreis Jesu schlägt die dämonischen Scharen in die Flucht. Erwarten Sie, daß Satan vor Ihnen flieht (Jak 4,7). Luther sagte einmal: „Laßt uns ein Lied singen und den Teufel ärgern." Wenn die Schlacht gegen Satan ohne Ende und praktisch hoffnungslos zu sein scheint, beginnen Sie dann damit, Gott zu loben, und Satans Heerscharen werden die Flucht ergreifen.

Wir loben Gott oft nur wenig und gelegentlich im Gebet. Lassen Sie ihn uns mehr und mehr preisen. Wir haben den Lobpreis gebraucht, um Gott anzubeten; beginnen wir nun damit, ihn zu gebrauchen, um Satan zu besiegen. Abgesehen von all den anderen wunderbaren Ergebnissen, ist es der Mühe wert, den Herrn zu loben, gerade aufgrund der Segnung, die Sie in Ihrem eigenen Herzen erfahren werden. Der Lobpreis ist die schwere Artillerie des Christen; er ist im geistlichen Kampf wirksamer als eine Atombombe in der militärischen Auseinandersetzung. Der Lobpreis ist ein strategischer Weg zum Sieg.

Wie man den Herrn lobt

Sie können Gott loben in der Einsamkeit Ihres eigenen Herzens, ohne daß jemand dies bemerkt. Beginnen Sie Ihren Tag im Büro mit stillem Gebet. Betreten Sie ein Haus, wenn Sie einen evangelistischen Besuch machen, indem Sie Jesus in Ihrem Herzen loben. Wenn andere in Ihrer Gegenwart einer Person Seelsorgedienste leisten, dann können Sie den Namen Jesu immer wieder in stillem Lobpreis und leiser Anbetung wiederholen. Wenn Sie neben einem Leidenden im Krankenhaus sitzen, können Sie den Herrn schweigend loben, bis Gottes Gegenwart nahe ist und vielleicht sogar von dem Kranken selber empfunden wird. Wie viele, viele Male ist es angemessen, Jesus auf diese Art und Weise zu loben!

Obwohl der Lobpreis Ihr innerstes Wesen erfüllen soll (Ps 103,1) und in Ihrem Herzen gesungen werden kann (30,12), soll er auch in der Öffentlichkeit zum Ausdruck gebracht werden (35,18), in der Gegenwart von anderen (34,3). Der Lobpreis soll ausgesprochen (9,14), gesungen (33,1), vor Freude ausgerufen (33,3; 71,21), mit Musik ausgedrückt (92,1) und mit den Lippen und dem Munde dargebracht werden. „Ich will den Herrn loben allezeit; sein Lob soll immerdar in meinem Munde sein" (Ps 34,2). „So laßt uns nun durch ihn (Jesus) Gott allezeit das Lobopfer darbringen, das ist die Frucht der Lippen, die seinen Namen bekennen" (Hebr 13,15).

Der Lobpreis kann Ihr tägliches Leben verwandeln. Der Lobpreis kann Ihr Gebetsleben verwandeln. Der Lobpreis kann den Sieg in Ihren Gebetsschlachten beschleunigen. Es gibt keinen Ersatz für den Lobpreis. Der Lobpreis ehrt Gott, bringt den Engeln Freude und versetzt jeden bösen Geist, der vielleicht in der Nähe ist, in Angst und Schrecken. Der Lobpreis reinigt die Atmosphäre und Ihren Geist, er vervielfacht Ihren Glauben und bekleidet Sie mit der Gegenwart und Macht Gottes. „Lobe den Herrn, meine Seele, und was in mir ist, seinen heiligen Namen!" (Ps 103,1).

Die Verheißung ist für Sie

Die Bibel ist eines von Gottes größten Liebesgaben an Sie. Sie ist der Welt größter literarischer Schatz. Sie ist die Grundlage der Kirche und Ihres Glaubens. Aber es besteht immer die Gefahr, daß Sie vergessen, wie persönlich Gott die Bibel gerade Ihnen geben will. Er möchte, daß Sie sie täglich gebrauchen als Ihre geistliche Nahrung, als Ihre persönliche Gebetsquelle und als Ihre Waffe für den geistlichen Kampf.

Johannes sagt ganz klar, daß er sein Evangelium schrieb, um Ihnen glauben zu helfen (Joh 20,31). Die Bibel ist nicht nur für die Menschen im allgemeinen; sie ist für Sie. Das gilt für die gesamte Bibel, einschließlich des Alten Testamentes.

Die Unterweisung ist für Sie. Bezugnehmend auf das Alte Testament schrieb Paulus: „Denn was zuvor geschrieben ist, das ist uns zur Lehre geschrieben, damit wir durch Geduld und den Trost der Schrift Hoffnung haben" (Röm 15,4). Je mehr Sie in Gottes Wort leben, desto stärker wird Ihr geistliches Leben werden.

Die Beispiele sind für Sie. Nachdem Paulus darüber gesprochen hatte, wie Gott Mose gebraucht hatte, um Israel aus Ägypten zu bringen, schrieb er: „Dies widerfuhr ihnen als ein Vorbild. Es ist aber geschrieben uns zur Warnung" (1. Kor 10,11). Gott will, daß Sie die Beispiele, die in der ganzen Bibel enthalten sind, herausfinden und anwenden. So ermutigt zum Beispiel Jakobus, der Bruder Jesu, Ihr Gebet durch Elias Beispiel: „Elia war ein schwacher Mensch wie wir; und er betete ein Gebet, daß es nicht regnen sollte, und es regnete nicht auf Erden drei Jahre und sechs Monate. Und er betete abermals, und der Himmel gab den Regen, und die Erde brachte ihre Frucht" (5,17-18). Jedes Beispiel in Gottes Wort ist für Sie.

Die Nahrung ist für Sie. Jeremia bezeugte: „Dein Wort

ward meine Speise, sooft ich's empfing; und dein Wort ist meines Herzens Freude und Trost" (15,16). Der Psalmist fügte hinzu: „Dein Wort ist meinem Munde süßer als Honig" (119,103). Die Nahrung des Wortes ist immer eine außerordentliche Quelle des Segens, wenn Sie eine Gebetszeit beginnen, besonders dann, wenn Sie eine Stunde oder mehr mit dem Herrn verbringen.

Jesus bezeugte: „Denn mein Fleisch ist die wahre Speise, und mein Blut ist der wahre Trank … so wird auch, wer mich ißt, leben um meinetwillen" (Joh 6,55.57). Um die Bedeutung dieser Worte völlig klar zu machen, fügte er hinzu: „Der Geist ist's, der lebendig macht; das Fleisch ist nichts nütze. Die Worte, die ich zu euch geredet habe, die sind Geist und sind Leben" (V. 63). Sie können Ihr geistliches Leben und Ihre geistliche Gesundheit nicht erhalten, wenn Sie sich nicht an den Worten Jesu gütlich tun.

„Essen" beinhaltet lesen, verstehen und gehorchen. Die Bibel wurde Ihnen zum „Essen" gegeben. Manche Schriften besitzen praktisch keinen Nahrungswert für Geist oder Seele. Andere sind es wert, daß sie probiert werden – aber einmal probieren ist dann genug. Die Heilige Schrift ist jedoch lebenswichtige Speise; es gibt keine Alternative für den Christen. Kein christusgläubiger Laie oder Leiter, der nicht täglich wenigstens einige Kapitel aus Gottes Wort liest, kann ein starker Christ sein, ungeachtet dessen, wie viele Jahre er sich als Christ bezeichnet haben mag oder welche Position er in der Gemeinde einnimmt. Ein Andachtsbuch kann hilfreich sein, aber als Ersatz für das Wort Gottes ist es abzulehnen. Es gibt keinen Menschen, der mächtig im Gebet ist und dabei Gottes Wort vernachlässigt. Diese Art der Vernachlässigung ist der Grund für unbedeutende Seelen und kraftloses Beten.

Die Verheißung ist für Sie. Die Kinder singen manchmal einen Chorus, der so beginnt:

> Jede Verheißung in dem Buch gehört mir,
> Jedes Kapitel, jeder Vers, jede Zeile …

Trifft das zu? Gottes Wort ist *Ihnen* zum Gebrauch gegeben. Obwohl die Bibel ursprünglich vor Jahrhunderten zu Personen in spezifischen Situationen gesprochen oder ihnen gegeben wurde, ist ihre Grundwahrheit heute ebenso wahr wie damals, und sie trifft für Sie ebenso zu wie für jeden anderen. Petrus sagte zu den Tausenden, die ihm am Pfingsttage zuhörten: „Denn euch und euren Kindern gilt diese Verheißung, und allen, die fern sind, so viele der Herr, unser Gott, herzurufen wird“ (Apg 2,39). Auf welche Verheißung bezog sich Petrus hier? Vermutlich auf mehrere, wobei er zurückgriff auf Jesaja 44,3. Aber zu wem wurde Jesaja 44 gesprochen? Ursprünglich war dieses Kapitel an Israel gerichtet, mehr als siebenhundert Jahre, bevor Christus geboren wurde. Galt die Botschaft wirklich Israel? Ja, sie galt Israel, den Menschen an Pfingsten und Ihnen.

Gott inspirierte die Niederschrift der Bibel, um Sie zu segnen. Die Verheißung, auf die Petrus sich bezog, war die Verheißung, die Jesus „das, was mein Vater verheißen hat“ (Lk 24,49), nannte. Was der Heilige Geist am Pfingsttag in Erfüllung jener Verheißung vollbrachte, war Reinigung (Apg 15,9), Bevollmächtigung (Apg 1,8) und Erfüllung mit dem Heiligen Geist (Apg 2,4; 4,31). Die alttestamentliche Verheißung an Israel wurde am Pfingsttage für die Gemeinde, den geistlichen Nachfolger Israels, erfüllt. Sie sind ein Mitglied der Gemeinde Christi. Daher, so sagt Petrus, „gilt die Verheißung Ihnen“.

Verheißungen an Einzelpersonen haben ihre erste und hauptsächliche Bedeutung für jene Person, aber was Gott für jegliche biblische Gestalt tun wollte, das will er auch gerne für Sie tun, wenn Sie es brauchen. Die Verheißung an Mose oder an die Jünger ist grundsätzlich auch Gottes Versprechen an Sie. Die Verheißungen, die Paulus den Gemeinden gab, stehen Ihnen vollständig zur Verfügung. Die Gebete von Paulus in seinen Briefen an die Gemeinden werden noch heute beantwortet.

Die Verheißung, die Maleachi Israel gab für den Fall, daß es treu seinen Zehnten und seine Opfer geben würde, hatte damals wie heute ihre Gültigkeit: „Und ich will um euretwillen den ‚Fresser' bedrohen, daß er euch die Frucht auf dem Acker nicht verderben soll" (Mal 3,11). Mein Vater ging eines Tages in unseren Garten und stellte fest, daß die Gärten mehrerer Nachbarn von Kartoffelkäfern zerstört worden waren. Unser Garten war der nächste in der Reihe. Meine Eltern hatten treu ihren Zehnten gegeben und besaßen so das Recht, diese Verheißung in Anspruch zu nehmen. Mein Vater trat in die Mitte des Kartoffelackers und betete, wobei er Gott an sein Versprechen erinnerte. Die Kartoffelkäfer machten am Zaun Halt, und wir hatten nicht einen einzigen von ihnen in unserem Garten. Unsere Nachbarn verloren ihre Kartoffeln. War es zulässig, daß sich mein Vater auf jene Verheißung berief? Ja, denn die Verheißung galt ihm, und sie gilt Ihnen.

Gottes Verheißung, Mose zu helfen, Israel aus Ägypten zu führen, war für jene Zeit bestimmt. Sie ist ein Beispiel für die Arten von Gebet, die Gott auch heute noch beantwortet, besonders, wenn sie geistlich angewendet werden. An dem Abend, bevor wir 1940 nach Indien in See stachen, erinnerte uns Frau Charles Cowman an eine Verheißung, die Gott ihr zu Beginn unserer OMS-Arbeit in jenem Land gegeben hatte: „Ich will euch mehr Gutes tun als je zuvor" (Hes 36,11). Ich zerbrach mir jahrelang den Kopf darüber, wie sich diese Verheißung erfüllen würde. Aber jetzt ist sehr offensichtlich, daß Gott genau das tat. In den ersten Jahren gab es viel Fasten, Beten und harte Arbeit auf dem Missionsfeld mit verhältnismäßig geringen Ergebnissen. Heute vervielfacht Gott die Arbeit in Indien sehr rasch.

Hat Frau Cowman die Heilige Schrift mißbraucht? Können wir heute für uns selber eine Verheißung, die anderen vor Jahrhunderten gegeben wurde, in übertragenem Sinne deuten? Ja, unter den folgenden Voraussetzungen:

a) Sorgfältiges Bibelstudium, um zu verstehen, was die Verheißung für diejenigen bedeutete, denen sie ursprünglich gegeben wurde.
b) Die Erkenntnis, daß, wenn es sich um Gottes Verheißung an Sie handelt, er sie nicht nur tief in Ihr Herz

einprägen will, sondern auch Bestätigungen gibt durch Fügung, die Meinung anderer Christen und durch einen tiefen Herzensfrieden.

c) Seien Sie primär durch die Ehre Gottes motiviert und nicht durch Ihr eigenes Interesse, obwohl Sie vielleicht durch die Erfüllung der Verheißung gesegnet werden.

Wie man die Bibel im Gebet gebraucht

Die Heilige Schrift und das Gebet besitzen einen inneren Zusammenhang und können ohne einander nicht auskommen. Alle Gebete basieren auf unserem Wissen von Gott, wie es in der Bibel offenbart wird. Alle Gebete werden gestärkt durch die Beispiele von Gebeten und Gebetserhörungen, die in der Bibel zu finden sind. Ausgehend von dieser Grundlage für das Gebet, beschreiben die folgenden Punkte einige der Möglichkeiten, wie Sie die Heilige Schrift bei dem Trachten nach einer größeren Wirksamkeit Ihres Gebetes gebrauchen können:

1. Beginnen Sie Ihre regelmäßige Gebetszeit mit Gottes Wort. Ihre Gebetszeit wird effektiver sein, wenn Sie auf Gott durch sein Wort hören, bevor Sie beten. Dies war das große Geheimnis, das Gott Georg Müller, den „Apostel des Glaubens", lehrte. Liest man zuerst die Bibel, trägt dies dazu bei, Gottes unmittelbare Gegenwart zu realisieren, die Gedanken zu konzentrieren und macht häufig auf Dinge aufmerksam, die in das Gebet eingeschlossen werden können. Verbringen Sie ebensoviel Zeit mit andachtsvollem Lesen des Wortes Gottes und mit dem Hören auf Gott durch das Wort, wie Sie Zeit im Gebet verbringen. Wenn Sie also insgesamt eine Stunde im Gebet verbringen, dann verbringen Sie die Hälfte dieser Zeit mit der Bibel. Es gibt Ausnahmen, wenn Sie eine besondere Gebetslast verspüren.

2. Wenden Sie das, was Sie lesen, auf Ihr Leben an. Was von dem Gelesenen ermutigt Sie persönlich? Wie kann es Ihnen helfen? Welche geistliche Unterweisung gibt Ihnen der Abschnitt? Leitet oder korrigiert er Sie? Wie segnet er

Sie heute? Wenden Sie das, was Sie in Gottes Wort finden, beständig auf sich selbst an.

3. Machen Sie die Bibelabschnitte während Ihrer Gebetszeit zu Ihren persönlichen Aussagen. Sie können Abschnitte des Lobpreises oder des Gebetes übernehmen und sie in Ihr Gebet einpassen. Sie können für die Dinge beten, die Gott Ihnen durch das Wort sagt. Zum Beispiel: „Gehet zu seinen Toren ein mit Danken, zu seinen Vorhöfen mit Loben; danket ihm, lobet seinen Namen! Denn der Herr ist freundlich, und seine Gnade währet ewig und seine Wahrheit für und für" (Ps 100,4-5). Sie können diese Verse etwa so beten: „Herr, ich trete durch deine Tore ein mit Danksagung; an diesem Morgen ist mein Herz erfüllt mit Lob. Ich danke dir und preise deinen Namen, denn du bist so gut zu mir gewesen, deine Liebe hat mich umgeben! Du hast dich mir treu erwiesen! O ich danke dir und lobe dich!" Solch eine Paraphrasierung von Gottes Wort bereitet Ihr Herz darauf vor, Gott zu loben und anzubeten.

Ein anderes Beispiel: „Ihn habt ihr nicht gesehen und habt ihn doch lieb; und nun glaubt ihr an ihn, obwohl ihr ihn nicht seht; ihr werdet euch aber freuen mit unaussprechlicher und herrlicher Freude" (1. Petr 1,8). Wenn Sie diesen Vers lesen, können Sie eine Pause einlegen und Ihr Herz zu Gott erheben: „Herr, ich kann dich mit meinen Augen nicht sehen, aber in meinem Herzen sehe ich dich. Ich weiß, daß ich dich eines Tages von Angesicht zu Angesicht sehen werde. Aber Herr, du weißt, daß ich dich liebe. Du bist mir so kostbar. Und je mehr ich dich liebe, desto mehr Freude spüre ich in meinem Herzen. Ich glaube an dich; ich glaube an deine Verheißungen. Ich liebe dein Wort, und, Herr, ich liebe dich mehr und mehr. Lob sei deinem Namen!"

Noch ein Beispiel: „Gott aber sei gedankt, der uns allezeit Sieg gibt in Christus und offenbart den Wohlgeruch seiner Erkenntnis durch uns an allen Orten! Denn wir sind für Gott ein Wohlgeruch Christi unter denen, die gerettet werden, und unter denen, die verloren werden" (2. Kor 2,14-15). Ein möglicher persönlicher Gebrauch dieses Verses könnte lauten: „Herr, ich bin so froh, daß du Satan auf Golgatha besiegt hast. Ich bin so froh, daß du der Sieger über alle Mächte der Finsternis bist. Ich bin so froh, daß du mich Schritt für Schritt führst. Herr, ich folge dir gerne. Danke, daß du mich in deinem Triumphmarsch mitführst. Ich weiß, daß die Welt mich beobachtet. Herr, hilf, heute deine Freude und deinen Triumph auf meinem Angesicht zu zeigen. Danke, Herr, daß es für den Vater ein süßer Wohlgeruch ist, der ihn an dich erinnert, wenn du deine Schönheit auf meinem Gesicht und in meinem Leben sichtbar machst und wenn ich eine christusähnliche Haltung habe, ungeachtet dessen, was passiert.

Herr, ich bin dessen nicht wert. Hilf mir, dir angenehmer zu werden. Und hilf mir, auch für die Welt angenehmer zu werden, so daß alles, was ich heute sage oder tue, wie angenehmes Parfüm sein möge, das die Menschen an dich erinnert. Mach mich heute auch zu einem Segen, zu einem Wohlgeruch für diejenigen, die noch nicht errettet sind. O Herr, ich bin so unzulänglich. Ich bin abhängig von dir. Segne mich, hilf mir und mach mich heute zu einem Wohlgeruch für dich."

4. Baden Sie Ihre Seele in der Heiligen Schrift, damit Ihr Glaube wächst. „So kommt der Glaube aus der Predigt, das Predigen aber durch das Wort Christi" (Röm 10,17). Das gilt nicht nur für die noch nicht geretteten Menschen; das gilt auch für die Pflege und das Wachstum Ihres Glaubens. Ihr Glaube wird nicht wachsen, wenn Sie sich nicht in Gottes Wort vertiefen. Je mehr Sie Ihre Seele in Gottes Wort eindringen lassen, desto stärker wird Ihr Glauben werden.

5. Lernen Sie Bibelverse auswendig, die im Gebet nützlich sein können. Es ist so wichtig, Bibelverse auswendig zu lernen, damit man sie beim Zeugnis und beim Beten gebrauchen kann. Lernen Sie unter allen Umständen das Vaterunser auswendig. Sie werden es in Ihrer persönlichen Stillen Zeit immer wieder beten wollen. In den nächsten Punkten finden Sie vielleicht einige Verse zum Auswendiglernen, wenn Sie das nicht bereits schon getan haben. Sie werden Ihnen zum Segen sein, wenn der Heilige Geist sie Ihnen in Erinnerung ruft.

6. Gebrauchen Sie die Heilige Schrift, wenn Sie den

Herrn loben und anbeten. Die Rolle des Lobpreises wurde im Kapitel „Ihr Lobpreis kann den Teufel in die Flucht schlagen" besprochen. Hier sind einige gute Beispiele von Versen, die man im Gebet gebrauchen kann: 1. Chronik 29,10-13; Nehemia 9,5-6; Psalm 8; 27,4; 36,5-9; 40,5; 71,14-19; 73,23-25; 103,1-5.20-22; 108,1-5; 115,1; 118,28-29; 139,17-18; 145,1-21; Jesaja 25,1; Jeremia 32,17-21; Römer 11,34-36; Offenbarung 1,5-6; 4,8.11; 5,12-13; 7,12; 15,3-4.

7. Gebrauchen Sie die Heilige Schrift, um Ihre Unwürdigkeit zum Ausdruck zu bringen. Es ist solch ein Segen, dem Herrn zu bekennen, wie wenig wir es verdient haben, daß unsere Gebete beantwortet werden! Bei den folgenden Versen finden Sie vielleicht Verse und Abschnitte von hohem Gebetswert, besonders wenn Sie sie Ihrer eigenen Situation anpassen: 1. Mose 32,10; 2. Samuel 7,18; 1. Könige 3,7; 1. Chronik 29,14-16; Jeremia 1,6; Lukas 7,6-7; Apostelgeschichte 20,19; Epheser 3,8.

8. Gebrauchen Sie die biblischen Gebete und Gebetsausdrücke. Oft werden Sie Teile von Versen oder ganze Verse der Bibel gebrauchen wollen, wenn Sie um etwas beten. Diese bringen genau das zum Ausdruck, was Sie sagen wollen. Sie werden keine Zeit haben, diese Verse jedes Mal, wenn Sie beten, nachzuschlagen. Aber wenn Sie einige davon auswendig kennen, wird Gott sie zu einem großen Segen für Sie machen. Übernehmen Sie diese Beispielverse beim Lesen in Ihr eigenes Gebet:

- Gebet um Reinigung: Psalm 19,12-13; 51,1-10
- Gebet um Segen bei der Bibellese: Psalm 119, 15-16. 18.97.103-105
- Gebet um Segen bei der Arbeit: Psalm 90,16-17
- Gebet um die Erfüllung von Gottes Verheißung: 2. Samuel 7,25-26.28; Psalm 119,81-82.162
- Gebet um Leitung: Psalm 5,8; 25,4-5; 31,3; 43,3; 86,11
- Gebet um Herzenserforschung: Psalm 26,2-3; 139,1-10.23-24

– Gebet um Verlangen nach Gott: Psalm 42,1-2; 61,1-5; 63,1-8; 84,1-2; 123,1-2; 130,5-6; 143,5-8
– Gebet darum, daß Gott hört und hilft: Nehemia 1, 5-6; Psalm 5,1-2; 17,1; 19,14; 27,8-9; 69,16-17; 70,1.5; 121,1-2; 130,1-2; 142,5-6
– Gebet um Liebe zu Gott: Psalm 18,1; 139,17-18
– Gebet um persönliches Wachstum: Römer 12,1-2; Epheser 3,16-21; 4,12-16; Philipper 1,10-11; 3,12-15; 4,4-8; Kolosser 1,9-12; 3,12-17; 1. Thessalonicher 5,16-24; 2. Petrus 1,5-8
– Gebet um Erweckung: Psalm 85,6-7; Jesaja 43,18-19; 44,2-3; 51,9; 54,2-4; 55,6-13; 57,14-15; 59,12-13; 62,1.10; 64,1-5
– Gebet um Unterstützung im Gebetskampf: Epheser 6,10-18

9. Nehmen Sie die biblischen Verheißungen in Anspruch, wenn Sie beten. O welch ein Reichtum an Verheißungen ist in Gottes Wort vorhanden! Wir haben bereits besprochen, wie man sie sich zu eigen machen kann.

10. Gebrauchen Sie die Schrift, um Satan in seine Schranken zu weisen. Gottes Wort ist das Schwert des Geistes (Eph 6,17). Jesus zitierte die Heilige Schrift, um Satan zu besiegen und fortzujagen (Mt 4,1-11). Sie besitzen volle Autorität, dasselbe zu tun. Seien Sie nicht leichtfertig, wenn Sie Satan entgegentreten, aber fürchten Sie ihn auch nicht. Verwenden Sie die biblischen Tatsachen und Verheißungen, um ihm Widerstand zu leisten. Gottes Engel werden Ihrem Gebrauch der Heiligen Schrift Geltung verschaffen und Satan in die Flucht jagen (Jak 4,7).

Elia war ein Mensch wie Sie

Die biblischen Biographien sind selektiv und stark zusammengefaßt. Die machtvollen Beispiele des Glaubens, die in Hebräer 11 und an anderer Stelle in Gottes Wort aufgeführt werden, sind Ihnen vielleicht nicht nur zum Segen, sondern veranlassen Sie möglicherweise auch zu der Frage, ob diese Menschen vielleicht zu einer Eliteklasse der Heiligen gehörten, die bessere Menschen waren als der Rest von uns Sterblichen. Haben Sie manchmal den Verdacht, daß heute nur noch sehr wenige solcher Heiliger Gottes leben?

Es gibt zwei biblische Abschnitte, mit denen Gott uns herausfordern und ermutigen will: „Denn euch … gilt diese Verheißung" (Apg 2,39) und „Elia war ein schwacher Mensch wie wir" (Jak 5,17). Jedes Wort in der Bibel über diese Helden und Heldinnen der Heilsgeschichte ist vollkommen wahr. Aber es ist auch vollkommen wahr, daß jede dieser Personen ein Mensch war wie Sie.

Die Bibel verschleiert in keinster Weise die Tatsache, daß jeder hervorragende Charakter, von dem berichtet wird, eine oder mehrere Schwächen hatte, Gott bei einer oder mehreren Gelegenheiten enttäuschte und auf Gottes Gnade und Hilfe angewiesen war. Der einzige vollkommene Mensch, der je gelebt hat, war Jesus. Er allein hat weder in Gedanken, noch mit Worten oder mit der Tat gesündigt. Aber er hat völliges Verständnis für Sie, und Ihnen gilt seine volle Sympathie – nicht nur aufgrund seiner uneingeschränkten göttlichen Erkenntnis, sondern auch, weil er freiwillig alle Versuchungen, Härten und Probleme dieses Lebens persönlich erfahren hat. Jesus versteht Sie.

Und Jesus bereitete den Plan der Errettung für Sie vor. Er plante die Gebetspartnerschaft mit Ihnen und den Gebetsdienst durch Sie. Sein großartiger Plan wurde für Sie gemacht, wurde auf Sie zugeschnitten. Er ist für ein menschliches Wesen wie Sie.

Erreichte je ein menschliches Wesen durch die Fürbitte so viel wie Mose? Er schrieb die ersten Bücher der Bibel. Er verfügte nicht über irgendwelche biblischen Verheißungen, auf die er sich stützen konnte, bis Gott sie ihm gab und er sie schriftlich niederlegte. Mose ist ein Beispiel für Liebe, Geduld, Gebet und Gehorsam. Er führte ein götzendienerisches, halsstarriges, zweifelndes Volk aus der Sklaverei und machte es zu einer Nation; er führte es aus dem Götzendienst zur ausschließlichen Anbetung Jahwes; er führte es aus Ägypten heraus und brachte es in einer vierzig Jahre dauernden Wüstenwanderung zu den Grenzen Kanaans. Wie kein anderer Mensch hat Mose Gott kennengelernt (5. Mose 34,10).

Mose war einer der am besten ausgebildeten Menschen und vermutlich der erfahrenste Führer seiner Zeit, aber er war auch ein Ex-Krimineller. Er stand Familienproblemen, wiederholten Aufständen und lebensgefährlichen Situationen gegenüber. Nicht nur einmal erschöpfte er seine Quellen. Immer wieder stieß er an seine Grenzen. Oftmals befand er sich in Situationen, in denen er nicht wußte, was er als nächstes tun sollte. Zumindest bei einer Gelegenheit, in der zweiten Hälfte seines Dienstes, enttäuschte er Gott sehr. Ungeachtet seiner brillianten Rolle war seine Familie eifersüchtig auf ihn. Aaron, sein Bruder und Helfer, ließ ihn im Stich; von seiner Frau erfuhr er weder Verständnis noch Unterstützung; und von seinen Kindern hat man nie wieder gehört. Mose war ein normaler Mensch wie Sie. Aber Mose wußte, wie man betet!

Elia war ebenfalls ein ganz normaler Mensch. Elia wurde schwach und verlor den Mut, und er war bereit, aufzugeben. Er wurde so verzagt, daß er sterben wollte. Er hatte weder Frau noch Bruder, die ihn ermutigten oder trösteten. Er war allein, verachtet, betrogen und ungeliebt. Er hatte keine besonderen Erfolge vorzuweisen, mit Ausnahme als Prophet. In der Tat besaß Elia eine sündige menschliche Natur. Aber er ragt in der Geschichte heraus durch seine machtvollen Gebete.

David war als Jugendlicher weder geachtet, noch wurde

er geliebt. Sein Schwiegervater wurde sein Feind und verbrachte viel Zeit mit dem Versuch, ihn zu finden und zu töten. Seine Frau Michal verstand seine Liebe zum Herrn nicht. Einige seiner wichtigsten Helfer hatten keine geistlichen Interessen. Bei einer Gelegenheit beging David eine tragische Sünde, die er danach aufrichtig bereute. Aber Gott konnte David als einen engen Freund betrachten und ihn „einen Mann nach meinem Herzen“ (Apg 13,22) nennen. Warum? Aufgrund seines Gebetslebens. David war ein Mensch genau wie Sie, abgesehen von seiner beständigen Gemeinschaft mit Gott und seinem Leben des Gebets.

Wie war es mit Petrus? Wie durch und durch menschlich war er – ernsthaft, freimütig, mit einem Mund, der ihn immer wieder in Schwierigkeiten brachte. Nur wenige Minuten, nachdem er sein großes Bekenntnis zu Jesus abgelegt hatte, erhielt er den strengsten Tadel, den je einer der Jünger bekam. Dennoch war Petrus einer der engsten Gebetspartner Jesu. Wenn Petrus, der freimütige Fischer, ein Mann des Gebetes werden konnte, dann können Sie das auch.

Oder nehmen Sie zum Beispiel Paulus. Paulus war ein schroffer, entschlossener Mann von Stahl. Er mühte sich ab, hielt durch und litt fast über menschliches Vermögen hinaus. Er liebte seine Bekehrten und die Gemeinden, die er gründete, mit einer zärtlichen, tiefen und heiligen Eifersucht. Er war ohne Zweifel kompromißlos und verlangte viel von seinen Helfern und Mitarbeitern. Ich bezweifle, daß Sie ein Mitglied seines Teams hätten sein wollen. Aber welcher Christ hinterließ je eine solche Segensspur? Er arbeitete mehr als alle anderen, litt mehr als die anderen und liebte vermutlich intensiver als alle anderen Führer der Urgemeinde. Welch ein Mann Gottes! Aber o, wie menschlich! Zugegeben, in vielerlei Hinsicht war Paulus sicherlich nicht wie Sie; doch vielleicht finden Sie sich selbst in anderer Hinsicht in Paulus wieder.

Er war der größte Missionar, der je lebte, der größte Theologe der christlichen Kirche und der größte Gemeindegründer, der je auf dieser Erde war. Paulus hätte niemals all das, was er getan hat, zustande bringen können, so leiden können, wie er es tat, und die Gemeinde Christi bauen, wie er es tat, wäre er nicht mächtig in der beharrlichen Fürbitte gewesen. Paulus betete Tag und Nacht. Er betete sich durch lange Listen von Gläubigen. Er weinte und betete für seine Gemeinden. Er fastete und betete für jede Gemeinde, die er gründete oder besuchte.

Gottes Geschichte wird vielleicht einmal offenbaren, daß Paulus mehr erreicht hat durch seine Gebete als durch seine persönliche Evangelisation und Predigt. Seine Schriften wurden aus dem Gebet geboren und angefüllt mit Gebet. Paulus war wie Sie, abgesehen von seinem gewaltigen, unaufhörlichen Gebetskampf. Wenn je ein Christ Gebetsschlachten kämpfte und gewann, so war es Paulus!

Eroberung auf den Knien

David Livingstone, John Knox, John Wesley – sie alle waren beeindruckende Gottesmänner. Dennoch würden manche heute gerne die Biographien neu schreiben und all den Schmutz aufgraben, den Nimbus trüben und all die Schwächen jener großen Glaubenshelden aufzeigen. Ungeachtet ihrer Unvollkommenheit jedoch gebrauchte Gott sie alle, genau wie er Sie und mich gebraucht. Ihre größte Rolle ist vielleicht letztendlich nicht die, die am meisten zu ihrem Ruhm beitrug.

Livingston war vielleicht der Größte, was das Gebet anbetrifft. Er starb auf seinen Knien.

John Knox war ein harter, unnachgiebiger Führer, aber er leitete und gewann die geistliche Schlacht um Schottland auf seinen Knien. Mehr als seine Predigten oder Taten trugen seine Gebete zur Rettung Schottlands bei.

John Wesley hatte kein glückliches Familienleben. Wie konnte er das auch bei dem Tempo, in dem er lebte? Seine Frau tat alles ihr nur Mögliche, um ihn in Schwierigkeiten zu bringen. Dennoch stellte er England für Gott völlig auf den Kopf durch seine Lehre von der Heiligung des Herzens. John Wesley legte täglich oftmals einhundert bis einhundertzwanzig Kilometer auf dem Pferderücken zurück und hielt pro Tag mehrere Predigten. In fünfundvierzig Jahren legte er im Jahr durchschnittlich achttausend Kilometer zu Pferd zurück, reiste insgesamt etwa vierhundertvierundsechszigtausend Kilometer, eine Entfernung, die einer zwölfmaligen Erdumseglung entspricht. Während seiner fünfundvierzig Jahre des Dienstes hielt er durchschnittlich fünfzehn Predigten pro Woche und außerdem noch viele andere Erbauungsreden und Ansprachen. Manchmal sprach er zu zehn-, zwanzig- und dreißigtausend Menschen unter freiem Himmel ohne irgendeine Lautsprecheranlage.

Manche säkularen Historiker beurteilen Wesleys Dienst dahingehend, daß dieser England so stark umgewandelt habe, daß dem Land eine Wiederholung der blutigen Französischen Revolution erspart blieb. John Wesley machte seine Fehler. Aber John Wesley war ein Mann des Gebets. Er sagte: „Gott tut nichts, es sei denn, als Antwort auf das Gebet." Man sagte von ihm: „Er hielt das Gebet mehr für seine Aufgabe als irgend etwas anderes, und ich habe ihn aus seiner Kammer kommen sehen mit einer Heiterkeit auf dem Gesicht, die beinahe ein Leuchten war." Wesley verbrachte täglich zwei Stunden im Gebet.

Auch der derbe Martin Luther war, wenngleich durch und durch menschlich, doch ein Mann des Gebets. Er schrieb: „Ich schätze, daß mein Gebet mehr ist als der Teufel selber; wäre es anders, wäre es Luther lange vor diesem Zeitpunkt anders ergangen. Dennoch wollen die Menschen die großen Wunder, die Gott für mich wirkt, nicht sehen und anerkennen. Wenn ich das Gebet nur einen einzigen Tag vernachlässigen würde, würde ich einen Großteil des Glaubensfeuers verlieren."

Die Menschen sprachen von Luther als „dem Mann, der von Gott haben kann, was immer er wünscht". Als sie ein von Dämonen besessenes Mädchen zu Luther brachten, legte er seine Hand auf ihren Kopf, betete, und sie wurde vollständig befreit. Luthers machtvolle Gebete um Heilung brachten Menschen zurück vom Rande des Todes.

Melanchthons Augen waren starr; er hatte sein Sprach-

und Hörvermögen fast verloren. Er erkannte niemanden, und er hatte aufgehört, Nahrung zu sich zu nehmen. Als Luther seinen Zustand sah, begann er Gott machtvoll zu bitten, nahm Melanchthon bei der Hand und sagte: „Sei guten Mutes, Philipp, du wirst nicht sterben … Vertraue auf den Herrn, der töten und wieder lebendig machen kann.“ Während er sprach, begann Philipp sich zu bewegen, wieder zu atmen und erlangte seine Gesundheit und Kraft zurück.

Der beliebte Führer Myconius lag sterbend im letzten Stadium der Tuberkulose, als Luther für ihn betete. „Solange ich lebe, möge Gott mich nicht hören lassen, daß du gestorben bist“, schrieb ihm Luther, „sondern er möge Sorge tragen, daß du mich überlebst. Ich bete dies ernsthaft, und ich möchte von ganzem Herzen, daß dieses Gebet erhört werde. Amen.“ Myconius sagte, es sei gewesen, als hätte er Christus sagen hören: „Lazarus, komm heraus.“ Myconius wurde gesund und überlebte Luther.

Alle Heiligen Gottes waren Menschen wie Sie und ich, aber sie wurden mächtig im Gebet. Sie werden niemals größer sein als Ihr Gebet. Aber Sie können groß sein im Gebet ungeachtet von allem anderen, wenn Sie mit Gott wandeln. Vermutlich sind die größten Fürbitter Gottes nur ihm alleine bekannt.

Hüten Sie sich jedoch! Sie werden niemals groß sein, wenn Ihr Streben ganz darauf gerichtet ist, in Gottes Augen groß zu sein. „Und du begehrst für dich große Dinge? Begehre es nicht!“ (Jer 45,5). Wenn Sie bereit sind, von den Menschen ignoriert, vielleicht eine Zeitlang gelobt und dann vergessen zu werden oder nach menschlichem Ermessen ein Versager zu sein, dann werden Sie vielleicht wie Johannes der Täufer „groß sein vor dem Herrn“ (Lk 1,15).

Der Weg zu geistlicher Größe beinhaltet ein geisterfülltes Leben, einen demütigen Wandel mit Gott, ständige Gemeinschaft mit Gott, dem Vater, und eine enge Gemeinschaft mit Gott, dem Sohn, und Gott, dem Heiligen Geist. Gott sucht große Fürbitter. Die Fürbitte ist gewöhnlich eine verborgene Tätigkeit. Sie ist eine Tätigkeit, die von den meisten Christen, die oft nur oberflächlich mit Gott gehen, unterschätzt wird.

Wenn Mose einer der größten Fürbitter der Welt sein konnte, dann können auch Sie mächtig von Gott gebraucht werden. Wenn Gott Elia einen der mächtigsten Gebetskämpfer auf Erden nennen konnte, dann können auch Sie zu seinem Heer von Fürbittern gehören. Wenn David seinen schmutzigen Hintergrund von Ehebruch und Mord überwinden konnte, und dann doch als ein Mann nach dem Herzen Gottes bezeichnet werden konnte, dann können auch Sie vom Vater geliebt werden, wenn Sie sich aufrichtig der süßen Gemeinschaft und Fürbitte hingeben.

Sie sind vielleicht nicht in der Lage, wie Martin Luther täglich drei Stunden im Gebet zu verbringen. Nur wenige haben dazu die Gelegenheit. Sie verbringen vielleicht nicht wie John Wesley jeden Tag die ersten zwei Stunden im Gebet – wenige tun das. Aber was können Sie tun? Wenn Präsident George Washington jeden Morgen um vier Uhr aufstehen konnte, um Zeit zum Gebet zu haben, vielleicht können Sie dann früher aufstehen als der Rest der Familie, um eine ordentliche Gebetszeit zu haben. Sie verbringen Ihre Nächte vielleicht nicht knieend und liegend auf dem Boden, weinend und immer wieder rufend: „O Gott, gib mir Schottland, oder ich sterbe“, wie John Knox es tat. Aber Sie können damit beginnen, Gebetslasten für andere zu tragen.

Sie können durch Gottes Gnade den Entschluß treffen, dem Gebet auf neue und spezifische Art und Weise Priorität zu geben. Sie können gute Gebetsgewohnheiten entwickeln. Sie können lernen, Ihre Zeit diszipliniert einzuteilen, und damit beginnen, Ihr Gebet zu planen. Sie können während des ganzen Tages Augenblicke für das Gebet abzweigen, wenn Ihr Herz genügend nach Gott verlangt.

Es gibt einen Weg für Sie, eine neue Dimension des Gebetes zu beginnen. Keiner dieser großen Männer des Gebets begann als Gigant der Fürbitte. Sie entwickelten ihr Gebetsleben durch eine Reihe von Schritten. Sie lernten, Gottes Angesicht beständig zu suchen. Sie lernten, den Preis des

Gebetes zu zahlen. Und so wurden sie machtvolle Gebetskämpfer.

Gott ruft Sie auf zu einem neuen Schritt im Gebet. Machen Sie ihn heute. Beginnen Sie einen neuen Wandel mit Gott. Machen Sie heute einen Teil Ihrer Zeit zu Ihrer Gebetszeit. Machen Sie einen Platz zu Ihrem Gebetsort. Beginnen Sie heute damit, Ihre eigene Gebetsliste anzulegen. Elia und andere Helden und Heldinnen des Gebetes waren Menschen wie Sie. In Ihrem eigenen geschäftigen Leben, in Ihren eigenen begrenzten Umständen können Sie Raum schaffen für mehr Gebet, wenn Sie nur wollen. Wollen Sie?

Gott braucht Sie, um seinen Weg zu bereiten

„Es ruft eine Stimme: In der Wüste bereitet dem Herrn den Weg, macht in der Steppe eine ebene Bahn unserem Gott. Alle Täler sollen erhöht werden, und alle Berge und Hügel sollen erniedrigt werden, und was uneben ist, soll gerade, und was hügelig ist, soll eben werden: denn die Herrlichkeit des Herrn soll offenbart werden, und alles Fleisch miteinander wird es sehen: denn des Herrn Mund hat's geredet" (Jes 40,3-5).

Was wir am meisten brauchen

Unser Volk braucht eine große geistliche Erweckung, die quer über unser Land zieht. Unser Volk hat Gott weitgehend vergessen. Sünde, Gewalt und Verbrechen zerstören das Potential unserer Zivilisation. Unsere Literatur, unsere Sprache und unsere Medien sind schmutzig geworden. Unsere Jugend wächst ohne ein großes Bewußtsein oder Wissen von Gott auf. Seit zumindest ein oder zwei Generationen sind viele Familien praktisch gottlos.

Obwohl sich Tausende von uns als „entschiedene Christen" und als „evangelikal" bezeichnen, üben wir einen viel zu geringen Einfluß auf unser Erziehungssystem, unsere Regierung und unsere Gesellschaft aus. Wir müssen als Volk zu Gott zurückkehren. Wann schickt Gott eine neue Reformation, eine neue geistliche Erweckung und solch ein Wirken des Geistes Gottes, daß sich die Scharen Gott zuwenden? Wann? Nur wenn wir den Weg des Herrn bereiten.

In den letzten Jahrzehnten ist ein Volk nach dem anderen auf der ganzen Welt in die Gewalt eines militanten Atheismus in der Form des Kommunismus geraten. Wenn dann der Kommunismus seine Macht gefestigt hat, beginnt er damit, die Kirche einzuschränken und Religion, Evangelisation und Missionsarbeit anzugreifen. In vielen islamischen Ländern werden, alarmiert durch die Zunahme von Säkularismus und Materialismus, der Islam und andere alte Religionen wieder neubelebt, und der religiöse Fanatismus nimmt zu. Die Gemeinde Jesu ist oftmals Druck und manchmal Angriffen und Terror ausgesetzt.

Wie soll man unter diesen Bedingungen die Gemeinde auf der ganzen Welt fördern und die heutige Menschheit für Gott erreichen? Wie sollen die unerreichten Völker auf der Erde das Evangelium hören, wenn die notwendigen Visa für Reichsgottesarbeiter und Missionare so schwer zu erhalten sind? Wie sollen in einer feindlichen Umgebung kleine Gruppen von Gläubigen aufgebaut werden? Es gibt nur eine einzige Antwort auf all diese Fragen. Ein adäquates Team von Gebetskämpfern muß den Weg vorbereiten und die Prediger, die Gläubigen und den Dienst decken.

Wenn wir wollen, daß sich verschlossene Gebiete öffnen, dann ist die absolut notwendige Vorbereitung massives, militantes Gebet. Wenn wir eine große Ernte und geistliche Erweckung sehen wollen, dann ist das, was wir am meisten brauchen, intensives Gebet. Das ist die Botschaft von Jesaja für heute: „Bereitet den Weg des Herrn!“

Unsere größte Hoffnung

Mächtige Werke Gottes geschehen nur, nachdem er die entsprechende Vorbereitung gesegnet hat. Gott plante, die Kinder Israels aus Ägypten und in ihre neue Heimat Kanaan zu führen. Er beabsichtigte, sie vom Götzendienst zu erlösen. Er wollte Israel zu dem Volk machen, das Gottes Offenbarung im Alten Testament empfangen und das Volk des Messias sein sollte. Aber zuerst mußte Gott große Vorbereitungen treffen.

Gott bereitete Mose während vierzig Jahren in der Wüste zu, bevor dieser in der Lage war, Israel zu führen. Durch die

Wundergerichte der Plagen in Ägypten bereitete Gott jenes Volk darauf vor, Israel aus seiner Sklaverei zu entlassen. Durch dieselben Ereignisse wurde Israel darauf vorbereitet, die Wahrheit anzunehmen, daß alleine Jahwe Gott war. Es war für Israel auch notwendig, darauf vorbereitet zu werden, die Zehn Gebote und das alttestamentliche Gesetz zu erhalten. Zu diesem Zweck benutzt Gott ihre Erfahrungen zwischen Ägypten und Kanaan und seine Selbstoffenbarung gegenüber Mose am Sinai.

Auch das Kommen Jesu wurde sorgfältig vorbereitet. Gott ließ zu, daß die Juden über die ganze zivilisierte Welt zerstreut wurden und in ihren Hauptzentren Synagogen bauten, so daß diese von den ersten Verkündigern des Kreuzes in den Jahrzehnten nach Pfingsten benutzt werden konnten. Gott ließ zu, daß die griechische Sprache zur Geschäfts- oder Handelssprache im ganzen Mittelmeerraum, einschließlich Palästina und Rom, wurde. So konnte das Neue Testament, das in griechischer Sprache verfaßt wurde, in diesem ganzen Gebiet vom ersten Beginn der Urgemeinde an gebraucht werden. Auch die römischen Straßen, das römische Gesetz und der römische Friede wurden von Gott gebraucht, um die Verbreitung des Evangeliums zu beschleunigen. Die babylonische Gefangenschaft hatte die Juden zumindest von ihren wiederholten Rückfällen in ihre hartnäckige Sünde des Götzendienstes geheilt. Von dieser Zeit an bis heute verabscheuen die Juden den Götzendienst. Christus konnte nicht kommen, bevor der Götzendienst nicht vollständig aufgegeben worden war.

Nach Maleachi schien Gott vierhundert Jahre lang keinen Propheten zu berufen. Der Himmel schien zu schweigen. Die Härte der römischen Regierung veranlaßte die Juden dann, nach dem Messias zu verlangen. Schließlich war alles bereit, so daß Gott Jesus senden konnte, „als die Zeit erfüllt war". Die letzte öffentliche Vorbereitung war die, die durch Johannes den Täufer geschah. Als er gefragt wurde, wer er sei, nannte Johannes sich „eine Stimme in der Wüste", um „den Weg des Herrn zu bereiten". Das wies zurück auf die Prophezeiung in Jesaja 40,3-5.

In Jesaja wurde auf die allgemein bekannte historische Tatsache Bezug genommen, daß die Könige des Altertums entlang der Strecke, auf der sie mit ihren bewaffneten Garden zu reisen beabsichtigten, Pioniersoldaten oder Botschafter vorausschickten. Mit Unterstützung der Streitkräfte des Königs wurden die Menschen des betreffenden Gebietes zusammengerufen, um „den Weg des Königs“ zu bereiten.

Die Wege waren zu jener Zeit Straßen, die an vielen Orten höher lagen als die umliegende Gegend. Man zog Pässe durch Gebirgsgegenden und beseitigte Hindernisse. Es war eine mühsahme Arbeit, die vielen Menschen schwere Mühen abverlangte. Aber sie war notwendig zur Vorbereitung einer Straße, die eines Königs würdig war.

Nur Gott weiß, wie viele heimliche Fürbitter den Weg für das erste Kommen Christi bereiteten. Ebenso wie es die Fürbitte von Esra und Nehemia den Juden möglich machte, in ihr Heimatland zurückzukehren, so enthalten die himmlischen Bücher (2. Mose 32,32; Ps 56,8; 87,6; Mal 3,16) viele Namen von Fürbittenden aus allen Jahrhunderten, die den Weg für die Menschwerdung Jesu vorbereiteten. Ihre Rolle wird vor dem Richterstuhl Christi offenbar werden (2. Kor 5,10). Ihr Zeugnis werden wir dann erfahren, und gewiß wird es von den Historikern der Ewigkeit erforscht werden.

Zu den treuen Fürbittern zur Zeit Christi gehörten Simeon, ein rechtschaffener Mensch (Lk 2,25-35) und Hanna, eine Prophetin, die dem Herrn unter Fasten und Beten diente (Lk 2,36-38). Sie gehörten zu einer viel größeren Gruppe (Lk 2,38), die die Ankunft des Messias nicht nur erwartete, sondern zweifellos auch beständig fürbittend dafür eintrat. Ein weiteres Mitglied dieser Gruppe war Josef von Arimathäa (Lk 23,51). Welch eine Ehre wird es in der Ewigkeit sein, an dieser Rolle der Vorbereitung für das Kommen Christi Anteil gehabt zu haben! Heute besitzen Sie und ich das Vorrecht, durch unsere Fürbitte bei der Vorbereitung des zweiten Kommens Christi mitzuwirken.

Bei jeder großen Erweckung oder Zeit geistlicher Ernte in der christlichen Kirche berichtet die Geschichte von ihrer

Vorbereitung durch Gottes Volk. Gott gebraucht gewöhnlich einige Evangelisten mit prophetischen Botschaften, vor allem unmittelbar vor einem machtvollen Wirken. Aber die weitaus größere Vorbereitung scheint oftmals im geheimen in den Händen vieler Menschen zu liegen. Ihre Aufgabe ist die Vorbereitung im Gebet. Oftmals bleibt das Ausmaß dieser Art der Vorbereitung unerkannt bis nach dem machtvollen Wirken Gottes, wenn die wahren Tatsachen durch Nachforschung aufgedeckt werden.

Dies galt für die Erweckung der „Vereinigten Gebetsgruppen", die sich Mitte des achtzehnten Jahrhunderts über ganz Amerika ausbreiteten und vielleicht eine Million Menschen zu Christus brachten. Dies galt auch für die Erweckung in Wales in den Jahren 1904-1906, als über eine Million Menschen in das Reich Gottes versetzt wurden. Das trifft selbst heute zu für viele Gegenden und Städte auf der ganzen Welt. Die Missionsgeschichte beweist, daß es selten ein machtvolles Werk Gottes gibt ohne die Vorbereitung durch das Gebet.

Warum ist Vorbereitung notwendig?

Errettung, Ernte und Erweckung sind die übernatürlichen Werke des Heiligen Geistes. Die meisten frommen Gläubigen können aus eigener Kraft keine geistlichen Ergebnisse bringen. Zugegeben, Gott gebraucht immer Menschen. Das ist seine bevorzugte Methode. Aber geistliche Arbeit ist nichtsdestoweniger ein göttliches Werk. Unsere Bemühungen können Gottes Segen nicht verdienen. Keine Anzahl geistlicher Verdienste verpflichtet Gott, Gebet zu beantworten.

Wir können vielleicht die Struktur und die Wirksamkeit unserer Organisationen vervollkommnen. Wir können die Anzahl der Menschen, die an unseren evangelistischen Bemühungen beteiligt sind, vergrößern. Wir machen vielleicht zunehmend Gebrauch von Literatur, Radio oder anderen Medien. Wir mögen die Werbetrommel kräftig rühren – alles ohne geistliche Ergebnisse. Wir mögen die richtigen Worte verwenden, die richtigen Schriftstellen, die richtigen Methoden und sogar die richtigen Leute. Aber wenn Gott seine Salbung, Bevollmächtigung und Hilfe nicht gibt, bleiben all unsere Ergebnisse nur menschliche Ergebnisse. Geistlich bleiben wir unfruchtbar.

Wenn Gott ein mächtiges Werk der Errettung tun und eine große geistliche Ernte einholen will, dann ruft er sein Volk auf die Knie. Der Heilige Geist legt ein tiefes Verlangen in die Herzen derjenigen Kinder Gottes, die ihm nahe genug sind, um seine Stimme zu hören. Da ihre Herzen zu ihm schreien, bringt er sie dazu, mehr und mehr Zeit im Gebet zu verbringen. Er führt sie mit anderen zusammen, die eine ähnliche Gebetslast tragen. Vielleicht führt Gott sie außerdem dazu, ihre Gebete durch ein Fasten zu ergänzen, weil das Verlangen ihres Herzens so groß ist, daß sie diesen weiteren, wertvollen Schritt tun wollen, um Gottes übernatürlichen Beistand zu suchen.

Oftmals gebraucht Gott Pastoren oder andere christliche Leiter, um zum speziellen Gebet aufzurufen oder besondere Tage für Gebet oder Fasten zu reservieren. Noch öfter führt Gott einen Menschen nach dem anderen dazu, Schritte zur Vertiefung des eigenen Gebetslebens zu tun. An vielen Orten, wo der Heilige Geist eine Erweckung gab, wurde er dabei unterstützt durch das Gebet von zwei oder drei Menschen an einem oder mehreren Orten, die einzeln oder gemeinsam monate- oder gar jahrelang beteten. Da sie sich vor Gott demütigten, um Gottes Gnade baten und seine Verheißungen in Anspruch nahmen, wurden sie vom Heiligen Geist gebraucht, um ein mächtiges Werk Gottes vorzubereiten. Das ist die Rolle, für die Gott Sie und Ihr Gebet braucht.

Wie Sie den Weg des Herrn bereiten können

In gewissem Sinne möchte dieses Buch Sie zurüsten helfen, den Weg des Herrn an vielen Orten wirksamer zu bereiten – sei es in Ihrer eigenen Gemeinde am Ort, in Ihrem Gemeinschaftskreis, Ihrer Denomination, in einer oder mehreren Missionsgesellschaften oder überall auf dem Missionsfeld. Vielleicht beten Sie für alle diese Gruppen zugleich. In gewissem Sinne sollten wir alle einen Blick für die Welt haben, eine Last für sie empfinden und einen weltweiten Dienst der Fürbitte tun.

Da das Kapitel „Wie man für einen Menschen betet" dem Gebet für Einzelpersonen gewidmet ist, beschränkt sich dieses Kapitel auf das Gebet für größere Gruppen oder für ein bestimmtes Gebiet auf dieser Welt. Die praktischen Vorschläge lassen sich gut in die Tat umsetzen, ob man nun um Erweckung betet oder um eine große Ernte bei einer Evangelisation.

Gesegnet ist die Missionsgesellschaft, Organisation, örtliche Gemeinde oder Denomination, die unter ihren Mitgliedern nicht nur einen großen Kern von völlig hingegebenen Betern besitzt, sondern auch innerhalb der größeren Gruppe über Personen verfügt, die mit besonderem Glauben und besonderer Beharrlichkeit beten, die an die wiederholte Ausgießung von Gottes Geist auf die betreffende Gruppe oder Organisation glauben. Sind Sie bereit, sich von Gott als einen seiner verborgenen Fürbitter, die den Weg des Herrn bereiten, gebrauchen zu lassen?

Die Zubereitung des eigenen Herzens

Wenn Ihnen sehr daran gelegen ist, daß Gott Sie als einen seiner heimlichen Fürbitter gebraucht, dann gibt es Schritte, die Sie tun können, um Ihr Herz auf diesen Dienst vorzubereiten:

1. Erquicken Sie Ihr Herz und fordern Sie es heraus, indem Sie biblische und historische Berichte über Ernte und Erweckung lesen. Lesen Sie immer wieder die Berichte über den Erweckungssegen für David (1. Chr 28,1-29,25); Asa (1. Kön 15,19-24; 2. Chr 14-16); Elia (1. Kön 17-18); Joschafat (2. Chr 17; 19,1-20,33); Hiskia (2. Kön 18-19; 2. Chr 29-32); Josia (2. Kön 22,1-23,30); und die neutestamentliche Gemeinde (Apg).

Es gibt Bücher mit packenden Berichten über Erweckungen in Deutschland, Amerika, Wales und anderen Teilen der Welt. Diese Zeugnisse werden Ihr Verlangen vertiefen und Ihren Glauben stärken.

2. Sammeln Sie Informationen und Statistiken, um die Nöte der Welt und der Kirche aufzuzeigen. Konzentrieren Sie sich auf die zwei nahezu unerreichten Milliarden Menschen auf der Welt, auf die Tragödie und geistliche Finsternis der nicht-christlichen Religionen, auf die enorme Aufgeschlossenheit mancher Gebiete und auf die überwältigenden Schwierigkeiten anderer Gebiete. Konzentrieren Sie sich auf die Sünden der Menschheit, die Unruhe, Ungerechtigkeit, die Verbrechen, die Unsittlichkeit, den Terrorismus und andere Übel. Konzentrieren Sie sich auf die geistliche Apathie von so vielen, die behaupten, Christen zu sein, konzentrieren Sie sich auf den geringen oder nachlassenden Gottesdienstbesuch in so vielen Gemeinden, auf die Notwendigkeit für neues geistliches Leben und einen neuen geistlichen Aufbruch auf der ganzen Welt.

3. Überdenken Sie solche Bibelabschnitte, in denen Gott großen Segen, Ernte und Erweckung verheißt, und auch jene Abschnitte, in denen Kinder Gottes um Erweckung gebetet haben. Hier sind einige Beispiele: 2. Chronik 7,14; Psalm 80,18-19; 85,7; Jesaja 32,12-17; 35; Jeremia 33,23; Klagelieder 3,40-50; Hosea 6,1-3; 14,2-3; Habakuk 3,2; Johannes 7,38.

4. *Stellen Sie sicher, daß nichts in Ihrem Herzen Ihr Gebet behindert.* Denken Sie daran, daß das Gebet durch Sünde, die im Herzen gepflegt wird, blockiert werden kann (Ps 66,18). Das gilt auch für Stolz (1. Petr 5,5-6), Unversöhnlichkeit (Lk 11,4), zwischenmenschliche Spannungen (Mt 5,23-24) oder Ehestreit (1. Petr 3,7).

Die Bereitung des Weges des Herrn

1. Räumen Sie dem Gebet um Erweckung und Ernte einen bestimmten Platz auf Ihrer regelmäßigen Gebetsliste ein. Stellen Sie sicher, daß Sie regelmäßig jeden Tag irgendwann dafür beten.

2. *Erstellen Sie eine Liste mit besonderen Gebetsanliegen.* Wann immer Sie über mehr Zeit zum Gebet verfügen, widmen Sie dann diesen Punkten auf Ihrer Gebetsliste speziell einige Zeit. Beten Sie zu Gott, daß:

a) das Verlangen in den Mitgliedern Ihrer Gruppe, in den Christen des betreffenden Gebietes oder bei anderen, die interessiert sind, sich vertiefen möge.
b) eine neue Dimension seiner Heiligkeit und Macht offenbar werden möge. Das ist immer eine wichtige Vorbereitung für Gottes machtvolles Wirken.
c) eine heilige Unzufriedenheit mit den bestehenden Verhältnissen geweckt werden möge.
d) der Glaube belebt und gestärkt werde, daß es Gottes Wille ist, daß die Arbeit auf diese Weise getan wird.
e) Gottes Kinder eine neue Sensibilität für seine Führung und Stimme erhalten.
f) in Gottes Kindern ein Eifer geweckt werde dem Herrn zu gehorchen und sich von ihm gebrauchen zu lassen.
g) Sie ein demütiges Herz erlangen, Ihre Sünde bekennen und Gott alle Ehre geben.

h) er seinem Volk ein neues Bewußtsein für die große Dringlichkeit bestimmter Nöte gebe.
i) er die Schlüsselpersonen, die er gebrauchen will, vorbereiten möge.
j) er das Gebet und den Glauben einer großen Zahl von Christen so motivieren und koordinieren möge, daß sie fortfahren in ernstem, anhaltendem Gebet.

3. Seien Sie bereit, Gottes Zeitplanung, Methoden und Leute zu akzeptieren. Versuchen Sie nicht, Gott Vorschriften zu machen; vertrauen Sie ihm, daß er auf Arten und Weisen arbeitet, die weit über Ihr eigenes Denken und Planen hinausgehen.

4. Suchen Sie nach Möglichkeiten, zusätzliche Zeit im Gebet zu verbringen. Wie wenig erkennen wir das Potential der Augenblicke, die wir fast ungenutzt vergehen lassen. Jede Minute enthält die Möglichkeit des Segens, wenn sie für den Herrn gebraucht wird. Verlorene Augenblicke sind auf ewig verloren. Achten Sie auf Augenblicke, die Sie für die Ewigkeit investieren können, indem Sie Ihr Herz für ein bestimmtes Anliegen zu Gott erheben.

5. Planen Sie regelmäßige Gebetszeiten ein. Hier und da eingesparte und für das Gebet eingesetzte Minuten sind von bleibendem Wert. Rufen Sie während des Tages immer wieder zu Gott. Kein ernstgemeintes Gebet ist sinnlos. Besonders eingeplante Gebetszeiten jedoch bieten die Möglichkeit, daß Ihr Gebet tiefer und intensiver wird. Beten Sie sowohl intensiv wie umfassend. Wenn möglich, dann suchen Sie sich jede Woche einen Tag aus, an dem Sie eine besondere Zeit mit Gott einplanen können, um so seinen Weg vorzubereiten. Wenn notwendig, bitten Sie Ihre Freunde um eine besondere Zusammenkunft – sie wird in der Tat besonders sein, denn sie ist mit Ihrem Herrn.

6. Beten Sie öffentlich um Erweckung und Ernte. Benutzen Sie das freiwillige Gebet im öffentlichen Gottesdienst, um für diese Anliegen zu beten. Das kann dazu beitragen, das Gebetsinteresse anderer zu steigern oder zu wecken.

7. Erwähnen sie Ihre Anliegen und Gebetserhörungen in

Ihren Zeugnissen. Wenn in Gebetsversammlungen oder im Gespräch die Möglichkeit zum persönlichen Zeugnis gegeben ist, erzählen Sie dann, wie Gott Ihr Gebetsleben und Ihren Glauben im Blick auf Erweckung und Frucht vertieft hat. Vielleicht können Sie auch berichten, wie Gott an einem bestimmten Ort gerade jetzt segnet. Vertrauen Sie auf Gottes Führung, wenn Sie andere durch Ihr Zeugnis ermutigen wollen.

8. Verwenden Sie Traktate und sonstige christliche Schriften, um andere zu motivieren. Wenn Sie brauchbare, preiswerte Literatur finden, besorgen Sie sich dann einige Exemplare und setzen Sie sie betend ein – in Ihren Briefen, in der persönlichen Begegnung mit Freunden, in Ihrer Gebetsgruppe oder wie Gott Sie auch leiten mag. Geben Sie motivierende Bücher weiter. Beziehen Sie möglichst viele Personen in die Aufgabe, den Weg des Herrn zu bereiten, mit ein.

9. Sehen Sie zu, daß das Thema „Ernte und Erweckung" als Thema für besondere Veranstaltungen gewählt wird. Wenn Sie die Möglichkeit haben, Mitglied eines Programmkomittees zu werden oder sich bei einer anderen Gelegenheit an der Planung zu beteiligen, schlagen Sie „Erweckung" oder „Ernte" als ein Thema vor, das besonders berücksichtigt werden sollte.

10. Legen Sie sich eine Dokumentation über Erweckung und Ernte an. Wenn Sie Artikel, Gedichte oder Berichte über Erweckung und Ernte finden, schneiden Sie sie aus und sammeln Sie sie für einen möglichen späteren Gebrauch.

11. Ergänzen Sie Ihr regelmäßiges Gebet durch Fasten. Es gibt vielleicht Zeiten, in denen das Sehnen Ihres Herzens, die Dringlichkeit eines Anliegens oder die Wichtigkeit einer Situation Sie dazu motiviert, Ihr Gebet durch Fasten zu ergänzen. Dieses Fasten kann ein teilweiser Verzicht auf eine oder mehrere Mahlzeiten sein. Denken Sie daran, daß geistliches Fasten Ihren Hunger nach Gott vergrößert. Gott sieht und ehrt Fasten, aber wir können uns auf diese Weise Gottes Antwort nicht verdienen (siehe Kapitel „Sie können Ihr Gebet durch Fasten vertiefen"). Die Urgemeinde fastete am Mittwoch und Freitag. John Wesley drängte seine Anhänger, diese Regelung ebenfalls zu übernehmen. Wenn Sie regelmäßiges Fasten einplanen, sollten Sie, falls dies möglich ist, die Zeit der Mahlzeiten im Gebet verbringen. Vermeiden Sie, anderen zu sagen, daß Sie fasten.

Vorschläge für Ihre Gebetszeit

1. Beginnen Sie Ihre Gebetszeit fröhlich. Normalerweise sollten Sie mit Dank in die Gegenwart des Herrn treten (Ps 100,4). Sie können sich oftmals sehr beladen fühlen, wenn Sie Woche für Woche unablässig den Weg des Herrn bereiten im Blick auf Erweckung und Ernte. Vernachlässigen Sie aber das freudige Gebet nicht.

2. Seien Sie empfindsam für die Regungen des Heiligen Geistes. Denken Sie daran, daß der Heilige Geist eine Person ist, die in Ihnen wohnt, Sie liebt und durch Sie beten will. Man wird körperlich erschöpft, wenn man einen emotionellen Zustand über eine längere Zeit aufrechterhalten möchte, es sei denn, man sorgt für Abwechslung. Der Heilige Geist weint und seufzt unter der Last des Gebetes (Röm 8,26-27), aber dies bedeutet nicht notwendigerweise, daß Sie das auch tun müssen. Wenn der Heilige Geist durch Sie betet, kann er manchmal sehr ernst sein, zu anderen Zeiten aber ist er fröhlich.

Als Praying Hyde, ein großer Gebetskämpfer der presbyterianischen Missionsarbeit in Indien, vor einigen der großen „Sialkot Conventions" eine große Gebetslast trug, betete er stunden- und selbst tagelang mit großer geistlicher Intensität. Oft geschah es jedoch, wenn er unter dem Gewicht des Gebetsanliegens weinte, daß der Heilige Geist ihn auf eine der Verheißungen Gottes hinwies. Und dann begann er zu singen und den Herrn zu loben und sogar vor Freude zu lachen!

3. Erlauben Sie Gottes Wort, zu Ihnen zu sprechen. Sie werden dann vielleicht an einen bestimmten Abschnitt oder eine bestimmte Verheißung erinnert, die Ihren Glauben stärkt. Das Beste, was man jedoch tun kann, ist, die Bibel fortlaufend und regelmäßig zu lesen. Das gesamte Wort Gottes ist voller Segen. Stützen Sie Ihr Leben auf das gesamte Wort Gottes, nicht nur auf einige Lieblingsabschnitte. Sie werden oft feststellen, daß der Segen, den Sie benötigen, gerade in dem Abschnitt zu finden ist, zu dem Sie bei Ihrer täglichen Bibellese kommen.

4. *Gebrauchen Sie Lieder und Chorusse im Gebet.* Vielleicht kommt Ihnen beim Beten die Strophe eines Liedes oder ein Chorus in den Sinn. Zitieren Sie dann einfach die Worte, singen Sie sie leise oder, wenn Sie alleine sind und das Verlangen danach haben, auch laut. Die Worte können genau den Hunger Ihrer Seele ausdrücken oder den Glauben, womit Sie Gott suchen. Viele Menschen werden dadurch gesegnet, daß sie beim Beten ein Liederbuch bei der Hand haben.

5. *Haben Sie beim Beten Papier und Bleistift in der Nähe.* Wenn Ihnen bei Ihrer besonderen Gebetszeit um Ernte und Erweckung andere, damit nicht in Zusammenhang stehende Gebetsanliegen in den Sinn kommen, schreiben Sie sie dann schnell auf, damit Sie sie nicht vergessen. Wenn die Anliegen in irgendeinem Zusammenhang mit Ihrem Hauptgebetsanliegen stehen, kann es sein, daß Sie sich geführt fühlen, sofort dafür zu beten und dann auf Ihr Hauptthema zurückzukommen.

Gott kann Sie auf Gehorsamsschritte hinweisen, die Sie machen sollten, um die Antwort auf Ihre Gebete herbeiführen zu helfen. Machen Sie eine kurze Notiz, die Sie später daran erinnert. Vielleicht sollten Sie einige Briefe schreiben, oder es gibt Leute, denen Sie irgendwie helfen sollten. Nachdem Sie diese Gedanken, die Gott Ihnen gegeben hat, auf Papier festgehalten haben, kehren Sie zu Ihrem vordringlichen Gebetsanliegen zurück. Lassen Sie sich nicht von Ihrer wichtigsten Gebetslast ablenken.

6. *Seien Sie sehr empfindsam für jeglichen Akt des Gehorsams, wodurch die Liebe und die Einheit gefördert werden können.* Ein mächtiges Werk des Heiligen Geistes ist oftmals gestärkt oder begonnen worden, wenn jemand Gottes Eingebung im Gebet gehorcht und Vergebung sucht für

etwas, das nicht richtig war (Mt 5,23-24). Wenn andererseits ein Konflikt zwischen Personen vorhanden ist und Sie dieser Schriftstelle nicht gehorchen, kann die Antwort auf Ihr Gebet blockiert werden.

(Beachten Sie: Die Frage ist nicht, wer im Unrecht ist oder wer am meisten Unrecht hat. Wenn Sie wissen, daß jemand im Blick auf Sie Spannungen empfindet, negative Gefühle hat oder durch Sie verletzt worden ist, dann ist diese Ermahnung ein direkter Befehl vom Herrn für Sie. Ihr Gebet kann blockiert sein, bis Sie der Botschaft von Matthäus 5,23-24 gehorsam sind. Aber sobald Sie demütig gehorcht haben, ist Ihr Gebetskanal sauber, ungeachtet dessen, ob die andere Person reagiert oder nicht.)

7. Schließen Sie Ihre Gebetszeit mit Dank. Das Vaterunser beginnt und endet mit Lobpreis. Das gilt auch für einige der „Halleluja-Psalmen". Wenn Sie Ihr Gebet abgeschlossen haben, sagen Sie dem Herrn erneut, wie sehr Sie ihn lieben. Freuen Sie sich seiner Güte und seiner Verheißung und gehen Sie dann Ihren Weg in dem Wissen, daß Gott Ihre Gebete gehört hat, und daß Sie dazu beigetragen haben, den Weg des Herrn zu bereiten.

Sie können Erweckung erleben und andere daran teilhaben lassen

Es ist Gottes wunderbarer Wille, daß Sie und Gottes Gemeinde ein Maximum an Segen erfahren. In seiner Liebe hat er dafür gesorgt, daß der Heilige Geist in jedem Gläubigen gegenwärtig ist. Aus diesem Grunde dürfen wir erwarten, daß der Heilige Geist auch unter den Gläubigen anwesend ist, die zur Gebetsstunde und zum Gottesdienst zusammenkommen. Gott ist im materiellen Bereich ein großzügiger Geber; wieviel mehr will er uns in geistlicher Hinsicht zur Verfügung stellen (Lk 11,13).

Erweckung – Gottes Plan für die Welt

Erneuerung scheint Gottes Plan für den Menschen, die Natur und die Gemeinde gleicherweise zu sein. Nahrung stärkt unseren Körper und gibt und eneuert die physische Kraft; der Schlaf verschafft sowohl dem Geist wie dem Körper Ruhe und Erholung. Fast überall auf der Erde führt der Zyklus der Jahreszeiten immer wieder zu Erneuerung. Wie schön ist es, wenn man nach der Dürre des Winters sieht, wie die Frühlingsknospen an den Bäumen aufbrechen. In weiten Teilen Indiens und anderen tropischen Ländern ertragen die Menschen und die Natur die lange, heiße Trockenzeit nur in der Erwartung des kommenden Monsunregens, der die ausgetrocknete Erde wieder belebt.

Auch für den Christen hat Gott Zeiten geistlicher Erneuerung verordnet, die sich durch neues Leben und neue Kraft, geistliche Freuden und Segnungen, einen neuen Duft und eine neue Fruchtbarkeit für den Herrn auszeichnen. Im allgemeinen sprechen wir dann von „Erweckung“. Diese Perioden besonderer Segnung kommen aber zu selten, und manche Gemeinden scheinen sie nie zu erleben. Selbst jene Pastoren und Menschen, die in beständiger Erweckung zu leben suchen, erzählen von Zeiten geistlicher Dürre, die sie keinem spezifischen Ungehorsam oder einer absichtlichen Vernachlässigung zuordnen können. Alle Christen sind immer wieder darauf angewiesen, daß Gott sie neu anrührt. Tatsächlich kommen die Zeiten der Erquickung vom Herrn (Apg 3,19).

Die biblische Symbolik vom Heiligen Geist ermutigt uns, seine Gegenwart und sein Wirken in überreichem Maße zu erwarten. Das Salböl, ein Zeichen für den Heiligen Geist, wurde so überreichlich auf Aarons Haupt ausgegossen, daß es in seinen Bart und auf seine Gewänder hinabfloß (Ps 133,2). Wasser, das auch ein Zeichen für den Heiligen Geist ist, wird im Übermaß verheißen. Gott läßt es strömen (Ps 78,20; 105,41; Jes 35,6; 48,21). Er gibt Ströme und Bäche des Segens (Ps 46,4; 78,16; 126,4; Jes 30,25; 33,21; 35,6). Der übernatürliche Fluß aus Hesekiel, der auf wunderbare Weise vertieft und vergrößert wird (Hes 47,1-5), bringt überall Leben, wo immer er hinfließt (V. 9.12).

Gott „gießt" seinen Heiligen Geist wie lebenspendendes Wasser über sein Volk aus. „Denn ich will Wasser gießen auf das Durstige und Ströme auf das Dürre; ich will meinen Geist auf deine Kinder gießen und meinen Segen auf deine Nachkommen" (Jes 44,3; siehe auch Jes 32,15; Hes 39,29; Joel 3,1-2; Apg 2,17-18). Der Heilige Geist wird nicht nur in Gottes Kinder ausgegossen; er ergießt sich auch durch sie hindurch wie Ströme lebendigen Wassers, die anderen Segen bringen (Joh 7,38-39).

Je geistlicher eine Person oder eine Arbeit ist, desto notwendiger ist es, daß sie häufig von Gott berührt wird. Es besteht ein Unterschied zwischen reinem Überleben und überfließendem Leben; zwischen evangelikaler Orthodoxie und evangelikaler Vitalität; zwischen dem Zufriedensein mit dem Status quo und der Erwartung einer wunderbaren neuen Salbung durch den Heiligen Geist und der Erfahrung, wie Gott einen neuen Durchbruch gibt.

Wir alle glauben an Erneuerung und Erweckung. Wir wissen, daß wir sie brauchen. Aber verlangen wir wirklich so intensiv nach Erweckung, daß wir Gottes Angesicht suchen und den Preis für die Wegbereitung für Gottes Kommen in der Erweckung zahlen wollen? Niemand kann Erweckung voraussagen, niemand kann Erweckung programmieren, niemand kann Erweckung verdienen. Wir können Erweckung nicht durch Treue, Geschäftigkeit oder geistliche Aktivitäten schaffen. Gott alleine ist die Quelle der Erweckung.

Was meinen wir mit „Erweckung"?

Zu Recht wird oft zwischen Evangelisation und Erweckung unterschieden. Jede größere Bewegung des Geistes Gottes unter seinem Volk scheint mit einem Evangelisten, Propheten oder menschlichen Instrument zusammenzuhängen. Dennoch bringen die meisten von Gott gesegneten und von Gott geführten Evangelisationen, obwohl sie von Segen und geistlicher Frucht begleitet werden, keine Erweckung. Was also ist Erweckung wirklich?

Erweckung ist eine Manifestation des heiligen, souveränen, allmächtigen Gottes. Es ist Gott, der sein Volk erneut mit besonderem Segen heimsucht. Erweckungen bringen gewöhnlich ein neues Gottesbewußtsein, eine neue Offenbarung von Gott, eine neue Sensibilität für Gott, manchmal ein ehrfurchtsvolles Empfinden von Gottes Heiligkeit und seinen berechtigten Forderungen. Das sind Gelegenheiten, bei denen Gott seinen heiligen Arm zur Errettung entblößt und seine heilige Stimme im inneren Bewußtsein der Menschen unmißverständlich ertönen läßt. Erweckungen sind das plötzliche Eingreifen des souveränen, auf übernatürliche Weise wirkenden Gottes in das Leben und das Zeugnis der Gemeinde. In gewisser Hinsicht sind sie ein messianischer Vorgeschmack des Endsieges Christi. Sie sind immer das Werk des hochgelobten Heiligen Geistes.

Es gibt zwei extreme Theorien im Blick auf die Erweckung. Die eine anerkennt die Realität von Erweckung, meint jedoch, daß Erweckung so souverän das Wirken Gottes ist, daß sie ganz und gar von ihm abhängt und daß wir lediglich darauf warten können, bis Gott sich entschließt, uns erneut heimzusuchen. Das andere Extrem ist die Ansicht, daß wir Erweckung durch unsere religiösen Bemühungen herbeiführen können. Wenn wir nur genug beten, uns genügend demütigen und Gottes Willen hinreichend tun, dann werden wir zu jeder Zeit Erweckung erleben können. Die biblische Wahrheit und die Erfahrung des Volkes Gottes zeigen wiederholt, daß, obwohl Gottes Volk eine sehr wichtige Rolle bei der Bereitung des Weges des Herrn spielt, keine Gruppe und kein Mensch programmieren kann, wie, wo oder wann eine Erweckung stattfindet.

Manche verstehen Johannes 3,8 („Der Wind bläst, wo er will.") so, daß hier von der Ungewißheit des Wirkens des Heiligen Geistes die Rede ist. Ich meine, daß dieser Vers zeigt, daß der Heilige Geist im Blick auf sein göttliches Wirken seine Souveränität bewahrt. Er weist hin auf die Unsichtbarkeit des Wirkens des Heiligen Geistes, nicht auf die Ungewißheit seines Wirkens. Er verweist auf das Geheimnis von Gottes Wirken, nicht auf seine Launenhaftigkeit. Der Heilige Geist ist kein Wind. Er wird nur in gewisser Hinsicht durch den Wind symbolisiert. Er ist der zielorientierte Gott. Er wirkt gemäß seinem Plan und verfolgt heilige Zwekke. Er ist der Gott der Verheißung. Er ist der Gott des unveränderlichen Bundes. Er ist der Gott der Macht und Heiligkeit, und er möchte, daß wir uns an seinem Werk beteiligen.

Gottes Bundesschlüsse und Verheißungen sagen uns, daß es Gottes Wille ist, sein Volk zu segnen. Diese Bundesschlüsse und Verheißungen enthalten Gottes erklärte Voraussetzungen für dieses Segnen – unsere Antwort auf sein Wort, seinen Ruf und seine Verordnung. Seine Verheißungen werden sich erfüllen. Gott hat es so bestimmt. Aber zuerst müssen wir uns demütigen, sein Angesicht suchen und einige aktive Gehorsamsschritte tun.

Aus der Geschichte der Erweckung sehen wir, daß Gottes Kinder zwei besondere Aufgaben haben: Gebet und Gehorsam. Der Gehorsam kann viele Dinge beinhalten, immer aber gehört das Gebet dazu. Wenn es einen, manchmal versteckten, aber immer vorhandenen Schlüssel zur Erweckung gibt, dann ist es das Gebet. Der Gehorsam im Gebet führt zu Gehorsam in allen anderen Lebensbereichen.

Wann sollten wir um persönliche Erweckung beten?

Wie wissen Sie, daß Ihr eigenes Herz einer geistlichen Erquickung bedarf? Wann wissen Sie, daß es Zeit ist, sich dem betenden Suchen nach neuer Erquickung und neuem Segen vom Herrn zu widmen? Hier sind einige wenige Vorschläge. Beten Sie:

a) wenn Sie eine geistliche Lustlosigkeit spüren, einen fortgesetzten Mangel an geistlichem Hunger nach dem Wort und nach der Gemeinschaft der Gemeinde.
b) wenn Gottes Wort Sie selten wirklich segnet; wenn Sie nur selten Verlangen nach mehr Zeit zur Bibellese und zur Freude an Gottes Wort haben; wenn Sie beim Lesen von Gottes Wort nur selten die Stimme des Heiligen Geistes vernehmen.
c) wenn Sie einen Mangel an tiefer Demut, geistgewirkter Freundlichkeit und liebevoller Geduld verspüren.
d) wenn Ihnen wirkliches Mitleid für leidende Menschen fehlt; wenn Sie wenig wirkliches Interesse für Menschen ohne Christus haben und wenig Empfinden für persönliche Verantwortlichkeit im Blick auf Gottes Gegenwart und Segen in Ihrer Gemeinde oder Gruppe.
e) wenn das Gebet für Sie eher eine Pflicht als eine Freude ist; wenn Gott Ihnen selten Menschen aufs Herz legt, die das Gebet brauchen; wenn Sie beim Beten selten Gottes Nähe erfahren.

Wann sollten Sie für die Erweckung einer Gruppe beten?

Wie wissen Sie, wann Sie sich intensiv im Gebet mit einer erneuten Erweckung in Ihrer Gemeinde oder Gruppe befassen sollen?

a) Wenn das Gebet Ihrer Gruppe ohne Leben ist; wenn die Menschen keinen Eifer zeigen, öffentlich zu beten; wenn Gott nur wenig und halbherzig gelobt wird für das, was er tut.

b) Wenn die Gottesdienste der Gemeinde oder Gruppe nur selten durch die spürbare Gegenwart Gottes und durch sein persönliches Reden zu Menschen gekennzeichnet sind; wenn dem Gottesdienst Spontanität, Freude und überfließende Danksagung zu fehlen scheinen; wenn es sich um eine überalterte Gemeinschaft handelt mit einem offensichtlichen Mangel an Jungverheirateten und Jugendlichen.

c) Wenn die Gemeindemitglieder gegenüber der Ernsthaftigkeit der Sünde apathisch zu sein scheinen oder dabei versagen, ein starkes Empfinden ethischer und moralischer Verantwortlichkeit zu demonstrieren; wenn es der Gemeinde an Perspektive fehlt sowie an dem tiefen Verlangen, ihre Gemeinschaft und neue Menschen zu Christus zu bringen.

d) Wenn die Menschen selten von Gottes Geist geführt werden, anderen gegenüber Zeugnis zu geben, Menschen in Not beizustehen oder andere zu ermutigen; wenn das Geben für Gottes Sache ohne Freude, nur zögernd und unangemessen geschieht; wenn den Menschen der Blick dafür fehlt, was Gott durch sie als Gruppe tun will.

e) Wenn es in der Gemeinde oder Gruppe zwischenmenschliche Spannungen, Grüppchengeist oder Unversöhnlichkeit gibt.

Ihr Gebet bereitet den Weg für Erweckung

Sie können dazu beitragen, den Weg für ein neues geistliches Erwachen zu bereiten sowie für eine wirkliche Heimsuchung von Gottes Heiligem Geist bei seinem Volk und die moralische und geistliche Erneuerung, die wahre Erweckung mit sich bringt. Die folgenden einfachen Vorschläge und wunderbaren Beispiele mögen Ihnen als Leitfaden dienen.

1. Bitten Sie den Heiligen Geist, Ihren Hunger zu vergrößern. Gottes Vorbereitungen für Erweckung beginnen immer zuerst im Herzen eines oder mehrerer Menschen, die nach Gottes erneuerter Gegenwart und Macht verlangen. Jemand hat einmal gesagt, daß Gott die Gemeinde zum Gebet aufruft, wenn er beabsichtigt, sein Volk zu segnen. Wenn Sie danach verlangen, Gottes Wirken unter seinem Volk zu sehen, kommt dieses heilige Verlangen vom Heiligen Geist. Bitten Sie Gott um die Vertiefung Ihres Sehnens nach seinem göttlichen Wirken in Ihrem eigenen Leben, in Ihrer Gemeinde oder Gruppe oder an welchem Ort in der Welt auch, für den zu beten Sie sich besonders geführt sehen.

2. Bitten Sie Gott, Ihnen im Gebet dieselbe Last für Erweckung zu geben, wie er sie selber empfindet. Eine Gebetslast ist ein kostbares Geschenk von Gott, das Ihnen zur Erfüllung seines Planes anvertraut wird. Sei es für die Erweckung in Ihrem eigenen Herzen, in einer Gemeinde oder auf einem Missionsfeld, Gott weist seinen Fürbittern gerne besondere geistliche Verantwortlichkeit zu.

Ein gläubiger Bruder in Christo in England war vor vielen Jahrzehnten einer von Gottes verborgenen Fürbittern (Jes 62,6-7). Er betete beständig für das Werk einer der großen Missionsgesellschaften, die in China arbeiteten. Nach seinem Tod fand jemand in seinem Tagebuch mehr als zwanzigmal den Namen einer Missionsstation in China mit Anmerkungen, die erkennen ließen, daß Gott ihn befähigt hatte, das Gebet des Glaubens für eine Erweckung an jenem Ort zu beten. Bei weiteren Nachforschungen stellte man fest, daß

Gott dort tatsächlich über einen Zeitraum von mehreren Jahren ein geistliches Erwachen gegeben hatte in genau der Reihenfolge, in der dieser Christ sagte, daß Gott ihm bei dem Ringen um ein machtvolles Wirken von Gottes Geist beigestanden hatte. Erst nach seinem Tod erfuhr man von diesem Gebetskämpfer; aber Gott wußte genau Bescheid. Welche Überraschungen wird der Himmel offenbaren, wenn Gottes Kinder, die im Gebet gerungen haben, ihren besonderen Lohn empfangen!

3. Bitten Sie Gott, Ihnen eine Verheißung zu geben, die Sie im Glauben in Anspruch nehmen können. Gott hält seinen Bund; seine Verheißungen sind wahr. Bitten Sie Gott, Ihnen eine Verheißung aufs Herz zu legen, auf die Sie sich im Glauben berufen können, wenn Sie um Erweckung beten. Eine Verheißung, die immer wieder in Anspruch genommen wird, steht in 2. Chronik 7,14. Aber es gibt viele andere wunderbare Verheißungen in Gottes Wort. Der Heilige Geist kann Ihnen eine davon aufs Herz legen.

4. Demütigen Sie Ihr Herz vor Gott im Gebet. Sagen Sie Gott, wie unwürdig Sie sind, für dieses Anliegen fürbittend einzutreten. Gott gibt denen große Gnade und Erweckung, die sich vor Gottes Thron demütigen (Jes 57,15).

5. Bitten Sie Gott, Ihnen einen Gebetspartner zu schenken. Beten Sie dann einmütig mit dieser Person. Wenn Ihre Gebetslast zunimmt, kann Gott Sie zu jemandem führen, der bereits Ihre Schau und Last teilt oder der schnell eines Geistes mit Ihnen wird. Wenn seine Kinder im Gebet eins werden (Mt 18,19), werden Gottes Antworten beschleunigt (siehe Kapitel „Mein Gebet, in dem ich mich zur Fürbitte verpflichte“).

Die vollständige Geschichte, wie Gott die Gebete seiner Kinder zur Vorbereitung von Erweckung gebraucht, erfahren wir selten in diesem Leben. Mein lieber Freund Duncan Campbell, Pfarrer in der Kiche von Schottland und viele Jahre lang Vorsteher des „Faith Mission Training Home and Bible College“ in Edinburgh, berichtete mir von einigen Erlebnissen am Anfang der erstaunlichen Erweckung auf den Hebriden.

Zwei ältere Damen in dem Dorf Barvas auf der Insel Lewis begannen, regelmäßig abends zu beten, wobei sie Gott einmütig darum baten, er möge ihrer Gemeinde Erweckung geben. Abend für Abend traten sie fürbittend vor Gott ein. Nach einigen Monaten begannen, ohne daß sie davon wußten, mehrere gläubige junge Männer sich allabendlich am anderen Ende des Dorfes zu treffen, um um Erweckung zu beten. Als die Damen mit ihrem Gebet fortfuhren, zeigte Gott ihnen, daß der bekannte Pfarrer Duncan Campbell nach Barvas kommen würde, um Gottesdienste abzuhalten. Als sie ihm schrieben, lehnte er die Einladung bedauernd ab, weil sein Terminkalender überfüllt war. Sie antworteten: „Sie können zwar sagen, daß Sie nicht herkommen, aber Gott sagt, daß Sie kommen!"

Einige Zeit später besuchte der Pastor der örtlichen presbyterianischen Kirche, Rev. James M. MacKay, eine der nationalen Synoden auf den britischen Inseln. Bei dieser Gelegenheit schlug Dr. T. Fitch vor, er solle doch Herrn Campbell für besondere Versammlungen einladen.

Im Dezember 1949 kam Duncan Campbell schließlich zu einer Vortragsreihe auf die Hebriden. Nach mehreren Abenden fiel Gottes ehrfurchtgebietende Gegenwart auf das Dorf und gab den Menschen ein großes Bewußtsein ihrer Sünde. Von jenem Dorf aus verbreitete sich die Erweckung in mehreren „Wellen" von Dorf zu Dorf und dauerte von 1949 bis 1953, bis das Leben ganzer Ortschaften umgewandelt worden war. Viele Menschen, die plötzlich in ihrem Haus vom Heiligen Geist überführt wurden, fielen vor Gott auf ihr Angesicht und bekehrten sich. Andere wurden vom Heiligen Geist ergriffen, während sie die Straße entlanggingen, und sie fielen dort auf ihre Knie zum Gebet. An einem Abend beteten so viele Menschen draußen vor der Polizeistation, daß die Beamten nach dem Pfarrer und Duncan Campbell schicken mußten.

Wirtshäuser wurden wegen mangelnder Geschäfte geschlossen. Busse kamen von überall von der Insel und brachten unzählige Menschen zu den Versammlungen. Die Gottesdienste dauerten manchmal bis zwei und drei Uhr am

Morgen. Kirchen, die am Sonntagmorgen nur von vier oder fünf Leuten besucht worden waren, waren jetzt Woche für Woche bis auf den letzten Platz besetzt. Gebetsversammlungen wurden in vielen Ortschaften zum Mittelpunkt des Dorflebens. Die Erweckung kam von Gott, aber soweit, wie man es menschlich wissen kann, begann sie, als Gott zwei ältere Damen dazu führte, einmütig zu beten.

6. Laden Sie andere zu besonderen Gebetsversammlungen ein, wo um Erweckung gebetet wird. Man kann Versammlungen einberufen zu dem Zweck, Gottes Angesicht zu suchen. Man kann selbst Menschen an entfernten Orten Briefe schicken mit der Bitte, sich der Fürbitte anzuschließen, bis Gott antwortet. Der OMS-Arbeit in Peking, China, wurde eine Erweckung geschenkt, nachdem die Missionare sechs Wochen lang jeden Mittag beteten und fasteten. Manche der einheimischen Pastoren baten darum, sich der Gruppe anschließen zu dürfen. Die Erweckung kam, verbreitete sich zuerst in unseren Stadtgemeinden in Peking und dann außerhalb in den Dorfgemeinden.

Die größte Erweckung, die es von 1857-58 in Amerika gab, wurde bekannt als „Die Erweckung der vereinigten Gebetsversammlungen“. Sie begann, als ein Mann einige andere Männer einlud, mit ihm am Mittag des 23. September 1857 in der niederländisch-reformierten North Church in New York City zu beten. Allmählich wuchs die Gruppe. Als die Neuigkeit von der Gebetsversammlung die umliegenden Städte erreichte, entstanden weitere Gebetsgruppen.

Nach sechs Monaten trafen sich allein in New York City täglich zehntausend Geschäftsleute um die Mittagszeit. Bis zum Mai hatten sich in jener Stadt fünfzigtausend Menschen bekehrt. Vereinigte Gebetsversammlungen begannen, sich über ganz Neu-England auszubreiten, das Ohio-Tal hinab nach Texas und entlang der Westküste. Ein großer Teil der Vereinigten Staaten und Kanadas wurde von dem Geist der Fürbitte heimgesucht, der in diesen vereinigten Gebetsversammlungen gepflegt wurde.

Die Methodisten berichteten von achttausend Bekehrungen in ihren Gemeinden innerhalb einer Woche. Die Baptisten zählten über einen Zeitraum von drei Wochen siebzehntausend Bekehrungen. Zwei Jahre lang gab es ein durchschnittliches Anwachsen um zehntausend Mitglieder in den Gemeinden in ganz Amerika. Vorsichtige Schätzungen besagen, daß von der damaligen Gesamtbevölkerung der USA – dreißig Millionen – in diesen zwei Jahren wenigsten eine Million Menschen zu Christus kamen. Das ist eine nationale Erweckung. Das ist das souveräne Wirken Gottes, der Menschen zum Gebet ruft und dieses Gebet machtvoll beantwortet. Vom menschlichen Standpunkt aus begann die Erweckung, als ein Mann in einer Stadt eine Gebetsversammlung begann, in der um Erweckung gebetet wurde.

7. Lassen Sie nicht nach, anhaltend zu beten. Das Gebet um örtliche oder nationale Erweckung kann sich über Monate oder gar Jahre hinstrecken, bevor es vollständig beantwortet wird. Geben Sie nicht auf. Die Erweckung wird zu Gottes Zeit kommen, wenn Sie im Gebet ausharren (Gal 6,9).

Denken Sie daran, daß Sie die Menschen nicht auswählen können, die Gott zur Vorbereitung der Erweckung gebrauchen wird. Gott hat bestimmt, durch menschliche Instrumente zu wirken. Vielleicht lernen Sie niemals all die Menschen kennen, die Gott bei der Bereitung seines Weges zur Erweckung gebraucht. Aber Sie können sicher sein, daß es immer Gottes Wille ist, Menschen der Sünde zu überführen und sie zur Buße zu bringen. Es ist immer sein Wille, sein Volk von neuem mit geistlichem Segen und Erweckung heimzusuchen. Sind Sie bereit, einer der Kanäle Gottes für Erweckung zu sein? Was er Ihnen auch sagt, tun Sie es, und er wird Sie segnen.

Folgen Sie beim Beten dem Beispiel von Jesus und Paulus

Wenn Jesus ein Anliegen für die Welt von heute hat, dann ist es dasselbe Anliegen, das er hatte, als er auf Erden war – daß die Ernte eingebracht werden möge. Jesus erkannte, daß seine Jünger die Schau von der Ernte noch nicht ganz verstanden hatten; sie beschäftigten sich oft mehr mit sich selber als mit der Erreichung der Unerreichten. Daher gelang es ihnen nicht, die Menschen, die sie trafen, aus der Perspektive Christi zu sehen.

Jesus sah die Menschen, wie sie waren, und er liebte sie. Seine Liebe war eine gewinnende Liebe, was in seinem ganzen Erlösungswerk auf Erden sichtbar wurde. Bewegt durch die Bedürfnisse verletzter Menschen wandte sich Jesus ihnen zu. Schauen Sie auf Jesus und entdecken Sie, wie er danach verlangt, daß Ihre Liebe sich anderen Menschen zuwendet.

Als Jesus sah, daß die Schwiegermutter von Petrus krank im Bett lag, ging er zu ihr, berührte ihre Hand und heilte sie. Als der Aussätzige zu Jesu Füßen niederfiel, streckte er seine Hand aus und berührte ihn. Als zwei blinde Männer mit der Bitte um Barmherzigkeit kamen, berührte Jesus ihre Augen, und sie konnten sehen. Er rührte die Ohren und die Zunge des taubstummen Mannes an, und dieser begann zu hören und zu sprechen. Er ging hin und berührte die Bahre des toten Sohnes der Witwe und erweckte den Jungen wieder zum Leben. Jesus berührte das Ohr von des Hohenpriesters Diener und heilte es, nachdem Petrus es mit dem Schwert abgeschlagen hatte.

Aus anderen Begebenheiten wissen wir, daß Jesus lediglich ein Wort sprechen mußte, und Heilung und Leben wurden gewährt. Er offenbarte seine Liebe, indem er seine Hand ausstreckte und berührte. Als er die kleinen Kinder in seine

Arme nahm, zeigte er die Liebe Gottes, die Liebe, die der Heilige Geist durch unser Leben hindurch zu anderen lenken will (Joh 7,38).

Jesus gebrauchte seine von Gott gegebene Macht nicht zu persönlichem Gewinn. Als die Samariter Jesus die Gastfreundschaft in ihrem Dorf verweigerten, waren Jakobus und Johannes beleidigt und wollten als Vergeltung Feuer vom Himmel herabrufen (Lk 9,54). Jesus sah die Samariter aber als solche, die von seinem Vater geliebt wurden, als einige der Sünder, für die er sterben wollte. Er sah sie als die Ernte, zu deren Einbringung er gekommen war.

Jesus möchte, daß Sie einen Blick für die Ernte haben

Barbiere und Friseure sind haarbewußt. Wenn sie Menschen ansehen, bemerken sie als erstes deren Haar. Zahnärzte sind zahnbewußt. In dem Augenblick, in dem sie einen Menschen ansehen, konzentrieren sie sich auf die Zähne. Christen sollten menschbewußt sein, bedürfnisbewußt, erntebewußt. Jesus war es. Als ein junger Mann zu ihm kam, liebte er ihn und erwog das große Potential seines Lebens, wenn er Jesus allein folgen würde. Als er einen Fischer beobachtete, erkannte er, daß dieser ein Menschenfischer werden konnte. Die Sünderin sah er als das reine Kind Gottes, das sie werden konnte, wenn ihre Sünden vergeben wurden.

Die Jünger Jesu sahen die Ernte in der Zukunft, aber sie sahen nicht die Menschen als Ernte. Jesus war anderer Meinung; er sagte, daß die Erntezeit jetzt da sei. Wir haben immer Erntezeit, wenn wir ein offenes Auge dafür haben. Jesus zeigte auf die Samariter, die herbeikamen, und sagte: „Hebt eure Augen auf und seht auf die Felder, denn sie sind reif zur Ernte“ (Joh 4,35). Die Samariter waren nur eines der Erntefelder der Erde. Jesus bat: „Seht Menschen als Ernte! Werdet erntebewußt. Konzentriert euer Interesse auf das geistliche Erntepotential aller Völker der Erde.“

Jesus sagte uns drei Dinge über die Ernte:

Bekommt einen Blick dafür, daß Menschen die Ernte sind.

Wenn ihr durch das Leben geht, geht Tag für Tag mit offenen Augen. Seht die Menschen; seht ihre Bedürfnisse. Seht sie als Ernte.

Die Samariter, die Jesus den Jüngern zeigte, waren diesen unbekannt. Die Jünger wußten weder ihre Namen noch ansonsten viel von ihnen. Aber Jesus sagte: „Seht! Jene Menschen sind Teil der Ernte."

Wenn Sie Menschen sehen, die Jesus brauchen, sehen Sie sie dann so, wie sie in Christus sein können; sehen Sie, was sie für die Sache Christi bedeuten könnten. Sehen Sie sie als Menschen, die Christus so sehr liebte, daß er bereit war, für sie zu sterben. Dann lieben Sie sie und beten Sie für sie (Joh 4,35).

Beten Sie für die Ernte. Beten Sie für jeden, den Sie sehen, dem Sie begegnen oder mit dem Sie Kontakt haben. Beten Sie für diejenigen, die Ihnen im Geschäft, im Alltagsleben oder im Verkehr dienlich sind. Beten Sie für die Kinder beim Spielen, für die Autofahrer, die neben Ihnen an der Ampel anhalten, für diejenigen, die mit Ihnen in einer Schlange warten.

Die unmittelbar vor Ihnen liegende Ernte sollte Sie immer an die Ernte erinnern, die sich außerhalb Ihres Blickfeldes befindet. Ein ausländisches Erzeugnis, das Sie kaufen oder gebrauchen, ruft Sie auf zum Gebet für die Menschen jenes Landes. Ein Fernsehbericht über Konflikte in einem fernen Land, das Bild eines hungernden Kindes, eine Nachricht von irgendeinem Ort der Erde ist ein Aufruf zum Gebet für jene Menschen und ihre Bedürfnisse. Seien Sie erntebewußt.

Seien Sie ein Weltchrist. Haben Sie einen weltweiten Blick. Seien Sie ein Fürbitter für die Welt. Lassen Sie Ihre Liebe ebenso umfassend sein, wie es die Liebe Gottes ist. Er liebt die Welt; wollen Sie diese Welt heute für Gott lieben? Lassen Sie den Heiligen Geist Gottes Liebe durch Sie ausgießen, indem Sie für alle Menschen beten. Lieben Sie die Welt nicht nur theoretisch; lieben Sie die Menschen tatsächlich. Wiederholen Sie nicht einfach: „Segne die ganze Welt", und glauben Sie nicht, daß damit Ihre Gebetsverantwortlichkeit für die Welt für diesen Tag erfüllt ist. Lieben Sie die Menschen, die Völker, die Nationen.

Selbst ein aus zwei Worten bestehendes Gebet wie „Segne Indien", „Segne Brasilien", „Segne China", „Segne Rußland", „Segne Ägypten" kann nicht nur ein gültiges Gebet sein, sondern auch ein mächtiges Gebet, wenn es aus einem liebenden Herzen kommt, das danach verlangt, Christi Liebe auszudrücken.

Beten Sie, daß andere ebenfalls einen Blick für die Ernte bekommen. „Und Jesus ging ringsum in alle Städte und Dörfer … Und als er das Volk sah, jammerte es ihn; denn sie waren verschmachtet und zerstreut wie die Schafe, die keinen Hirten haben. Da sprach er zu seinen Jüngern: Die Ernte ist groß, aber wenige sind der Arbeiter. Darum bittet den Herrn der Ernte, daß er Arbeiter in seine Ernte sende" (Mt 9,35-38).

Obwohl Sie vielleicht das Gegenteil erwarten würden, forderte Jesus seine Jünger doch nicht auf, auf die Ernte zu blicken und sich dann in Aktivitäten zu stürzen. Er forderte sie auf zum Gebet. Wenige kurze Monate nach Pfingsten wurde das Einbringen der Ernte die Hauptaufgabe der Apostel. Aber vor dem Einbringen sollte die Vorbereitung durch das Gebet kommen.

Jesus wußte, daß, wenn seine Jünger beteten, ihr Blick für die Ernte ihre Seelen entzünden würde und daß Erbarmen sie dazu bewegen würde etwas zu tun. Es muß eine merkwürdige Person sein, die einen wirklichen Blick für die Ernte hat und eine Gebetslast empfindet und sich trotzdem nicht auf zusätzliche Art und Weise engagiert, wenn Gott Türen öffnet. Ein wirklicher Blick, der zu wirklicher Fürbitte führt, vertieft die Liebe und das Interesse an einem Menschen oder einem Ort und weckt in uns den Wunsch, auf jede mögliche Weise zu helfen – durch Geben, Hingehen, Dienen. Es besteht freilich die Gefahr, daß wir so eifrig an der Arbeit sind, daß wir nicht genug beten.

Das einzige Gebetsanliegen, das Jesus seiner Gemeinde gab, war die Bitte um Ernte. Loben Sie Gott, wenn sich neunundneunzig Schafe in der Schafshürde befinden. Aber solange eines draußen bleibt, ruhen Sie nicht, bis jenes eine gefunden und drinnen in Sicherheit gebracht ist. Dienen Sie da, wo Sie sind, aber vergessen Sie niemals diejenigen, die noch unerreicht sind.

„Laßt uns anderswohin gehen, in die nächsten Städte, daß ich auch dort predige; denn dazu bin ich gekommen" (Mk 1,38). So zog Jesus durch ganz Galiläa und die umliegenden Gebiete; er zog von Dorf zu Dorf und wandte sich stets den Menschen zu. „Und ich habe noch andere Schafe, die sind nicht aus diesem Stall; auch sie muß ich herführen, und sie werden meine Stimme hören" (Joh 10,16).

Wenn Sie einmal die Welt durch Jesu Augen gesehen haben, wird das Gebet für die Welternte eines Ihrer Hauptanliegen in der Fürbitte sein.

Auch Paulus ruft Sie auf, durch Ihr Gebet zu helfen

In seinen Briefen an die von ihm gegründeten Gemeinden wie auch an die, von denen er nur gehört hatte (Rom, Kolossä), hatte Paulus ein beständiges Gebetsanliegen. Er wiederholte es viele Male; und obwohl die Worte variierten, war die Botschaft doch immer dieselbe: „Dazu helft auch ihr durch eure Fürbitte für uns, damit unsertwegen für die Gabe, die uns gegeben ist, durch viele Personen viel Dank dargebracht werde" (2. Kor 1,11).

Paulus wünschte, daß jeder Christ für seinen Dienst betete. Je größer die Anzahl der betenden Christen und je größer der Umfang der Gebete, desto mehr Menschen würden gesegnet und sich über die Beantwortung ihrer Gebete freuen und Gott dafür loben.

Paulus hatte die Römer nie gesehen, als er an sie schrieb, aber er berief sich auf Gott als seinen Zeugen, „daß ich ohne Unterlaß euer gedenke und allezeit in meinem Gebet flehe" (Röm 1,9-10). Er drängte sie: „Ich ermahne euch aber, liebe Brüder, durch unseren Herrn Jesus Christus und durch die Liebe des Geistes, daß ihr mir kämpfen helft durch eure Gebete für mich zu Gott" (15,30). Den Korinthern schrieb er, daß er Gott beständig für sie danke, und daß er für ihre Vollkommenheit bete (1. Kor 1,4; 2. Kor 13,9). Er bat sie, ihm durch ihre Gebete zu helfen (2. Kor 1,11).

Er schrieb den Ephesern, daß er, seit er von ihrem Glauben an Christus gehört habe, niemals aufgehört habe, Gott für sie zu danken und ihrer im Gebet zu gedenken (Eph 1,15-16). Er bat sie, für ihn zu beten (6,19-20), und nannte ihnen einige spezifische Gebetsanliegen. Den Philippern schrieb er, daß er jedes Mal, wenn er an sie denke, Gott danke (1,3-4) und daß er von ihren Gebeten abhängig sei (1,19). Den Kolossern, die er nie gesehen hatte, schrieb er, daß er von dem Tag an, als er von ihnen gehört hatte, nie aufgehört habe, für sie zu beten (1,9), und daß er im Gebet um sie und die Menschen von Laodizea ringe (2,1). Auch bat er um ihre Gebete (4,3).

Als Paulus den Thessalonichern über sein Gebet für sie schrieb, gebrauchte er solche Worte wie „allezeit“ und „ohne Unterlaß“ (1. Thess 1,2-3). In beiden Briefen erbat er ihre Gebetsunterstützung (1. Thess 5,25; 2. Thess 3,1). Er schrieb Timotheus: „Wenn ich ohne Unterlaß deiner gedenke in meinem Gebet, Tag und Nacht“ (2. Tim 1,3), und er unterwies ihn, wie man beten solle (1. Tim 2,1-3.8). In seinem Brief an Philemon erwähnte Paulus, daß er seiner im Gebet gedacht habe (V. 4.6) und daß er abhängig davon sei, daß jener für ihn bete (V. 22).

Paulus war der größte Missionar aller Zeiten. Was war denn nun das Geheimnis von Gottes Segen auf seinem Dienst? Es war das Gebet der Kinder Gottes. Für Paulus war das fürbittende Gebet absolut notwendig. Er wußte, daß der einzige Weg, neutestamentliche Gemeinden zu gründen, einerseits sein eigenes Gebet und Fasten war, und andererseits die Gebetsunterstützung durch seine Mitchristen.

Es gibt keinen anderen Weg zur Ernte. Wenn Paulus heute unsere Gemeinden besuchen könnte, dann würde er, davon bin ich überzeugt, sagen: „Betet um Ernte. Betet für die Erntearbeiter. Betet für die Neubekehrten. Durch Euer Gebet könnt Ihr Euch an der Welternte beteiligen.“

Ihr Gebet kann die Welternte einbringen

Es gibt im Himmel heute kein dringlicheres Anliegen, als daß die Gemeinde ihre Aufgabe der Weltevangelisation vollendet. Gott möchte, daß sein Haus voll wird für das Hochzeitsmahl seines Sohnes und seiner Braut, der Gemeinde (Mt 22,1-10; Lk 14,16-23). Die Wiederkunft Christi findet erst statt, wenn alle Menschen überall die Gute Nachricht gehört haben. Die Unzulänglichkeit unseres Zeugnisses und Erntens kann sie aber verzögern (Mt 24,14).

Die Aufgabe der Weltevangelisation ist hauptsächlich von Zeugnis und Gebet abhängig. Das Gebet muß den Weg der Evangelisation vorbereiten. Das Gebet muß das Werk der Evangelisation völlig durchdringen und decken. Das Gebet muß der Evangelisation folgen und ihre Frucht bewahren. Nur wenn die Gemeinde betet, wird es ausreichend Erntearbeiter geben, die sich der Weltevangelisation und Welternte widmen (Mt 9,38).

Bei den Bemühungen im Blick auf die Ernte bleibt ein enormes Kräftepotential ungenutzt: (a) Nur ein kleiner Teil von Gottes Volk beteiligt sich am Säen. (b) Nur ein kleiner Teil der ausgestreuten Saat keimt. (c) Nur ein kleiner Teil der keimenden Saat wächst auch auf bis zur Ernte. (d) Nur ein kleiner Teil der tatsächlichen Ernte wird vollständig verwertet.

Die Aufgabe dieses Kapitels ist es, einige der strategischen Wege aufzuzeigen, in denen Ihr Gebet eine entscheidende Rolle bei dieser Aufgabe spielen kann:

1. Durch das Gebet können Sie sich jedem Team anschließen, das Gott gebraucht.
2. Ihr Gebet kann die Ernte wässern.
3. Ihr Gebet kann die Ernte pflegen.

4. Ihr Gebet kann die Haltung von Regierenden verändern. Ihre Einstellung kann für viele Aspekte der christlichen Arbeit und der christlichen Gemeinde von entscheidender Bedeutung sein.

Sie können an der Ernte beteiligt sein

Sie können eine aufregende Rolle spielen bei der Einbringung von Gottes Ernte. Nur ein kleiner Prozentsatz von Gottes Volk beteiligt sich tatsächlich am Säen, Bewässern, Pflegen und an der Zurüstung weiterer Erntearbeiter. Und doch könnte jeder von uns auf eine intensivere Weise mitwirken, als wir uns je hätten träumen lassen.

Wenn Sie wollen, können Sie sich durch das Gebet entscheidend an der Welternte beteiligen. Das Gebet enthebt Sie nicht Ihrer Pflicht zum Zeugnis, Spenden und Helfen, aber es bietet Ihnen eine Möglichkeit zur weltweiten Einflußnahme.

Durch Ihr Gebet können Sie sich jedem Team anschließen. Zu welchem Team würden Sie gerne gehören? Zu dem Billy-Graham-Team? Zu den Gruppen, die jetzt über die Hochleistungs-Radiostationen Gottes Wahrheit nach Rußland, China und in die moslemischen Staaten senden, oder zu den Gruppen, die hier in unserem eigenen Land Fernsehsendungen ausstrahlen? Ihre Lebensumstände, Ihre Talente und andere Gründe mögen Sie davon abhalten, all das zu tun, was Sie gerne tun würden. Aber auch wenn Sie ein Mitglied eines solchen Teams wären, dann könnten Sie doch nur jeweils an einem Ort zugleich sein.

Ich habe aufregende Neuigkeiten für Sie! Durch Ihr Gebet können Sie sich jedem oder allen diesen Teams anschließen! Sie können jedesmal neben Billy Graham stehen, wenn er vor das Mikrophon tritt, um zu einer wartenden Menge zu sprechen. Ich bete nun schon jahrelang täglich für ihn, und manchmal habe ich den Eindruck, daß ich direkt neben ihm stehe, während er das Evangelium verkündigt. Ich bitte Sie dringend, dasselbe zu tun. Daß Sie zu seinem Team gehören, erfährt er vielleicht niemals. Sie können ihm davon erzählen, wenn Sie im Himmel sind. Aber Billy Graham weiß sehr gut, daß Tausende von Menschen zu seinem Gebetsteam zählen. Wenn diese Zahl verdoppelt würde, würden sich die Ergebnisse um ein Vielfaches steigern!

Als ich vor einigen Jahren in Palmerston North in Neuseeland einen Einsatz hatte, kam nach Beendigung des Gottesdienstes eine Dame zu mir und erzählte mir, daß sie jeden Morgen um vier Uhr auf den Knien lag, um für mich zu beten! Das bewegte mich zutiefst. An einem Winterabend war sie etliche Meilen gefahren, um mir das zu sagen.

Wenige Wochen später sprachen mich nach Abschluß eines Gottesdienstes auf dem Lande irgendwo in Australien eine liebenswürdige Dame und ihr Ehemann, beide über achtzig, an. „Bruder Duewel, wir beten jeden Tag um vier Uhr morgens für Sie. Und seit Jahren haben wir den Herrn gebeten, Sie nach Australien und in diese Gemeinde zu schicken!" Ich fühlte mich so unwürdig. Wer war ich, daß ich der Empfänger solcher Gebetssegnungen war? Dann verstand ich, warum der neue Pastor einer Stadtgemeinde, ohne uns zu informieren, so abrupt die Versammlung für jenen Abend in seiner Stadtgemeinde gestrichen und mich für diese Landgemeinde vorgemerkt hatte. Er hatte keine Ahnung von den Gebeten dieses Ehepaares. Aber Gott wußte darum. Dieser Mann und diese Frau gehörten zu meinem Team. Sie waren pensionierte Missionare, die unter den Ureinwohnern Australiens gearbeitet hatten, aber sie gehörten auch zu meinem Team in Indien.

Durch das Gebet können Sie durch jeden Evangelisten predigen, eine Radiobotschaft in jedes Land senden, ein christliches Buch oder Lied schreiben oder Seite an Seite mit einem Missionar oder einem einheimischen Gläubigen arbeiten. Wenn Sie beten, dann werden Sie der Partner von jedem einzelnen. Sie sind nicht begrenzt durch Raum und Zeit. Bitten Sie Gott, Sie auf den Dienst und auf die Person oder Personen aufmerksam zu machen, die er von Ihnen im Gebet unterstützt sehen möchte.

Durch das Gebet können Sie die Ernte wässern. Vielleicht

ist das größte Bedürfnis zwischen Aussaat und Ernte der Regen. Geistlich gesehen ist die Saat das Wort (Lk 8,11). Sie kann ausgesät werden durch ein gegebenes Zeugnis, ein verteiltes Traktat, ein Wort aus der täglichen Bibellese oder eine gehörte Radiosendung. Oftmals scheint der Same eine lange Zeit – Tage, Monate oder gar Jahre – in der Erde zu ruhen, bevor er zu wachsen beginnt.

Dann bringt der Heilige Geist auf eine wunderbare Art und Weise einige der Samenkörner zum Leben. Der Anlaß dafür kann das Beispiel eines frommen Lebens sein oder die Lebensumstände der Person, die den Samen empfing; vielleicht aber auch der weitere Kontakt mit dem Wort. Allerdings trägt nicht jeder gesäte Same Frucht.

Jesus lehrte, daß die unterschiedliche Beschaffenheit des Erdbodens, auf den der Same fällt, für den Ertrag der Ernte von großer Bedeutung ist. In manchen Menschen und in manchen Teilen der Welt scheint der Boden wesentlich steiniger und unergiebiger zu sein. Viele Herzen sind durch das Leben und durch Voreingenommenheit so verhärtet, daß sie dem Samen gleichen, der an den Straßenrand gesät wurde, wo der Boden fast undurchdringlich ist. Es gibt auch Plätze, wo das Wachstum der guten Saat durch das vom Feind, dem Teufel, gesäte Unkraut erstickt wird (Mt 13,24-28).

Ein großer Teil des Erdbodens ist aufgrund des Wassermangels ziemlich trocken. Wenn hier bewässert wird, gibt es eine überreichliche Ernte. Der große Unterschied zwischen Dürre und Ernte liegt an den meisten Orten an der Beschaffung von ausreichend Wasser.

Geistlich gesprochen ist genügend Same gesät worden, um Millionen zu Christus zu bringen. Gottes Wort ist wahr und wirksam. Der Samen ist völlig in Ordnung. Das Problem ist Wasser! Das Gebet ist der Weg, oftmals der einzige Weg, um die Ernte zu wässern. Durch das Gebet können Sie die Segnung des Heiligen Geistes auf jede Missionsarbeit irgendwo auf der Welt lenken.

Die Bibel gebraucht das Wasser als Symbol für den Heiligen Geist. Ströme lebendigen Wassers sollen aus Ihrem Leben als Christ fließen (Joh 7,38). Wie? Vermutlich auf viele Arten und Weisen – durch Ihren frommen Einfluß, durch die Frucht des Heiligen Geistes in Ihrem Leben, durch Ihr Zeugnis. Aber einer der wichtigsten Wege ist zweifellos durch Ihr Gebet.

Das Gebet ist das von Gott verordnete Mittel, um dem Herrn den Weg durch geistlich trockene und unfruchtbare Gegenden zu bereiten, und das Gebet ist der von Gott verordnete Weg, um das erfrischende Wasser von Gottes Geist in unfruchtbare Leben zu bringen. Je mehr Sie beten, desto mehr fließt das Wasser des Geistes. Je mehr Sie beten, desto mehr gesäte Saat wird gewässert. Die Gebete, die Sie beten, besitzen das Potential, jedes Herz und jede Wüste in einen Garten des Herrn zu verwandeln.

Wie können wir die Ernte von den Sendungen des Evangeliumsrundfunks einbringen? Indem wir beständig Ströme des Gebetes in die Sendungen hineinleiten. Das Ausmaß der Ernte wird abhängen von dem Ausmaß an Gebet, das die Saat wässert.

Wie können wir den Ertrag und die bleibende Wirkung einer Evangelisation vervielfachen? Durch angemessene Gebetsunterstützung vor, während und nach den Versammlungen. Oft verringert sich das Gebet für ein bestimmtes Gebiet rapide nach Abschluß der Evangelisation, wenn das Team zum nächsten Termin weiterzieht und die Saat, die in das Leben von zahlreichen Menschen gesät wurde, auf den lebensspendenden Regen wartet. Dies ist der Zeitpunkt, die Saat durch das Gebet zu wässern.

Christliche Organisationen produzieren viele Tonnen guter evangelistischer Literatur. Millionen Abschnitte aus der Heiligen Schrift werden jedes Jahr weltweit verteilt. Wenn ein Zehntel der ausgesäten Saat eine Ernte erbringen würde, welche Ernte würden wir dann sehen! Etwas fehlt aber – angemessenes Gebet, um die Ernte zu wässern. Sie können daran etwas ändern, wenn Sie wollen.

Durch Gebet können Sie das Getreide pflegen. Der Same ist gesät und bewässert, und die winzigen Sämlinge beginnen sich emporzurecken. Dies ist ein weiterer kritischer Zeitpunkt, wenn die Veredelung von nachfolgendem Gebet abhängt. Jesus warnte, daß Schwierigkeiten, Verfolgung, die Sorgen dieses Lebens und der Betrug des Reichtums manche veranlassen würden, am Straßenrand niederzusinken und unfruchtbar zu werden (Mt 13,20-22).

Wie wir bereits erwähnt haben, ist der Druck von nicht glaubenden Familienangehörigen und Freunden für viele andere ein großes Hindernis. In manchen Teilen der Welt, wo die Familien sehr festgefügt und die Traditionen heilig sind, riskieren diejenigen, die ihren Glauben an Christus bekennen, ernsthafte Verfolgung. Neben dem Ausgestoßensein aus der Familie müssen viele junge Gläubige erkennen, daß sie vielleicht ihre Ausbildungsmöglichkeiten verloren haben; andere verlieren vielleicht ihre Kunden oder ihren Arbeitsplatz; bei anderen wird die Kleidung und anderer Besitz eingezogen oder zerstört. In bestimmten moslemischen und kommunistischen Ländern riskieren diejenigen, die als Christen bekannt sind, auch eine Inhaftierung oder sogar den Verlust ihres Lebens.

Etwas können Sie tun, um diesen Menschen zu helfen – etwas überaus Effektives. Sie können täglich beten. Helfen Sie auf jegliche Art und Weise, wann immer Sie können, aber beten Sie vor allem ernsthaft darum, daß Gott die jungen Gläubigen schützen möge. Ihr Gebet kann während dieser entscheidenden Periode ihres neuen Lebens ermutigen, stärken und schützen.

Durch das Gebet können Sie Regierungen beeinflussen. Regierungsentscheidungen und -erlasse beschneiden beständig die freie Evangeliumsverkündigung wie auch die Freiheit des Gottesdienstes und erlauben oder lenken die Verfolgung von Christen. Keine ausländische Regierung kann viel dagegen unternehmen, aber wir sind nicht völlig machtlos. Durch das Gebet können Sie ein verborgener Ratgeber der Regierenden und Autoritäten werden, ohne daß diese davon wissen. „Des Königs Herz ist in der Hand des Herrn wie Wasserbäche; er lenkt es, wohin er will" (Spr 21,1).

Es war der Herr, der das Herz von Kyrus, dem König von Persien, bewegte, das Edikt zu verabschieden, das den im

Exil lebenden Juden gestattete, ohne weiteres nach Jerusalem zurückzukehren (Esra 1,1). Als die Führer der umliegenden Völker den Wiederaufbau des Tempels sechzehn Jahre lang oder noch länger verhinderten, war es, so berichtet Esra, der Herr, der die Haltung von Kaiser Darius änderte (Esra 6,22) und ihn veranlaßte, den Wiederaufbau des Tempels zu befehlen und den umliegenden Völkern weitere Einmischung zu verbieten.

Als Nehemia betete und fastete, machte Gott das Herz von König Artaxerxes, der Persien bereits zwanzig Jahre lang regiert hatte, willig, so daß er seinen Staatsdiener Nehemia beurlaubte und nach Jerusalem reisen ließ, um die Mauern der Stadt wieder aufzubauen (Neh 2,1f.).

Als Königin Ester, Mordechai und die Hunderte von Juden in Susa drei Tage mit Gebet und Fasten verbrachten, ließ Gott König Xerxes (Ahasveros) nicht schlafen (Est 6,1), und so begann die Reihe von Handlungen, die zur Errettung des jüdischen Volkes führte.

Wir können gewiß sein, daß es in der Zeit war, in der Daniel betete, daß Gott die drei jungen hebräischen Männer bewahrte und König Nebukadnezar von einem Verfolger in einen Beschützer verwandelte (Dan 3).

Heute wie in der Vergangenheit intrigieren Herrscher von Nationen gegen die Christen und gegen die christliche Gemeinde. Immer wieder werden Gesetze verabschiedet, um die Missionsarbeit, das christliche Zeugnis, die Taufe und die Versammlung der Gläubigen in öffentlichen Gottesdiensten sowie die Errichtung neuer Kirchengebäude einzuschränken. In manchen Ländern werden Christen wiederholt inhaftiert, mißhandelt und gefoltert. Gott sei Lob und Dank, daß Verfolgung die Gemeinde nicht zerstören kann (Mt 16,18)!

Selten macht die Gemeinde angemessen Gebrauch von ihrem Vorrecht zu beten, wie auch von der Autorität, die sie im Gebet hat, um die Haltung der politischen Führung und die Behandlung der leidenden Christen zu verändern. Obwohl Gott immer wieder eingreift, um die Seinen zu schützen oder ihnen zu helfen – wer weiß, welche Veränderungen eintreten würden, wenn die Gemeinde sich nur zu ernsthaftem, täglichem, anhaltendem Gebet für die Regierenden in Rußland, China, Iran, Äthiopien, Albanien, Nepal oder in irgendeinem anderen Land, wo es aktiven Widerstand gegen das Christentum gibt, zusammenschließen würden.

Es ist nicht immer der Wille Gottes, daß seine Kinder allem Leiden entgehen oder daß all die beantragten Missionarsvisas auch bewilligt werden. Aber warum sollten wir, solange Gott uns kein „Nein" auf unser Gebet gegeben hat, nicht in einmütigem Gebet kämpfen? Warum nicht in einer gemeinsamen Anstrengung den Befehl des Glaubens verwenden, um die Haltung der irdischen Herrscher zu verändern? Satan will nicht, daß Sie über die Wunder nachdenken, die durch Ihr Gebet gewirkt werden könnten. Erheben Sie sich in heiliger Entschlossenheit, ihm Widerstand zu leisten und Gottes Ernte einzubringen!

Sie müssen siegreich sein im Gebet

Ein Christ zu sein heißt, ein betender Mensch zu sein; zweifellos beten alle Christen zu bestimmten Zeiten. Solch regelmäßiges Beten ist etwas Schönes, aber manchmal ist es notwendig, nicht nur zu den üblichen Gebetszeiten zu beten. Selbst reifere Christen beachten das oft erstaunlich wenig. Es ist jedoch so, daß gerade der Mensch, der sich im Gebet behauptet, Macht bei Gott und den Menschen hat.

Es besteht eine entscheidende Wechselbeziehung zwischen siegreichem Gebet, Gebetskampf, dem Binden von Satan im Gebet und dem Gebrauch des Befehls des Glaubens, um Berge für Gott zu bewegen. In einer bestimmten Situation sind vielleicht alle diese Dinge notwendig. Alle hängen mit Christi Sieg auf Golgatha und mit der Macht des Heiligen Geistes zusammen. In manchen Situationen leitet der Heilige Geist zu einer Ebene des Gebetes und vertieft und intensiviert dann vielleicht das Beten, wenn man sich von Ebene zu Ebene bewegt. In seiner Aufforderung zum geistlichen Kampf drängt Paulus die Gläubigen, „allezeit zu beten mit Bitten und Flehen im Geist“ (Eph 6,18). Christus lehrt Sie, jede dieser göttlichen Strategien auf seine Anweisung hin zu gebrauchen.

Warum ist siegreiches Gebet notwendig? Welche Erfahrungen haben Sie mit dem siegreichen Gebet gemacht? Wann haben Sie im Gebet gesiegt? Wie sehr verlangen Sie danach zu lernen, siegreich im Gebet zu sein? Dies sind sehr wichtige Fragen. Ihr Erfolg im Gebet wird bestimmt durch die Tiefe Ihres Verlangens nach der Praktizierung von siegreichem Gebet.

Warum ist siegreiches Gebet notwendig?

Siegen heißt, „angesichts von Schwierigkeiten erfolgreich zu sein, die völlige Oberhand zu haben, zu überwinden und zu triumphieren". Siegreiches Gebet ist Gebet, das geradewegs durch alle Schwierigkeiten und Widerstände hindurchdringt, alle Widerstand leistenden Mächte Satans zurückdrängt und den Willen Gottes sicherstellt. Sein Ziel ist es, Gottes Willen auf Erden zu erfüllen. Siegreiches Gebet ist Gebet, das nicht nur die Initiative ergreift, sondern auch die Offensive für Gott fortsetzt, bis der geistliche Sieg errungen ist.

In vielen Situationen müssen die Menschen bestimmte Schritte unternehmen, bevor ihre Gebete beantwortet werden. Ungeachtet dessen, ob Menschen nun gerettet oder ungerettet sind, so können sie doch nicht den Willen anderer Menschen vollständig kontrollieren, weil Gott uns die Freiheit zum Wählen gegeben hat. Abgesehen von der Beeinflussung durch Menschen, wirken der Heilige Geist und der Satan auf das Denken der Menschen ein.

Der Heilige Geist spricht direkt durch Gottes Wort, durch die Worte anderer Menschen und oftmals auch durch Engel, die Gedanken nahelegen, ohne daß sich der Mensch ihrer Quelle bewußt ist. Er kann Umstände herbeiführen, die Druck ausüben oder bestimmte Handlungen möglich machen. In ähnlicher Weise versucht Satan, der ein Meister des Betrugs ist, das Denken von Menschen zu beeinflussen, sei es durch Handlungen oder Worte anderer oder durch dämonische Suggestion.

Siegreiches Gebet ist in den folgenden Situationen notwendig:

Um Satan in seinem Kampf um Seelen Widerstand zu leisten. Wenn Sie für einen ungeretteten Menschen beten, daß er sich Christus übergeben möge, dann beten Sie in Übereinstimmung mit dem Willen Gottes, mit dem Dienst des Heiligen Geistes und mit der Unterstützung der Engel Gottes. Aber Ihr Gebet steht auch in völligem Widerspruch zu Satan und den Handlungen all seiner bösen Geister.

Selbst wenn wir sicher sind, daß wir in Übereinstimmung mit dem Willen Gottes beten, begegnet uns häufig überraschender Widerstand. Gott überwältigt den menschlichen Willen nie. Er spricht zu dem Gewissen, aber das Gewissen eines Menschen kann abgestorben sein. Das wichtigste Schlachtfeld Satans ist der menschliche Verstand, und seine Dämonen müssen bekämpft und ausgetrieben werden.

In dem Fall eines Sünders ist es vergleichsweise einfach für Satan, Gehör für seine Vorschläge zu finden. Ernsthaftes Gebet ist notwendig, seine diabolischen Ränke zu beseitigen.

Um die satanische Versuchung von Christen zu überwinden. Selbst starke Christen sind den dämonischen Einflüsterungen ausgesetzt. Einmal gelang es Satan, David zu einer falschen Handlung zu bewegen, indem er seinen Verstand „reizte" (1. Chr 21,1). Er leitete das Denken von Petrus, als dieser einmal mit Jesus zusammen war. Jesus erkannte sofort, daß Petrus unbewußt das Sprachrohr der Einflüsterung Satans war (Mt 16,23). Satan gab auch Jakobus und Johannes böse Gedanken ein (Lk 9,55-56).

Manchmal kann selbst der geistlichste Mensch zeitweise in ungewohnter Weise Schwächen anheimfallen. Die bei einer Komiteesitzung ausgesprochenen kritischen Worte, der im Gespräch geflüsterte gehässige Klatsch, der beim Treffen einer Entscheidung klar zutage tretende Mangel an Glaube können in der Tat ihren Ursprung in einer Einflüsterung durch Satans Dämonen haben.

Wenn Satan selbst in den Verstand Christi eindringen und ihn vierzig Tage und Nächte lang versuchen konnte (Mt 4,1-11; vgl. Mk 1,12-13), dann sollten wir nicht überrascht sein, daß wir uns im Gebet behaupten müssen.

Um sich selber oder andere vor direktem satanischem Angriff zu schützen. Hiob war nicht der einzige, der körperlich von Satan angegriffen wurde. Man fragt sich jedoch, ob Hiobs Versuchungen nicht viel eher hätten beendet werden können, wenn seine drei „Freunde" betende Christen gewesen wären! Der Dorn im Fleisch von Paulus war ein Botschafter Satans (2. Kor 12,7). Lukas 13,10-17 erzählt von einer Frau, die achtzehn Jahre lang durch Satans Dazutun verkrüppelt war. In Markus 9,17-20 beraubte ein dämonischer Geist einen Jungen seiner Sprache und verursachte Krämpfe.

Lebensgefährliche Unfälle haben Reichsgottesarbeiter häufig davon überzeugt, daß Satan versucht hatte, sie zu vernichten. In den Bergen von Indien stand einer unserer Kollegen auf dem Weg zu einem Dienst plötzlich wilden Tieren gegenüber. Eine Gruppe junger Gläubiger wurde eines Silvesterabends in Furcht versetzt durch das Trompeten einer Herde Elefanten, die ihr einfaches Kirchengebäude bereits dreimal niedergetrampelt hatten.

Über wen siegen Sie im Gebet?

Sie müssen sich selbst besiegen. Siegreiches Gebet kann erschöpfende Arbeit sein. Viele Christen sind geistlich so schwach, kränklich und ohne geistliche Vitalität, daß sie nicht länger als einige wenige Minuten im Gebet verweilen können. Solche Menschen sind geistlich zu schwach, um zu wissen, wie man mit wahrer Seelenqual betet.

Andere sind so fleischlich, daß nicht nur ihre physische Natur vor dem Gebet zurückschreckt, sondern auch ihre fleischliche Natur das Engagement im Gebet fürchtet, sich von anhaltendem Gebet fernhält und eine Vielzahl von Entschuldigungen findet für den mangelnden Sieg im Gebet. Ein geisterfüllter Mensch verlangt danach zu beten, erfreut sich an zusätzlichen Zeiten des Gebets und verzichtet bereitwillig auf andere Dinge, um mehr beten zu können.

Viele Menschen müssen ihre Gebetslosigkeit bekennen und Gott bitten, sie davon zu befreien. Ich bitte Sie dringend, durch den Glauben Gottes Sieg über Ihre Gebetsniederlagen, über Ihr inneres Zögern und über Ihre Gebetslosigkeit in Anspruch zu nehmen.

Sie müssen über Satan siegen. Satan und seine Dämonen wollen nicht, daß Sie das Geheimnis des Gebets kennenlernen. Sie fürchten Ihre Gebete mehr als Ihr Zeugnis und Ihre

Arbeit. Sie sehen es lieber, daß Sie den ganzen Tag über für Gott arbeiten, als daß Sie eine Stunde lang beten.

Geistliche Siege werden normalerweise im geistlichen Kampf errungen. Wir sehen so wenig große geistliche Siege, weil wir so wenige Gebetsschlachten schlagen. Wir sind machtlos und fruchtlos, weil wir uns so nachlässig im Gebet engagieren. Wir haben den Gebetskampf nie gelernt. Wenn Sie nicht bereit sind zu kämpfen, dann erwarten Sie keine großen Siege (Eph 2,2; 6,11-12; Joh 14,30; 1. Joh 4,4; 5,19).

Daniels Gebet wurde entsprochen, aber die Antwort wurde durch dämonische Mächte einundzwanzig Tage lang verzögert (10,12-13). Hätte Daniel nicht gefastet und volle drei Wochen lang im Gebet gekämpft und hätte er nur einen Tag vor dem Sieg aufgehört zu beten, so besäßen wir jenes großartige zehnte Kapitel im Buche Daniel nicht. Wenn Sie um etwas bitten nach dem Willen Gottes und nicht anhalten im Gebet, dann erhalten Sie vielleicht niemals Gottes Antwort.

Sie müssen siegreich sein vor Gott. Sie müssen nicht nur über sich selber und die Mächte der Finsternis siegen, sondern Gott prüft ebenfalls Ihre Ernsthaftigkeit und die Tiefe Ihres Verlangens.

Jesus stellte die griechische Frau auf die Probe, deren Tochter unter der Besessenheit durch Dämonen litt (Mt 15,21-28). Zuerst schwieg Jesus, und die Jünger sagten: „Laß sie doch gehen, denn sie schreit uns nach“ (V. 23). Aber diese Frau brachte ihre Sache inständig vor Jesus, bis sie Erfolg hatte und völlige Befreiung für ihr kleines Mädchen erhielt.

In Gethsemane betete Jesus drei Stunden lang, bis er den Sieg errungen hatte. Seine Gebetsqual war so groß, daß Gott einen Engel sandte, um ihn zu stärken.

Sie werden aufgrund Gottes hinausgezögerter Antworten auf das Gebet viele geistliche Lektionen lernen. Vielleicht sollen diese Verzögerungen Sie lehren, wie sie im Gebet den Sieg davontragen können.

Wie Sie im Gebet siegen können

Es kann Zeiten geben, in denen das siegreiche Gebet ein heftiger, aber kurzer Kampf ist. Normalerweise jedoch wird das siegreiche Gebet durch folgende Elemente gekennzeichnet.

Sie müssen bereit sein, Zeit zu investieren

Bei geistlich wichtigen Angelegenheiten gibt es nur selten sofortige Antworten. Es stimmt zwar, daß Gott als Antwort auf dringende Bitten, die eine unverzügliche Reaktion erforderten, Wunder gewirkt hat, aber viele geistliche Schlachten nehmen viel Zeit in Anspruch. Sie können sich Gottes Segen nicht verdienen, indem Sie lediglich eine bestimmte Zeit im Gebet verbringen. Dennoch wurde noch keiner mächtig im Gebet, ohne daß er viel Zeit betend zubrachte.

Hören Sie, was Jesaja sagt: „Um Zions willen will ich nicht schweigen, und um Jerusalems willen will ich nicht innehalten, bis seine Gerechtigkeit aufgehe wie ein Glanz und sein Heil brenne wie eine Fackel ... O Jerusalem, ich habe Wächter über deine Mauern bestellt, die den ganzen Tag und die ganze Nacht nicht mehr schweigen sollen. Die ihr den Herrn erinnern sollt, ohne euch Ruhe zu gönnen, laßt ihm keine Ruhe, bis er Jerusalem wieder aufrichte und es setze zum Lobpreis auf Erden“ (Jes 62,1.6-7).

Nehemia nahm Tag und Nacht im Gebet den Sieg in Anspruch: „Laß doch deine Ohren aufmerken und deine Augen offen sein, daß du das Gebet deines Knechtes hörst, das ich jetzt vor dir bete Tag und Nacht für die Israeliten, deine Knechte“ (Neh 1,6).

Daniel betete regelmäßig zu festgesetzten Zeiten. Bei einer Gelegenheit kämpfte er jedoch sogar drei Wochen lang um den Sieg (Dan 10,2).

Paulus rang Tag und Nacht im Gebet für seine Bekehrten und seine neuen Gemeinden (1. Thess 3,10). Wir werden nicht weniger tun, wenn wir lernen, wie wir im Gebet den Sieg davontragen.

Jesus betete oftmals die ganze Nacht. „Es begab sich aber zu der Zeit, daß er auf einen Berg ging, um zu beten; und er blieb die Nacht über im Gebet zu Gott" (Lk 6,12). „Sollte Gott nicht auch Recht schaffen seinen Auserwählten, die zu ihm Tag und Nacht rufen, und sollte er's bei ihnen lange hinziehen? Ich sage euch: Er wird ihnen Recht schaffen in Kürze. Doch wenn der Menschensohn kommen wird, meinst du, er werde Glauben finden auf Erden?" (18,7-8).

Beten lernen Sie durch Beten. Der Sänger verbringt viele Stunden mit Stimmübungen und Proben. Der Athlet trainiert, um seine Fähigkeiten zu vervollkommnen und seine Muskeln zu stärken. Die Armee, die ihre Soldaten nicht durch ständiges Exerzieren widerstandsfähig macht, gewinnt kaum einen Sieg. Es gibt nur einen Weg, beten zu lernen. Das geschieht nicht durch das Lesen von Büchern über das Gebet, nicht durch Singen über das Gebet, nicht durch das Hören von Predigten über das Gebet, sondern durch mehr und mehr und immer mehr Beten.

Gerade das Wesen der Dinge bringt es mit sich, daß siegreiches Gebet oftmals viel Zeit erfordert. Das Gebet will Feinde verjagen, die sich so richtig „eingenistet" haben. Es will den menschlichen Willen verändern. Vielleicht müssen Sie die Menschen tagelang mit Gebet umlagern, bevor sie verstehen oder bereit sind, Gott zu gehorchen. Gebetsantworten verlangen von Gott oft eine komplizierte Koodinierung und Zeitabstimmung von Ereignissen und Leben.

Die Macht des Gebets kann bis zu einem praktisch unwiderstehlichen Grad ausgebaut werden. Gnade können Sie nicht ansammeln, aber beim Gebet ist eine Anhäufung möglich. Steigende Wasserfluten sind in der Lage, jedes Hindernis hinwegzuspülen und jeden Damm zu sprengen. Auf dieselbe Weise kann die angesammelte Kraft des siegreichen Gebetes hartnäckige Hindernisse beseitigen. Die Grundlage dafür ist das Beten ohne Unterlaß. Diese Art von Beten ist mehr als das Vollziehen einer Handlung; sie muß zu einer Lebenshaltung werden.

Sie müssen im Geist beten

Durch die Jahrhunderte hindurch beweist die Geschichte von Gottes Volk die Bedeutsamkeit der Beziehung zwischen dem Heiligen Geist und dem Gebet. Spurgeon sagte: „Das Gebet ist eine Kunst, die uns nur der Heilige Geist lehren kann. Er ist der Geber allen Gebets.“ E. M. Bounds meinte: „Die Ursache für schwaches Gebet ist überall der Mangel an Gottes mächtigem Geist.“

Sie müssen mit dem Heiligen Geist erfüllt sein und im Heiligen Geist leben, wenn Sie bei der Fürbitte wirklich im Heiligen Geist siegen wollen. Schwaches Beten entsteht durch eine oberflächliche Erfahrung des Heiligen Geistes. Mit dem Heiligen Geist erfüllt zu sein heißt, vom Heiligen Geist kontrolliert zu werden; nur er kann Sie für ein wirksames Gebetsleben qualifizieren.

„Betet allezeit mit Bitten und Flehen im Geist und wacht dazu mit aller Beharrlichkeit im Gebet“ (Eph 6,18). „Betet im Heiligen Geist“ (Jud 20). „Desgleichen hilft auch der Geist unserer Schwachheit auf. Denn wir wissen nicht, was wir beten sollen, wie sich's gebührt; sondern der Geist selbst vertritt uns mit unaussprechlichem Seufzen. Der aber die Herzen erforscht, der weiß, worauf der Sinn des Geistes gerichtet ist; denn er vertritt die Heiligen, wie es Gott gefällt“ (Röm 8,26-27). „Denn durch ihn haben wir … in einem Geist den Zugang zum Vater“ (Eph 2,18).

Der Heilige Geist ist derjenige, der diese seine Gabe möglich macht. Eine seiner Hauptaufgaben in dem Christen ist es, den Christen zu befähigen, so zu beten, wie er beten sollte. Das Beten wird auf diese Weise zu einer wirklichen Partnerschaft mit dem Heiligen Geist. Beten und Wachen verlangt von Ihnen eine sehr große Sensibilität gegenüber dem Heiligen Geist – gegenüber seinem Bremsen, seinem Stimulieren, seinem Empfinden. Geistliche Wachsamkeit und Bereitschaft helfen Ihnen, im Geist zu leben, im Geist zu wandeln und im Geist zu beten. Dadurch werden Sie seine Gedanken und Wünsche erfahren.

Sie müssen mit dringlicher Beharrlichkeit beten

Zudringlichkeit ist schamloses Beharren beim Bitten; sie weist auf einen so großen inneren Drang hin, daß die betroffene Person sich durch nichts davon abhalten läßt, ihre Bitten vor Gott zu bringen. Die Bibel zeigt wiederholt, wie wichtig es ist, anhaltend und dringlich zu beten, ohne schwach zu werden oder aufzugeben.

Jesus erzählte seinen Jüngern ein Gleichnis, um diese Wahrheit zu illustrieren. Es gab einmal einen ungerechten Richter, dessen Herz gegenüber Gott und Menschen verhärtet war. Doch aufgrund des schamlosen Beharrens einer bedürftigen Witwe handelte er in ihrem Sinn (Lk 18,1-8). Wieviel gewisser, so versprach Jesus, wird Gott das anhaltende Gebet seiner Kinder beantworten.

Jesus lehrte, daß dringliches, anhaltendes Bitten einen Freund zum gewünschten Handeln veranlaßt, der allein aufgrund der Freundschaft nicht helfen würde. Er schlußfolgerte: „Ich sage euch: Und wenn er schon nicht aufsteht und ihm etwas gibt, weil er sein Freund ist, dann wird er doch wegen seines unverschämten Drängens aufstehen und ihm geben, soviel er bedarf." In unmittelbarem Anschluß daran gab Jesus seine großartige Aufforderung zum Gebet und die damit verbundene Verheißung, aus der ein zunehmendes Maß an Zudringlichkeit sichtbar wird: „Und ich sage euch auch: Bittet, so wird euch gegeben; suchet, so werdet ihr finden; klopfet an, so wird euch aufgetan. Denn wer da bittet, der empfängt; und wer da sucht, der findet; und wer da anklopft, dem wird aufgetan" (Lk 11,5-10).

Judson sagte: „Gott liebt zudringliches Gebet so sehr, daß er uns ohne solches Gebet nicht viel Segen geben wird." Durch dringliches, anhaltendes Gebet trainieren Sie sich im Gebetsleben. Bounds schrieb: „Wenige Dinge geben der Seele so schnell und anhaltend Kraft wie eine lange, anstrengende Zeit zudringlichen Gebets." Solche Gebetszeiten sind Perioden enormen Wachstums in der Gnade und in geistlicher Reife.

Dringliches Gebet erfordert den Einsatz Ihrer ganzen Seele und Ihres ganzen Seins. Ihre ganze Seele wendet sich Gott mit Macht zu. „Und ihr werdet mich anrufen und hingehen und mich bitten, und ich will euch erhören. Ihr werdet mich suchen und finden; denn wenn ihr mich von ganzem Herzen suchen werdet, so will ich mich von euch finden lassen" (Jer 29,12-14).

Bounds sagte: „Der Himmel ist zu beschäftigt, um auf halbherzige Gebete zu hören." Gott kann Gleichgültigkeit nicht akzeptieren. Das Gebet lebt vom Feuer. Es ist der feurige Fürbitter, der den Sieg davonträgt. Das brennende Verlangen macht die Fürbitte unbesiegbar. Zudringlichkeit ist feuriges Beten. Das Verlangen ist das Feuer darin; die Fürbitte ist das Feuer, das zu Gott emporlodert.

Weißglühendes Gebet dringt quer durch alle Hindernisse hindurch zum Thron Gottes vor. Ein brennendes Herz ist Ihre beste Vorbereitung für das Gebet. Feuriges Gebet ist die aus dem Heiligen Geist geborene Intensität. Das Feuer des Heiligen Geistes tauft Ihr Herz; es macht Sie dadurch zum Gebetskämpfer und bevollmächtigt Ihr Gebet. Wenn Ihre Gebete nicht von diesem heiligen Feuer berührt sind, dann haben Sie den Herzschlag Gottes noch nicht wirklich gespürt. Das Absorbiertsein von Gottes Willen, Plan, Eifer und Ehre wird Ihr Herz und Ihr Gebet entflammen.

Sie können das Feuer des Heiligen Geistes nicht selber herstellen, aber Sie können sich darauf vorbereiten, offen dafür zu sein; Sie können darum beten, bis Sie es empfangen haben, und Sie können es nähren, um ein Erlöschen zu verhindern. Solch feuriges Gebet hält manchmal den Schlaf fern und erweckt im Herzen den Wunsch, zu fasten. Erregte Gefühle sind billig; menschlicher Eifer ist manchmal anstößig. Aber das vom Heiligen Geist bevollmächtigte Gebet bringt Feuer vom Himmel, Feuer in die Seele; außerdem bringt es Heiterkeit des Geistes.

Bounds schrieb: „Feuer ist das Leben des Gebets; man erreicht den Himmel durch eine brennende Zudringlichkeit, die in einer Opferschale emporgehoben wird." Der Himmel beachtet gelegentliches Bitten nicht besonders. Kaum merkliches Verlangen, lustloses Gebet und geistliche Faulheit berühren Gott wenig. Gott freut sich dagegen sehr über die Seele, die vor heiliger Leidenschaft brennt; er freut sich, wenn sich das Herz nach ihm ausstreckt.

Sowohl Himmel wie Hölle respektieren ernsthaftes, kühnes, nachdrückliches Gebet. In der Fürbitte ist kein Platz für Schüchternheit. Wir sollen kühn vor den Thron der Gnade treten (Hebr 4,16). Gott hat keine Zeit für Gebete, die nur die vorübergehende Laune einer gleichgültigen Seele sind. Jesaja klagte: „Niemand ruft deinen Namen an oder macht sich auf, daß er sich an dich halte" (Jes 64,6).

Das zudringliche Gebet geht so auf in dem Anliegen und in Gottes Antwort auf dieses Anliegen, daß es auf nichts anderes achtet. Das ist das Geheimnis des effektiven Betens. Das Beispiel von der zudringlichen Witwe gab Jesus, nachdem die Jünger ihn gebeten hatten: „Herr, lehre uns beten."

Dringliches Gebet nimmt an Intensität zu, bis die Antwort da ist. Beten kann ein dauernder Wechsel von Bitten, Suchen, Klopfen und Fasten sein. Wer sich in solchem Gebet engagiert, kann nicht aufhören, weil er den Willen Gottes kennt und die Herrlichkeit Gottes sehen muß.

Auch nachdem Gott Sie durch eine Verheißung auf besondere Weise erquickt hat, müssen Sie in aktivem Glauben weiterdrängen. Elia wußte, daß Gott versprochen hatte, Regen zu senden, aber er verharrte siebenmal in anhaltendem Gebet, sein Gesicht zwischen seinen Knien (1. Kön 18,41-46). Daniel kannte Gottes Verheißung, die Juden zu befreien, aber er trat fürbittend ein, bis Gott seinen Erzengel sandte, der ihm die Antwort überbrachte und ihm sagte, wie sehr er geliebt werde (Dan 10,10-11.19). Gott wirkte machtvoll, aber Paulus hörte nicht auf, Tag und Nacht im Gebet für alle seine Bekehrten und Gemeinden zu kämpfen.

Dringliches Gebet kann quälend sein. Das Gebet ist schwere Arbeit und noch mehr als das. Es gibt beim Beten wunderbare Zeiten der Erfrischung, aber es gibt auch Zeiten des schweren, unschönen und unspektakulären Sich-Abmühens. Gebet ist Realismus. Berge sollen bewegt werden; Dämonen sollen entfernt werden. Der oberflächliche Christ ärgert sich über Gebet, das Arbeit, Ringen, Kampf beinhaltet. Dann gibt es plötzlich einen tragischen Unfall, eine tödliche Krankheit oder drohenden Tod, und nun bittet der oberflächliche Christ flehentlich um das Gebet derjenigen, die wissen, wie man betend siegt. Plötzlich will er nichts weniger als zudringliches Gebet.

Das Gebet ist ein Ringen, wie Jakob am Jabbok rang. Vielleicht geschieht dieses Ringen im stillen, aber es ist dennoch mühevoll und ernst. Das Wort in Kolosser 4,12 in bezug auf Epaphras besagt, daß er sich im Gebet abquälte: „Der allezeit in seinen Gebeten für euch ringt (wörtlich: sich abquält), damit ihr feststeht, vollkommen und erfüllt mit allem, was Gottes Wille ist." Ist dies eine korrekte Beschreibung Ihres Gebetes für Ihre Freunde, für Ihre Gemeinde, für Ihr Volk? Paulus bat um diese Art der Zudringlichkeit für sich selber: „Ich ermahne euch aber, liebe Brüder, durch unsern Herrn Jesus Christus und durch die Liebe des Geistes, daß ihr mir kämpfen helft durch eure Gebete für mich zu Gott" (wörtlich: „daß ihr euch mit mir im Gebet abquält") (Röm 15,30).

Als Mose für Israel in den Riß trat, tat er das in qualvollem zudringlichem Gebet. Es war quälende Zudringlichkeit, als Paulus für die nicht geretteten Juden betete: „Ich sage die Wahrheit in Christus und lüge nicht, wie mir mein Gewissen bezeugt im heiligen Geist, daß ich große Traurigkeit und Schmerzen ohne Unterlaß in meinem Herzen habe. Ich selber wünschte, verflucht und von Christus getrennt zu sein für meine Brüder, die meine Stammverwandten sind nach dem Fleisch" (Röm 9,1-3). In Gethsemane handelte es sich um ähnliche Zudringlichkeit, als der Gebetsschweiß Christi sich in große Blutstropfen verwandelte, die auf den Boden fielen (Lk 22,44).

Sie können lernen, im Gebet zu siegen. Sie können lernen, den Sieg über sich selbst und über Satan in Anspruch zu nehmen, bis Gott eingreift und seine Engel schickt, um die Antwort eilends herbeizuführen. Diese Art des Gebets wird oftmals relativ viel Zeit beanspruchen, und sie ist in der Regel die Folge Ihres immer tiefer werdenden Lebens der Fürbitte. Sie müssen lernen, auszuharren, bis die Antwort da ist. Sie müssen es lernen, sich in Ihren Gebeten so vom Heiligen Geist führen zu lassen, daß er Sie Schritt für Schritt leitet, bis Sie siegen. Nur er kann Ihnen die Dringlichkeit eines Anliegens so sehr vor Augen führen, daß Ihr ganzes Sein zu Gott aufschreit und sich weigert, sich von Satan aufhalten oder durch Verzögerung entmutigen zu lassen. Sie werden auf diese Weise nicht jeden Tag für jedes Anliegen beten. Aber wie Gott es leitet, wird Ihnen der Heilige Geist die Dringlichkeit in die Seele legen.

Ihr dringliches, siegreiches Gebet kann an Intensität zunehmen, bis Sie wahrhaft im Gebet ringen. Dies ist ein Ringen der Seele, nicht des Körpers. Dies ist das Gebet, das über alle Mächte siegt, die Satan gegen den Willen Gottes aufbietet. Dies ist das Gebet, das Gottes Wunderkraft dazu bewegt, sich des Anliegens des Menschen anzunehmen. O meine geliebten Brüder und Schwestern, lassen Sie uns im Gebet den Sieg davontragen!

Sie können ein Gebetskämpfer sein

Erfolgreiche Fürbitter, die von Gott außerordentlich im Gebet gebraucht werden, bezeichnet man manchmal als „Gebetskämpfer". Es ist richtig, den Ausdruck „Kämpfer" in dieser Zusammensetzung zu benutzen, denn intensives Gebet bedeutet Kampf mit den Mächten des Bösen. Gott will, daß alle seine Kinder Gebetskämpfer sind. Haben Sie jemals einen Zweifel daran gehabt, daß Sie selber im Gebet mächtig werden könnten? Haben Sie den Eindruck, daß Sie Ihre eigene Schwachheit im Gebet zu gut kennen, als daß Sie erwarten könnten, daß Sie einer von Gottes Gebetskämpfern werden könnten? Lassen Sie den Mut nicht sinken. Sie können die Qualität Ihres Gebetslebens so steigern, daß Gott sich auf Sie als einen seiner wahren Gebetskämpfer voll und ganz verlassen kann.

Gott führt beständig Krieg mit der Macht Satans. Seit der Zeit von Adam und Eva bis auf den heutigen Tag versucht Satan, Gottes ewigen Plan für unsere Erde und die Menschheit zu verzögern oder zu vernichten. Diese Absicht wird er niemals aufgeben. In der Offenbarung bekommen wir einen kleinen Einblick in den neuen Himmel, die neue Erde und das neue Jerusalem, die Gottes ursprünglichen Plan bei der Erschaffung der Welt erfüllen werden. Satan weiß, daß er diesen Plan nicht zu Fall bringen kann. Aber seit seinem Auftreten im Paradies hat er bis heute jegliche mögliche Taktik eingesetzt, um seine Erfüllung zu verhindern. Satan wurde auf Golgatha besiegt, aber er ist fest entschlossen, bis zu seiner letzten, von dem Apostel Johannes prophezeiten Niederlage in der Schlacht von Gog und Magog zu kämpfen (Offb 20,7-10).

Zusätzlich zu dem obigen, umfassenden Plan hat Gott einen persönlichen Plan für jedes einzelne seiner Kinder. Er hat diesen Plan so abgestimmt, daß er sich mit seinem umfassenden Plan in Einklang befindet. Satan greift Gott heute hauptsächlich dadurch an, daß er Gottes Kinder attackiert und behindert, und daß er die gesamte nicht gerettete Menschheit zu betrügen, ihr zu schaden und sie zu verdammen sucht. Seine Bemühungen können nur dadurch zunichte gemacht werden, daß man ihn auf zwei Ebenen in den geistlichen Kampf verwickelt – in den Kampf der Engel und in unseren Gebetskampf.

Gottes Kinder sollen Kämpfer sein, die für Gottes Sache in die Schlacht ziehen und Satan immer wieder durch Gebet und Gehorsam besiegen. Das Gebet allein reicht für diese Aufgabe nicht aus. Es ist jedoch die Grundlage für jeglichen Gehorsam und das unverzichtbare menschliche Element in der Wirksamkeit unseres Gehorsams. Obwohl wir vielleicht beschränkt sind im Blick auf die Gebiete, in denen unser Gehorsam gebraucht werden kann, kann doch jeder Christ Erfolg haben im Gebetskampf an jedem Ort der Welt.

Gott möchte, daß Sie einen aktiven Geist haben, daß Sie immer bereit sind, für Gott und gegen die Sünde und den Satan die Initiative zu ergreifen. Gott möchte, daß Sie immer geistlich wachsam sind, abrufbereit und im Nu fertig, um eine besondere Aufgabe zu übernehmen. Das bedeutet, daß Sie umsichtig sein und die Methoden des Gebetskampfes kennen müssen.

Satan wird sich jeder Anstrengung, einen Gebetskampf zu führen, widersetzen. Er zählt auf die Abneigung vieler Christen, sich dieser Art von aufopferungsvollem Gebet hinzugeben. Viele beten bequem mit zwei oder drei geistlich gesinnten Christen mit, aber wie Petrus, Jakobus und Johannes im Garten Gethsemane wissen sie nicht, wie sie selber eine Stunde im Gebet verbringen sollen. Viele haben praktisch niemals eine Gebetslast empfunden, noch wissen sie, wie sie auf eine Gebetslast reagieren sollen. Gott will, daß Sie große Freiheit im Gebet haben und in allen Formen des Gebets erfahren sind.

Wenngleich jedes Gebet wichtig ist, ist der Gebetskampf – die höchste Ebene des Gebets – sehr stark von den Gebetskämpfern abhängig. Diese Ebene des Gebets übertrifft sogar die des siegreichen Gebets. Es scheint, daß auf einen wahren Gebetskämpfer zehntausend Gebetsamateure kommen. Das muß nicht sein. Sind Sie bereit, sich von Gott zu einem seiner aufmerksamen und in Bereitschaft stehenden Gebetskämpfer ausbilden und gebrauchen zu lassen? Zur Weltevangelisation gehört schwerer geistlicher Kampf, da jeder geistliche Fortschritt von Satan bekämpft wird. Geistliche Eroberungen hängen ab von beständigem siegreichem Gebet und wiederholtem Gebetskampf. Sehen Sie zu, daß Sie nicht zu jenen Christen gehören, die es lieber vorziehen zu arbeiten, als zu beten.

Ihnen steht die Ausrüstung eines Gebetskämpfers zur Verfügung

Gott hat seinen Kindern eine geistliche Waffenrüstung bereitgestellt. „Zuletzt: Seid stark in dem Herrn und in der Macht seiner Stärke. Zieht an die Waffenrüstung Gottes" (Eph 6,10-11.13). Diese Waffenrüstung besteht (a) aus dem Gürtel der Wahrheit, (b) dem Panzer der Gerechtigkeit, (c) den Stiefeln der Bereitschaft, um für das Evangelium des Friedens einzutreten, (d) dem Schild des Glaubens, (e) dem Helm des Heils und (f) dem Schwert des Geistes, dem Wort Gottes (V. 14-17).

Warum ist uns diese Waffenrüstung gegeben worden? Weil wir an einer Schlacht beteiligt sind, in der es darum geht, den Satan aus seinen Stellungen zu verjagen und ihn zu besiegen. „Zieht an die Waffenrüstung Gottes, damit ihr bestehen könnt gegen die listigen Anschläge des Teufels. Denn wir haben nicht mit Fleisch und Blut zu kämpfen, sondern mit Mächtigen und Gewaltigen, nämlich mit den Herren der Welt, die in dieser Finsternis herrschen, mit den bösen Geistern unter dem Himmel" (Eph 6,11-12). Im Griechischen gebraucht Paulus hier wiederholt das Wort „gegen". Wir sind so sehr gegen Satan, wie er gegen uns ist!

Wie kämpfen wir nun mit dieser ganzen Ausrüstung? Die Antwort findet sich in Vers 18: „Betet allezeit mit Bitten und Flehen im Geist und wacht dazu mit aller Beharrlichkeit im Gebet für alle Heiligen." Dieser großartige Bibelabschnitt über den geistlichen Kampf sagt also, daß die wirksamste Art und Weise, sich im Kampf gegen Satan zu engagieren, das Gebet ist. Und Sie können beten! Sie brauchen dazu nicht auf die andere Seite der Erde zu reisen. Die Front in diesem Kampf verläuft genau da, wo Sie sich aufhalten. Sie können Siege gewinnen auf der anderen Seite der Erde, und zwar von dem Ort aus, wo Sie sich gerade befinden.

Weil es sich um einen Gebetskampf handelt, wissen Sie nie, wie viele Menschen der Heilige Geist in einem gegebenen Augenblick oder für eine spezifische Situation zum Gebet aufgerufen hat. Manche Gebetsanliegen sind plötzliche Notrufe ohne vorangehende Ankündigung. Vielleicht sind Sie der einzige, den der Heilige Geist beauftragt, für diese Person oder für einen bestimmten Aspekt des Anliegens zu beten. Es kann auch sein, daß Sie aufgrund der Ernsthaftigkeit des Anliegens einer von mehreren sind, die der Heilige Geist in die Schlacht ruft. In manchen Fällen jedoch können Sie aufgrund Ihres Wissens oder aufgrund einer besonderen Beziehung zu dem Menschen, der das Gebet braucht, Gottes Hauptgebetspartner sein.

Andere Gebetsanliegen bleiben lange aktuell. Satan kann sich völlig verschanzt haben; vielleicht hat er seine Truppen gegen eine Einzelperson oder gegen eine Gruppe von Personen zusammengezogen. Es kann einen anhaltenden Gebetskampf auf Seiten vieler Menschen erfordern, um Gottes Sieg Geltung zu verschaffen.

Ob Sie nun alleine stehen in der Gebetsschlacht oder ob Sie einer von vielen sind, in Gottes Plan ist Ihr Gebet immer von strategischer Bedeutung.

Wie Sie im Gebet den Sieg davontragen können

Der Gebetskampf ist kein Betteln Ihrerseits um Gottes Hilfe bei der Erfüllung seines Willens. Auch ist er nicht der Versuch, Gott von der Größe eines Anliegens zu überzeugen. Der Gebetskampf ist das sich Anschließen an Christus zum

Austreiben und Besiegen Satans und zur Befreiung seiner Gefangenen. Er ist das Vorrücken gegen Satans Festungen und das Aufscheuchen und Vertreiben seiner dämonischen Mächte. Satan ist ein Lügner, und er hat überhaupt kein Recht dazu, diejenigen, für die Christus starb, zu beherrschen und zu versklaven. Er hat kein Recht dazu, Menschen zu quälen und zu unterdrücken, sie zu hintergehen und zu erschrecken, damit sie sich ihm unterwerfen. Satan wurde auf Golgatha vollständig besiegt (siehe das Kapitel „Durch das Kreuz haben Sie Autorität im Gebet"). Verglichen mit Gottes Heerscharen, sind seine bösen Geister zahlenmäßig geringer und verfügen über wesentlich weniger Macht. Der Gebetskampf ist die Geltendmachung des Sieges von Golgatha ungeachtet der betrügerischen Ränke und besiegten Geisthelfer Satans.

1. Ergreifen Sie die Offensive im Gebet. Gott berief Mose, Israel aus Ägypten zu führen, nicht, sie in Ägypten zu verteidigen; die feindlichen Völker anzugreifen und zu besiegen, nicht, Israel vor ihnen zu schützen. Gott sandte Josua, in Kanaan einzufallen und es zu erobern, nicht, um eine friedliche Lösung des Konflikts auszuhandeln. Der Heilige Geist wurde zu Pfingsten gegeben, nicht, damit die Gemeinde gesegnet und bequem bliebe, sondern um sie unbesiegbar zu machen.

Die Waffen unseres geistlichen Kampfes sind, so sagt Paulus, keine Verteidigungswaffen, sondern Angriffswaffen. „Denn die Waffen unsres Kampfes sind nicht fleischlich, sondern mächtig im Dienste Gottes, Festungen zu zerstören. Wir zerstören damit Gedanken (von Satan) und alles Hohe (was soviel wie „Anmaßung" bedeutet), das sich erhebt gegen die Erkenntnis Gottes, und nehmen gefangen alles Denken in den Gehorsam gegen Christus" (2. Kor 10,4-5). Wir sollen keinen Umweg machen, wenn Satan einen Berg des Widerstandes gegen uns auftürmt; wir sollen Satan herausfordern und seinen Berg ins Meer schleudern (Mt 17,20). Wir sollen nicht „die Festung halten", bis Jesus kommt und uns rettet; wir sollen die Pforten der Hölle erstürmen (16,18).

Bitten Sie Gott, Ihnen einen angriffslustigen Geist zu geben. Bitten Sie ihn, Ihnen spezifische Anliegen zu zeigen, für die Sie beten können. Bitten Sie ihn, Ihnen die Blindheit, die Gebundenheit und die Verlorenheit der Ungeretteten zu zeigen. Bitten Sie Gott, Ihnen zu helfen, seine sehnsuchtsvolle Liebe für den Sünder zu empfinden ebenso wie seinen Haß gegen die Sünde, die den Sünder vernichtet, und seine leidenschaftliche Liebe für die Gemeinde, das Reich Gottes und die zukünftige Ernte.

Bitten Sie Gott, Ihnen im Gebet eine neue Freude und Erwartungshaltung zu geben, eine heilige Kühnheit, um den Triumph Christi und die Niederlage Satans zu sehen. Bitten Sie Gott, Ihnen mehr Glauben zu geben, daß sich Gottes Verheißungen erfüllen und Satan beschämt wird. Bitten Sie Gott, ein heiliges Feuer in Ihrer Seele zu entzünden durch die Macht des Heiligen Geistes, Ihr Gebet von Schwachheit in siegreiche Kraft zu verwandeln und in ein nachdrückliches Beharren darauf, daß Gottes Wille auf der Erde geschehe wie im Himmel. Beharren Sie darauf im Gebet für die spezifischen Situationen, die Gott Ihnen ans Herz legt. Bitten Sie ihn, Ihr Gebet mit der Autorität von Golgatha auszustatten, mit der Macht von Pfingsten und mit der Allmacht seines Namens.

Dies ist Ihre Stunde, um Gottes Wundermacht offenbart, seine Pläne erfüllt und seine Feinde vertrieben zu sehen. Dies ist Ihre Stunde, um auf Ihren Knien mit Christus zu triumphieren. Der Sieg wurde auf Golgatha gewonnen und sichergestellt. Satan und alle Dämonen der Hölle wissen, daß ihr Kampf bereits verloren ist. Zeigen Sie ihnen im Namen Jesu, daß ihr Gebärden nur Bluff ist.

2. Tun Sie alles in der Kraft des Heiligen Geistes. Der Heilige Geist ist gekommen, um Christus zu vertreten und den Sieg, den Christus auf Golgatha errungen hat, zur Geltung zu bringen. Er ist gekommen, um Satan vor Ihnen auszutreiben. Widerstehen Sie dem Teufel; er wird vor Ihnen fliehen, weil der mächtige Heilige Geist Ihrem Glauben und Ihrer von Christus gegebenen Autorität den Rücken stärkt (Jak 4,7). „Wenn der Bedränger kommen wird wie ein

Strom, so wird der Hauch Jehovas ihn in die Flucht schlagen" (Jes 59,19 nach der Elb.Ü. 1948).

Wenn der Geist Sie erfüllt und Sie in Ihrem Gebet leitet und Sie dann in das Territorium Satans einfallen, um seine Gefangenen zu befreien, dann ist der Heilige Geist Ihnen ganz nahe, um Ihre Worte mit der Autorität Christi auszustatten. Im Gebetskampf kämpfen Sie nicht allein. Der Heilige Geist wird auf Ihnen ruhen und durch Sie beten. „Betet allezeit … im Geist" (Eph 6,18).

3. Widerstehen, binden und verjagen Sie Satan in heiligem Glauben. Lassen Sie mich jedoch ein Wort der Vorsicht sagen: Werden Sie nicht teufelbewußt. Lassen Sie sich nicht von Ihrem Feind vereinnahmen. Reden Sie nicht dauernd über ihn. Widerstehen Sie ihm, wenn es notwendig ist; befehlen Sie ihm zu gehen. Aber konzentrieren Sie Ihre Aufmerksamkeit auf Jesus, der auf dem Thron im Himmel sitzt. Denken Sie daran, daß Sie durch Ihr Gebet das Kommen des Tages beschleunigen, an dem alles unter Jesu Füße gelegt wird.

Widerstehen Sie jedem Zeichen von Satans Wirken, jedem Angriff, den er auf ein Kind Gottes macht. Weisen Sie Satan im Namen Jesu zurück. Fordern Sie ihn auf, hinter Sie und Jesus zu treten. Berufen Sie sich auf Jesus selber, um ihn in seine Schranken zu weisen (Sach 3,1-2). Der Herr kam, das Werk des Teufels zu vernichten (1. Joh 3,8). Binden Sie die dunklen Mächte Satans im Namen Jesu durch die Allmacht Gottes. Was immer Sie auf Erden binden werden, wird durch den Himmel bestätigt, bevollmächtigt und gebunden (Mt 16,19). Machen Sie sich keine Gedanken darüber, wie dies geschehen soll. Christus braucht nur ein Wort zu sprechen. Glauben Sie einfach und binden Sie den „Starken" aus der Hölle (Lk 11,21). Gott hat zahllose Engel bereitstehen, um Ihren Befehl des Glaubens auszuführen.

Es gibt Situationen, in denen Satan im Augenblick die Oberhand hat und die sich nicht ändern werden, bis Sie die Offensive ergreifen und Satan austreiben. Es gibt von Satan versklavte Menschen, die nicht in der Lage sind, sich selber zu befreien. Sie bleiben in Satans Knechtschaft, bis Sie oder andere Gotteskinder die Dunkelheit vertreiben, die dämonischen Mächte binden und Satan zwingen, seine Gefangenen freizulassen.

Zittern Sie nicht vor Satan; stellen Sie seine Autorität infrage. Ducken Sie sich nicht, wenn er wie ein Löwe brüllt. Nehmen Sie die Autorität des Namens Jesu in Anspruch, und der alte Löwe wird mit eingezogenem Schwanz davonschleichen; er wird davongleiten wie die alte Schlange, die er ist (Offb 12,9).

4. Sättigen Sie Ihre Seele mit dem Wort Gottes. Da Sie niemals wissen, wann der Heilige Geist Sie zu besonderem Gebet oder zum Gebetskampf aufruft, ist es wichtig für Sie, geistlich permanent „bei Kräften zu bleiben", indem Sie sich mit dem Worte Gottes nähren. Niemand kann geistlich fit bleiben, wenn er jeden Tag nur einige wenige Bibelverse liest. Selbst ein Kapitel pro Tag stellt nur eine sehr unzulängliche geistliche Diät dar. Gottes Wort kann durch nichts ersetzt werden; kein Andachtsbuch kann anstelle des Bibellesens treten.

Stärken Sie sich zu Anfang einer ausgedehnten Gebetszeit oder Gebetsschlacht reichlich mit dem Wort Gottes. „So kommt der Glaube aus der Predigt, das Predigen aber durch das Wort Christi" (Röm 10,17). Sättigen Sie sich selber mit Gottes Wort. (Für eine eingehendere Erörterung dieses Themas siehe das Kapitel „Die Verheißung ist für Sie").

Zitieren oder lesen Sie während Ihres Gebetskampfes die Verheißungen Gottes. Gebrauchen Sie nach Möglichkeit ein oder zwei besondere Verheißungen, die Sie in Anspruch nehmen können für den Sieg, den Sie suchen. Wenn Gott es so führt, dann lesen Sie die Verheißungen Satan laut vor. Denken Sie daran, daß „Jesus" der mächtigste Name in der Bibel ist. Immer wieder wurden Satan, seine Dämonen oder durch Dämonen motivierte Feinde vertrieben, weil man von dem Namen Jesu Gebrauch machte. Die Dämonen sind schon unzählige Male durch die Autorität des Namens Jesu ausgetrieben worden.

Ich kenne keine bessere Aufforderung in einer Gebetsschlacht als Epheser 6,17: „Nehmt das Schwert des Geistes." Der Heilige Geist wird Ihren Gebrauch des Wortes im Gebet unterstützen und bevollmächtigen. Wie ich bereits zuvor erwähnt habe, können Sie sogar dazu geführt werden, die Bibel an Ihrem Herzen oder in Ihrer Hand zu halten oder Ihre Hand auf eine Verheißung zu legen, die Sie in Anspruch nehmen. Das ist freilich nur das Symbol für das, was Sie im geistlichen Bereich tun, wenn Sie Satan durch das Wort besiegen. Nehmen Sie so, wie Jesus eine Peitsche machte und die Kaufleute aus dem Tempel trieb, das Wort und treiben Sie jeden Dämon aus, der Gottes Willen blokkiert und ein Nachhutgefecht gegen Gottes Volk liefert.

5. Jagen Sie den Teufel fort durch Lobpreis. Genau wie in einem menschlichen Kampf die Soldaten jede Waffe benutzen, die ihnen hilft, den Sieg zu erlangen, so kann Sie der Heilige Geist in einem geistlichen Kampf dazu führen, Ihre Gebetsart von Zeit zu Zeit zu verändern. Er wird Sie zu solchem Glauben führen, daß Ihr Mund mit dem Lobpreis Gottes gefüllt wird. Satan wird durch Lobpreis frustriert, denn er fürchtet den Namen Jesu. Preis den Herrn!

„Die Heiligen sollen fröhlich sein und preisen und rühmen auf ihren Lagern. Ihr Mund soll Gott erheben; sie sollen scharfe Schwerter in ihren Händen halten … ihre Könige zu binden mit Ketten und ihre Edlen mit Fesseln, daß sie an ihnen vollziehen das Gericht, wie geschrieben ist. Solche Ehre werden alle seine Heiligen haben. Halleluja" (Ps 149, 5-6.8-9).

Mit Gottes Wort, Ihrem zweischneidigen Schwert (Hebr 4,12), in der Hand und Gottes Lob auf Ihren Lippen werden alle Dämonen der Hölle vor Ihnen fliehen. Genau wie der Herr Hinterhalte legte (vermutlich durch Engel), als die Israeliten ihn lobten, so kann er, wenn Sie ihn loben, Satan in den Hinterhalt locken.

6. Werben Sie um das Gebet anderer. Es gibt geistliche Situationen, die so schwierig sind, daß das Gebet vieler Gebetskämpfer notwendig ist. Darum gab der Herr eine besondere Verheißung für diejenigen, die im Gebet eins werden (Mt 18,19). Es liegt eine zusätzliche geistliche Macht in dem gemeinsamen Gebet. Zehn Tage nach dem gemeinsamen Gebet von einhundertzwanzig Gläubigen kam Pfingsten, und dreitausend Menschen wurden an einem Tag gerettet (Apg 1,4). Nach dem gemeinsamen Gebet von einer Vielzahl von Menschen erbebte der Ort, an dem sie beteten, und Gott gab große Gnade, große Macht und große Ernte (Apg 4,23-33; 5,12-16). Während die Jerusalemer Gemeinde ernsthaft betete, wurde Petrus von einem Engel aus dem Gefängnis befreit, und „das Wort Gottes wuchs und breitete sich aus" (Apg 12,24).

OMS International begann seine Arbeit in Indien im Jahre 1941. Die ersten fünfundzwanzig Jahre von harter Arbeit, Schweiß, Tränen, Gebet und Fasten sahen im Durchschnitt ein oder zwei neue Gemeinden pro Jahr. Als ich 1964 zu meinem Heimaturlaub über den Pazifik flog, betete ich darüber, was wir noch tun könnten, um Indiens Ernte einzubringen. Gott führte mich, um wenigstens eintausend Gebetspartner zu bitten, die jeden Tag fünfzehn Minuten im Gebet für Indien und unsere Arbeit verbrachten.

Vor einigen Jahren war ich wieder in Allahabad in Indien, wo ich mit unseren führenden Mitarbeitern einen Tag des Gebetes und der Berichterstattung verbrachte. Einer nach dem anderen berichtete mir, wie mächtig Gott wirkte. Einer von ihnen wandte sich an mich und sagte: „Duewel Sahib, wir alle … wir alle sehen Ergebnisse, die weit über das hinausgehen, was wir bisher gekannt haben."

„Preis dem Herrn!" sagte ich.

Er fuhr fort: „Duewel Sahib, bist du überrascht?"

„Ja, preis dem Herrn!" antwortete ich.

„Du solltest nicht überrascht sein!" erwiderte er sofort. „Bist du nicht nach Amerika gegangen und hast dort eintausend Menschen bekommen, die jeden Tag fünfzehn Minuten lang für uns beten?"

„Ich habe noch mehr als eintausend Menschen gefunden."

„Warum bist du dann überrascht?"

„Vielen Dank, George. Es ist gut, daß du mich daran erinnerst", sagte ich. „Warum sollte es uns überraschen, wenn Gott Gebet beantwortet!"

Jetzt haben wir etwa dreihundert Gemeinden mit ungefähr

fünfundzwanzigtausend Gläubigen; dazu kommen jährlich weitere fünfundzwanzig oder mehr Gemeinden. Eintausend Gebetskämpfer, die sich im Gebet um die Ernte vereinten, das war das Geheimnis!

Je größer der geistliche Widerstand, desto schwieriger ist Ihre Aufgabe, den vor Ihnen liegenden Berg zu bewegen. Je tiefer sich Satan eingegraben hat, desto notwendiger ist es, um die Unterstützung eines oder mehrerer Gebetskämpfer zu werben, um Satan auszutreiben. Vielleicht müssen Sie öfter und länger beten, als Sie erwartet hatten, aber so sicher wie Gott im Himmel ist, so sicher werden Sie zu gegebener Zeit ernten, wenn Sie nicht aufgeben (Gal. 6,9).

7. *Beten Sie weiter, bis Satan besiegt ist.* Wie lange sollten Sie die Gebetsschlacht weiterführen? Bis der Sieg da ist. Wenn Gott Ihnen die anfängliche Gebetslast gab, dann ist es Gottes Schlacht, nicht die Ihre. Wenn sich die Schlacht über einen Zeitraum von Tagen oder Monaten hinzieht, werden Sie nicht immer dieselbe Gebetslast verspüren oder über dasselbe Maß an Zeit verfügen, das Sie dem Gebet widmen können. Wohl aber können Sie Ihre Hingabe im Gebet aufrechterhalten. Sie können weiter auf Gottes Verheißungen stehen und ihn für die Antwort preisen, die kommen wird.

Setzen Sie Satan weiter unter Gebetsdruck. Nehmen Sie Ihre Autoritätsstellung mit Christus ein. Stehen Sie fest in der Autorität des Namens Christi. Halten Sie weiterhin des öfteren längere Gebetszeiten, wie Sie der Heilige Geist führt und befähigt.

Jesaja traf folgenden Entschluß: „Um Zions willen will ich nicht schweigen, und um Jerusalems willen will ich nicht innehalten, bis seine Gerechtigkeit aufgehe wie ein Glanz und sein Heil brenne wie eine Fackel" (Jes 62,1). Welche Anweisung Christi ließ die Jünger im Obergemach beten? „Ihr sollt aber in der Stadt bleiben, bis ihr ausgerüstet werdet mit Kraft aus der Höhe" (Lk 24,49). Wie lange müssen Sie beten? Bis die Antwort da ist.

Wenn Gott Ihnen einen Gebetsauftrag gibt, bedenken Sie, daß Ihre Verantwortung im Gebet so lange andauert, bis (1) die Antwort gekommen ist, (2) die Situation bewältigt oder die Person entfernt ist oder (3) Gott das Gebetsanliegen von Ihrem Herzen nimmt. Wenn Sie wissen, daß Sie nach dem Willen Gottes gebetet haben, dann können Sie sicher sein, daß auch Christus weiterhin dafür eintritt. Brechen Sie Ihre Gebetspartnerschaft mit ihm erst dann ab, wenn das Anliegen nicht mehr existiert.

Wie lange sollen Sie bitten? Bis Sie die Antwort empfangen haben. Wie lange sollen Sie suchen? Bis Sie finden. Wie lange sollen Sie an die Tür des Himmels klopfen? Bis die Tür aufgetan wird. Darf ich wiederholen, daß, so gewiß wie Gott auf seinem Thron sitzt, Sie zu gegebener Zeit ernten werden, wenn Sie nicht aufgeben (Gal 6,9). Himmel und Erde mögen vergehen, aber sein Wort wird niemals vergehen oder versagen.

Ihr Gebet kann eine Investition für die Ewigkeit sein

Das Gebet ist nicht nur ein Weg, um mit Gott zu sprechen und Hilfe von ihm zu erhalten, es ist auch eine Investition für die Ewigkeit! Die himmlischen Konten werden von den Engeln genau geführt. Unser Gott ist nicht so ungerecht, unser Werk und die Liebe, die wir ihm zeigten, als wir anderen halfen, zu vergessen (Hebr 6,10). Ebenso ist es unwahrscheinlich, daß er unsere heilige Sehnsucht, unsere Fürbitte und unsere Tränen vergißt. Egoistische Gebete gehen verloren; wahres Gebet aber ist nicht egoistisch. Auch haben Gebete, die aus einer falschen Motivation heraus gebetet werden, keinerlei Gültigkeit vor Gott (Jak 4,3).

Die Fürbitte für die Errettung anderer, für den Aufbau der Gemeinde Christi, für Erweckung unter Gottes Volk und für die Evangelisierung der Welt hat Ewigkeitswert. Gottes heiliger Wille ist ewig, und solche Gebete werden gebetet in Übereinstimmung mit diesem seinem Willen und werden von unserem großen Hohepriester, der das Amen unserer Gebete ist (Offb 3,14), unterstützt und durch den Hunger, die Macht und die Fürbitte des Heiligen Geistes beflügelt. Solche Gebete können nicht sterben, bis sie nach dem Maß von Gottes heiligem Willen erhört worden sind. All diese Gebete sind Investitionen für die Ewigkeit.

Das Gebet ist eine äußerst persönliche Investition der Liebe

Durch das Gebet können Sie Ihre Liebe, Ihr ganzes Sein einer Person, einer Gruppe von Menschen oder einem Volk geben. Das Gebet ist der einzige Ausdruck der Liebe, der nicht aufgehalten oder zurückgewiesen werden kann. Durch das Gebet können Sie sowohl denjenigen Liebe übermitteln, die Sie ebenfalls lieben, wie denjenigen, die Sie nicht einmal kennen. Durch das Gebet können Sie sogar das Leben derjenigen mit Liebe umgeben, die Sie ablehnen. Vielleicht nehmen jene Ihre Liebe nicht an, aber sie können sie nicht zerstören. Die Gebete der Liebe werden alle in dem Schatzhaus des Himmels gehortet und in der Erinnerung Gottes aufgehoben.

Ich kann dies nicht anhand der Bibel beweisen, aber ich glaube, daß das Gebet für einen Menschen, der Gottes Güte und Gnade bis zu seinem Tod völlig ablehnt, als ein mögliches Erbe für andere aus seiner Familie, seiner Umgebung oder seinem Volk erhalten bleibt. So kann zum Beispiel das Gebet für einen kommunistischen Führer auf Ablehnung stoßen, und dieser Führer stirbt möglicherweise als Atheist. Aber er ist nicht völlig unberührt geblieben durch Ihr Gebet oder durch Gottes Gnade. Gott hat sein Teil getan und Sie den Ihren. Da der Führer sein Volk repräsentierte, war in einem gewissen Sinne die Liebe zu ihm auch Liebe zu seinem Volk. Sie werden Ihre Belohnung erhalten, weil Sie ihn geliebt haben, wie Gott ihn geliebt hat. In Ihrer Fürbitte waren Sie Christus ähnlich. Es kann sein, daß dieses Gebet eines Tages auf eine Weise beantwortet wird, die Gott über alle Erwartungen verherrlichen wird – vielleicht in einer nationalen Erweckung. Das Gebet wird gesammelt in Gottes Reservoir der unbeantworteten Gebete für jene Nation. Es ist nicht verloren. Das nächste Kapitel beschreibt dies ausführlicher.

Meine Eltern wurden in ein Schulhaus auf dem Lande eingeladen, um dort wöchentlich eine Bibelstunde und eine Gebetsversammlung abzuhalten. Oft berichteten sie mir von dem ungewöhnlichen Empfinden von Gottes Gegenwart und Segen, das sie dort immer hatten. Eines Tages erwähnten sie dies in dem Schulhaus. Sofort erwiderten die Leute: „O, wußten Sie nicht, daß vor Jahren genau an dieser Stelle ein altes Gotteshaus der Baptisten stand?“ Ist es nicht möglich, daß nach so vielen Jahren das Gebet für diese Gemeinde noch immer beantwortet wurde?

Das Gebet kann eine Aussteuer an Segen entstehen lassen

Betende Eltern können fürbittend für ihre Kinder und Enkelkinder eintreten, so daß lange nach dem Tod der Eltern jene Gebete noch immer wunderbare Segnungen übermitteln. Die vom Glauben getragene Fürbitte der Gründer und Leiter von Gemeinden und Missionsgesellschaften werden über Jahrzehnte beantwortet. Jeder wirkliche Fürbitter betet viele Gebete, die erst dann vollständig beantwortet werden, wenn der Gebetskämpfer in die himmlische Gemeinde aufgenommen worden ist.

Im Heiligen Geist gebetete Gebete sterben nicht, bevor sie nicht Gottes beabsichtigten Zweck erreicht haben. Seine Antwort mag nicht so sein, wie wir es erwartet haben; vielleicht trifft sie nicht zu dem erwarteten Zeitpunkt ein; dennoch gibt Gott oft viel reichlicher, als wir je hätten denken oder bitten können. Gott interpretiert unsere Absicht, und entweder beantwortet er unsere Gebete, oder er hebt sie auf (Offb 8,2-5). Ernsthafte Gebete sind niemals verloren. Energie, Zeit, Liebe und Verlangen können Investitionen sein, die niemals ihren Wert verlieren oder unbelohnt bleiben können.

Jesus Christus beschenkt die Gemeinde unablässig mit seiner Fürbitte. Auch Paulus beschenkte die Gemeinde mit seinen Gebeten. Das gilt ebenso für unzählige Heilige und Leiter des Alten und Neuen Testamentes. Die mächtigen Ausgießungen des Heiligen Geistes im Tausendjährigen Reich und in dem neuen Himmel und auf der neuen Erde beruhen ohne Zweifel auf all diesen heiligen Fürbitten, die bis dahin nicht vollständig beantwortet wurden.

Verlieren Sie nicht den Mut, wenn Ihre Gebete nicht sofort beantwortet werden. Sie können sich mit Gottes Gnadenerweisen, mit den Diensten des Heiligen Geistes und mit dem Beistand und dem Schutz der Engel eine Aussteuer entstehen lassen. Beten Sie immer weiter; das Gebet ist niemals, niemals vergeblich.

Das Gebet ist in der Länge nicht begrenzt

Jedes heilige Verlangen, das in Ihrem Herzen aufsteigt, wenn Sie für andere beten, während Sie Ihrer normalen Routine nachgehen, kann Ihre Gebetsinvestitionen vervielfachen. Rufen Sie immer wieder während des Tages zu Gott in ein oder zwei Sätzen der Fürbitte. Jedes derartige Gebet zählt vor Gott. Im Verlauf eines jeden Tages gibt es kurze Augenblicke, die Sie für das Gebet verwenden können. Vergeuden Sie diese kostbaren Minuten nicht.

> Verachte keine einzige Minute –
> Jede einzelne hat sechzig Sekunden.
> Wenn du sie ergreifst, kannst du sie nutzen.
> Vergeude oder mißbrauch sie nicht.
> Wenn du betest, birgt deine kleine Minute
> Ewigkeitswert in sich.

Sehen Sie Ihre Gebetsverantwortlichkeit nicht wie einen gesetzlichen Zwang. Meinen Sie nicht, Sie dürften sich niemals Zeit zum Entspannen nehmen, zum Plaudern mit anderen, zur Freude an Gottes Natur, an schöner Musik oder Zeit für die Familie oder für Freunde. Dennoch vergeudet der Mensch im Durchschnitt jeden Tag unzählige Minuten – Minuten, die alle für das Gebet eingesetzt werden könnten.

Wenn Sie ein betendes Herz haben, dann gibt es vielfältige Gelegenheiten zu kurzen Gebetsinvestitionen. Wenn Sie jedesmal, wenn Sie alleine im Auto sitzen, das Radio anstellen, wenn Sie jedesmal, wenn Sie sich zu Hause hinsetzen, den Fernseher einschalten, wenn Sie jeden Augenblick mit unbedeutenden Beschäftigungen vollstopfen, dann sind Ihre Prioritäten eindeutig nicht von dem Interesse an Ewigkeitswerten geprägt. Sie können solche Augenblicke unachtsam verbringen, und sie sind auf ewig verloren. Sie können sie aber auch einsetzen für eine kurze, liebevolle Fürbitte, und sie werden einen ewigen Segen haben. Sie haben die Wahl.

Aber, o, wie wundervoll, wenn Sie bewußt längere Gebetszeiten einplanen! Reservieren Sie eine halbe Stunde, eine

Stunde oder eine noch längere Zeit für das Gebet und schließen Sie dann Ihre Tür während Ihrer Verabredung mit Gott. Wenn Sie keinen besonderen Platz in Ihrem Haus für Ihre Gebetszeit finden können, beten Sie dann innerhalb der Ihnen gegebenen Möglichkeiten. Wenn Sie Lastwagenfahrer sind, benutzen Sie die Fahrzeit während langer Transporte für das Gebet. Wenn Sie Invalide sind und Tag für Tag im Bett liegen müssen, dann lassen Sie die Zeit auf den Flügeln des Gebets dahinfliegen. Wenn Sie Bauer sind und Ihre Felder pflügen, dann säen Sie zugleich kostbaren Samen des Gebets.

Eine der größten Segnungen des Ruhestandes zum Beispiel ist die Möglichkeit zu langen Perioden des intensiven Gebets. In Upper Hutt, gerade außerhalb von Wellington in Neuseeland, zeigte mir ein pensionierter Bruder seinen Gebetsraum und erklärte mit großer Freude: „Sehen Sie, jetzt bin ich pensioniert und kann meinen ganzen Tag im Gebet verbringen. Ich wasche und rasiere mich, dann frühstücke ich, und dann verbringe ich meine Stunden in diesem Raum. Wollen Sie mein Gebetbuch sehen?“ Ich sah es mir natürlich gerne an. Er zeigte mir ein großes Ringbuch voller Bilder mit OMS-Missionaren, einheimischen Mitarbeitern, Karten von verschiedenen Völkern und ähnlichem. „Sehen Sie, jeden Tag reise ich im Gebet um die ganze Welt“, sagte er. Welch eine Belohnung ist jetzt für ihn im Himmel angewachsen! Er wird ewiglich Dividenden aus seinen Investitionen im Gebet erhalten.

Sie können überall auf der Welt Gebetsinvestitionen machen

Man kann finanziell nur eine bestimmte Anzahl von Diensten, Organisationen oder Einzelpersonen unterstützen. Durch das Gebet sind dem Umfang Ihrer Investitionen jedoch keine Grenzen gesetzt. (Siehe auch das Kapitel „Wie man Gebetslisten anlegt“.) Vielleicht gibt es Kinder oder Jugendliche, in deren Leben Sie Ihr Gebetsinvestitionen machen wollen. Vielleicht gilt Ihr Interesse besonders einer ungeretteten Familie oder einer oder mehreren Missionsgesellschaften. Ohne Zweifel werden Sie Ihr Gebet in den Dienst Ihrer eigenen Gemeinde investieren wollen. Wenn Ihnen Gott eine oder mehrere Nationen aufs Herz gelegt hat, dann können Sie im Gebet für eben diese Nationen investieren. Sie können in Menschen und in Völker investieren, die Sie vielleicht niemals selber sehen werden.

Als ich vor Jahren mit einem Bus durch Nordirland fuhr, betete ich für meine Versammlung, die ich an jenem Abend in einer Stadt auf dem Lande zu halten hatte. Als ich danach verlangte, weitere Gebetsunterstützung für Indien zu bekommen, wurde ich inspiriert, ein Gedicht zu schreiben. Ich war so gefangen in meinem Schreiben, daß ich die vorbeigleitende Landschaft oder meine Mitreisenden überhaupt nicht wahrnahm. Plötzlich wurde ich aufgeschreckt, weil ich meinen Namen rufen hörte. Als ich aufsah, bemerkte ich eine Frau, die im Gang stand. „Ich habe Sie gerade zufällig hier sitzen sehen", sagte sie. „Ich habe Sie erkannt nach einem Bild in Ihrem Missionsblatt, und ich wollte Ihnen nur sagen, daß ich seit achtzehn Jahren täglich für Sie bete, und besonders für Ihre Frau Betty." Tränen stiegen in meinen Augen auf, als ich erkannte, daß Gott mir gnädiglich erlaubt hatte, jemanden zu treffen, der im Gebet für mich und meine Familie investiert hatte.

Bei einer anderen Gelegenheit fuhr ich alleine in meinem Auto auf der gebührenpflichtigen Autobahn im Westen Virginias, als ich so schläfrig wurde, daß ich eine Weiterfahrt für zu gefährlich erachtete. Ich bat den Herrn, mich wachzuhalten, bis ich einen Platz fand, wo ich einen Imbiß und einen Kaffee bekommen konnte. Kurz darauf bemerkte ich ein Schild, das auf ein die ganze Nacht über geöffnetes Restaurant an der nächsten Ausfahrt hinwies. Ich parkte vor dem Gebäude, betrat es und nahm den einzigen freien Stuhl an der Theke. Der Mann rechts neben mir begann ein Gespräch. „Ich habe hier gehalten, weil sie hier keinen Alkohol verkaufen", sagte er. Ich sah ihn überrascht an. „Ich teile Ihre Einstellung", erklärte ich. „Ich bin Missionar." „Missionar!“ rief er aus. „Kommen Sie mit.“ Er stand von seinem Platz auf, und ein wenig verwirrt folgte ich ihm. Er blieb hinter einem Mann stehen, der ganz am Ende der Theke saß und tippte dem Gast auf die Schulter. Als dieser sich umdrehte, sah er mir direkt ins Gesicht. „Ich bete jeden Tag für Sie!“ sagte er dann, während das Erkennen seine Augen aufleuchten ließ. Wir waren beide an jenem Tag Hunderte von Meilen gefahren, beide mit einem unterschiedlichen Reiseziel. In Gottes Zeitplan hatten sich jedoch unsere Wege gekreuzt, und mir war vergönnt, einer weiteren Person zu begegnen, die im Gebet für mich investiert hatte und die mir ein ermutigendes Wort gab.

Welche Freude wird der Himmel bereithalten, wenn wir mit denjenigen zusammentreffen und Gemeinschaft haben, die unser irdisches Leben gesegnet und unseren Dienst durch ihre Gebetsinvestitionen unterstützt haben! Ich frage mich, ob die Engel an diesen Gesprächen teilnehmen und berichten werden, wie sie in einem kritischen Augenblick Ihres Lebens jemanden zum Gebet alarmierten.

Selbst wenn wir für Menschen beten, die sich Christus während ihres Lebens niemals übergeben, wird es uns nicht leidtun, unseren Teil getan zu haben. Als ich eines Tages mit Premierminister Nehru von Indien zusammentraf, fragte ich mich, was ich ihm in dem kurzen Augenblick, der mir zur Verfügung stand, wohl sagen könne. Wie froh war ich, ihm mitteilen zu können, daß ich jeden Tag für ihn betete.

Wenn Sie jemanden lieb haben, dann investieren Sie Gebet in diesen Menschen. Wenn Sie Ihre Gemeinde und Ihren Pastor lieben, dann beten Sie aufopferungsvoll für sie. Wenn Sie Ihr Volk lieben, stellen Sie dann sicher, daß Sie mehr Zeit mit Gebet als mit Kritik verbringen. Sie haben kein Recht, Ihre Politiker zu kritisieren, wenn Sie nicht für sie beten. Lieben Sie die Welt durch das Gebet. Machen Sie überall auf der Welt Gebetsinvestitionen und erwarten Sie reiche Zinsen!

Das Gebet kann die beste Investition sein, die Sie je machen

Gottes besondere Segnungen sind für diejenigen reserviert, die im stillen für ihn wirken, die nur ihm zu gefallen suchen und nicht anderen Menschen. Oft werden finanzielle Gaben öffentlich bekannt, so daß sich ein Teil der Belohnung bereits hier auf der Erde verwirklicht, weil andere davon erfahren und lobende Worte dazu sagen. Wir werden in Gottes Wort ermutigt, treue und gehorsame Diener zu sein, und Gott wird uns öffentlich belohnen. Wir beten jedoch nicht um der Belohnung willen, sondern weil uns Gott zum Beten aufgefordert hat.

Wir können überhaupt nicht einschätzen, wie groß die Belohnungen und die Gebetszinsen im Himmel sein werden, obwohl uns Gott einige aufregende Hinweise gibt. So heißt es zum Beispiel, daß Gottes Wege soviel höher als unsere Wege sind – soviel höher als der Himmel über der Erde ist (Jes 55,9); zweifellos schließt dies auch Gottes Art der Belohnung mit ein. Ähnlich betonte Jesus, daß Gott unendlich viel besser weiß, seinen Kindern Gutes zu geben, als ein menschlicher Vater (Mt 7,11).

Die Belohnungen des Gebetes sind unbeschreiblich viel größer als jeglicher Gewinnanteil, den eine irdische Geldinvestition erbringt. Die Bibel lehrt, daß ein Sünder, der Gott leugnet, der größte Tor ist, den es gibt. Manchmal frage ich mich, ob nicht auch manche Christen als Toren eingestuft werden sollten. Ein Christ, dessen Gebete fast immer egoistische „Gib mir"-Gebete sind, der eine Stunde täglich mit Zeitunglesen, aber keine fünf Minuten mit dem Lesen von Gottes Wort verbringen kann, der im Durchschnitt mehr als zwei Stunden täglich fernsieht, aber nicht eine Stunde dem Gebet widmen kann – der ist zweifelsohne am törichtsten von allen Menschen!

Dieser Mensch kennt die Macht Gottes, die Herrlichkeit des Himmels, die Länge der Ewigkeit und die Gewißheit von Gottes Belohnung für alles, was wir für ihn tun, und legt doch in seinem Leben einen größeren Wert auf das, was in der Ewigkeit überhaupt keinen Wert haben wird. Dieser Mensch verschwendet irdische Zeit und verliert die ewige Belohnung. Ein Großteil der Investitionen, die ein solcher Christ in seinem Leben macht, wird im Nu vor dem feurigen Gerichtsstuhl Christi, vor dem wir alle stehen werden, verbrennen (Röm 14,10-12; 2. Kor 5,9-10). Dieser Christ baut, obwohl er gerettet ist, auf Christus mit Materialien aus Holz, Heu und Stroh (1. Kor 3,11-15). Paulus sagt, daß dieser Mensch „Schaden erleiden" wird.

Das Gebet ist Ihre Möglichkeit, Minuten und Stunden in ewige Belohnungen zu verwandeln, irdische Zeit in ewige Segnungen. Das Gebet ist eines der gottwohlgefälligsten Dinge, die man auf Erden tun kann, vielleicht sogar die gottwohlgefälligste Sache überhaupt. Es ist die beständige Tätigkeit von Gott, dem Sohn, und Gott, dem Heiligen Geist. Ohne Zweifel ist die in die Partnerschaft mit Jesus und dem Heiligen Geist investierte Zeit die weiseste Ausnutzung der Zeit, die Sie je machen können.

„So seht nun sorgfältig darauf, wie ihr euer Leben führt, nicht als Unweise, sondern als Weise, und kauft die Zeit aus … Darum werdet nicht unverständig, sondern versteht, was der Wille des Herrn ist" (Eph 5,15-17).

Gebete, die nie verlorengehen können

Gebete, die mit dem Willen Gottes übereinstimmen, können nie verlorengehen. Gott hält sie in seinen Büchern fest, und eines Tages werden sie beantwortet werden. Gott wird allen Menschen ihren vollen Lohn geben, deren Gebete dazu beigetragen haben, die geistliche Schlacht zu gewinnen und die Tür für Gottes großes Werk in der Welt zu öffnen.

In Offenbarung 8,1-5 finden wir eine dramatische Prophetie über die Art und Weise, in der alle diese unbeantworteten Gebete eines Tages beantwortet werden. Etwa eine halbe Stunde lang ist ein Schweigen im Himmel, als wenn der ganze Himmel in atemloser Spannung wartet auf das, was nun geschehen wird. Ein Engel nähert sich mit einem goldenen Räuchergefäß – einem Behälter, in dem Weihrauch verbrannt wird. „Ihm wurde viel Räucherwerk gegeben, daß er es darbringe mit den Gebeten aller Heiligen auf dem goldenen Altar vor dem Thron. Und der Rauch des Räucherwerks stieg mit den Gebeten der Heiligen von der Hand des Engels hinauf vor Gott. Und der Engel nahm das Räuchergefäß und füllte es mit Feuer vom Altar und schüttelte es auf die Erde. Und da geschahen Donner und Stimmen und Blitze und Erdbeben“ (Offb 8,3-5).

Verstehen Sie dieses Bild? Der duftende Weihrauch ist vermutlich das Sinnbild für die Fürbitten Christi, der zur Rechten Hand des Vaters sitzt, wo er beständig fürbittend eintritt (Röm 8,34). Seine duftenden Fürbitten werden den Gebeten der Kinder Gottes um das Kommen des Reiches Gottes und das Geschehen seines Willens auf Erden hinzugefügt. Feuer vom Altar – das Symbol für die Macht des Heiligen Geistes – kommt zu diesen vereinten Gebeten von Jesus und seinen Heiligen hinzu, und alles zusammen wird auf die Erde geschüttet.

Unmittelbar darauf folgen die sieben Trompeten, wie es in den folgenden Kapiteln der Offenbarung umrissen wird.

Diese ehrfurchteinflößenden Demonstrationen von Gottes Macht tragen auf dramatische Weise zur Beschleunigung der Vollendung des Willens Gottes auf Erden und der totalen Niederlage Satans bei. Welche Gebete waren das, die im Himmel aufbewahrt wurden? Die Gebete, die niemals verlorengehen können. Viele Heilige haben zahlreiche Gebete dieser Art in den Schatzkammern des Himmels angesammelt. Gilt das auch für Sie?

Wenn wir wissen, daß wir in Übereinstimmung mit dem Willen Gottes beten, dann wird unser Glaube sehr gestärkt. Als Daniel die Zeitspanne erfuhr, die Israel in Gefangenschaft verbringen würde, und als er dann erkannte, daß der Zeitpunkt, zu dem die Juden nach Jerusalem zurückkehren sollten, unmittelbar bevorstand, suchte er, so lesen wir, sehr nachdrücklich Gottes Ansicht: „Und ich kehrte mich zu Gott, dem Herrn, um zu beten und zu flehen unter Fasten und in Sack und Asche“ (Dan 9,3).

Direkt daran anschließend hören wir davon, wie Daniel sich in der Fürbitte mit seinem Volk identifizierte (Dan 9,4-23). Dieses Gebet war so machtvoll, daß Gott seinen Erzengel Gabriel persönlich sandte, um Daniel die Antwort zu überbringen. Die vollständige, konkrete Erfüllung seiner Bitte erlebte Daniel nicht mehr. Sie kam erst nach seinem Tod. Aber sein Gebet starb nicht; es konnte nicht verlorengehen, denn es stimmte mit dem Willen Gottes überein.

Gebete, die immer dem Willen Gottes entsprechen

Es gibt einige Gebete, von denen wir sicher sein können, daß sie immer dem Willen Gottes entsprechen. Eines der größten Gebete ist das, welches Jesus uns lehrte: „Dein Wille geschehe.“ Es ist immer angebracht, diese Worte zu beten, obwohl wir oftmals nicht wissen, wie wir in einer gegebenen Situation im einzelnen beten sollen. Ich habe im heftigen Gebetskampf festgestellt, daß diese Worte eine mächtige Waffe bei der Besiegung Satans sind.

„Segne.“ Obwohl dies ein sehr allgemeines Gebet ist, ist

es unter Umständen doch sowohl umfassend wie nachdrücklich. Es bringt die Einstellung von Gottes Herzen zum Ausdruck, das danach verlangt, jeden zu segnen. Die Anliegen können sich unterscheiden, aber irgendeine Form von Segen wird die Antwort auf das jeweilige Anliegen sein.

Pfarrer Harry Woods, der OMS-Direktor in China, blieb noch einige Zeit nach der kommunistischen Machtübernahme aus Solidarität mit der chinesischen Gemeinde in Peking. Es kam jedoch der Zeitpunkt, an dem er spürte, daß seine Gegenwart eine Behinderung für sie wurde. Als er um eine Ausreiseerlaubnis bat, befragte ihn die chinesische Polizei, die anscheinend zögerte, ihn gehenzulassen. Pfarrer Woods sagte: „Ich liebe China. Ich bete jeden Tag für China. Ich bete jeden Tag für den Vorsitzenden Mao Tse-tung." „Was beten Sie?" wollten die Beamten wissen. „Ich bete zu Gott, daß er ihn segne, und daß er ihm Weisheit gebe, dieses große Volk zu regieren", antwortete der Pfarrer. Es wurde Pfarrer Wood erlaubt, das Land zu verlassen.

Es gibt andere Gebete, die immer Gottes Willen entsprechen – zum Beispiel: „Herr, tue du etwas." „Herr, offenbare dich ihnen." „Herr, möge dein Geist ausgegossen werden." „Komme bald, Herr Jesus." Nach der Heiligen Schrift gibt es eine Reihe von Gebeten, die immer nach dem Willen Gottes sind.

Gebet für den Aufbau der Gemeinde Christi. Jesus sagte: „Ich will meine Gemeinde bauen" (Mt 16,18). Es mag vielleicht nicht immer Gottes Zeit sein, in einer bestimmten Stadt oder in einem bestimmten Stadtteil eine Gemeinde zu gründen, aber es ist immer Gottes Wille, seine Gemeinde zu bauen. Ähnliche Dinge, die dem Willen Gottes immer entsprechen, sind das Gründen von neuen Gemeinden von Gläubigen, das Wachstum existierender Gemeinden, Gottes Segen für den Dienst an speziellen Gruppen (Kindern, Jugendlichen, Familien, dem Glauben Fernstehenden, den Armen und so weiter), die Einheit der Gemeinde, der zunehmende Blick für und der Eifer zum Zeugnis und zum Gewinnen von Seelen, aufopferungsvolles Geben und das Geben des Zehnten, die Erziehung von Gläubigen, ein wachsender Gebetsgeist und die Etablierung einer gesunden Lehre.

Gebet um Erweckung in der Gemeinde. „Willst du uns denn nicht wieder erquicken, daß dein Volk sich über dich freuen kann?" (Ps 85,7). „Denn so spricht der Hohe und Erhabene, der ewig wohnt, dessen Name heilig ist: Ich wohne in der Höhe und im Heiligtum und bei denen, die zerschlagenen und demütigen Geistes sind, auf daß ich erquicke den Geist der Gedemütigten und das Herz der Zerschlagenen" (Jes 57,15). „Um Zions willen will ich nicht schweigen, und um Jerusalems willen will ich nicht innehalten, bis seine Gerechtigkeit aufgehe wie ein Glanz und sein Heil brenne wie eine Fackel" (Jes 62,1). „Die ihr den Herrn erinnern sollt, ohne euch Ruhe zu gönnen, laßt ihm keine Ruhe, bis er Jerusalem wieder aufrichte und es setze zum Lobpreis auf Erden!" (Jes 62,6-7). Ähnliche Themen, die immer Gottes Willen entsprechen, sind ein neues Bewußtsein von und eine neue Ehrfurcht vor Gott, ein großes Verlangen bei Gottes Volk, Gottes Wirken in reichem Maße zu sehen. Weitere Themen sind: Reichtum in den gemeindlichen Gottesdiensten (Leben, Vollmacht, Segen und Kraft), erneuerte Buße (sich selbst vor Gott demütigen, um Vergebung bitten und Wiedergutmachung leisten) und Erweckung (örtlich, regional oder national).

Gebet um Arbeiter in Gottes Ernte. „Darum bittet den Herrn der Ernte, daß er Arbeiter in seine Ernte sende" (Mt 9,38). Aspekte, die bei diesem Gebet immer Gottes Willen entsprechen, umfassen zum Beispiel den klaren Ruf an junge Menschen und andere, die Ausbildung der von Gott berufenen Mitarbeiter und Gottes Führung für seine Mitarbeiter in bezug auf den Ort ihres Dienstes.

Gebet um Ernte. „Siehe, ich sage euch: Hebt eure Augen auf und seht auf die Felder, denn sie sind reif zur Ernte" (Joh 4,35). Zu den Aspekten, die hier immer dem Willen Gottes entsprechen, gehören die Verteilung von Bibeln, die Schriftenmission, die Evangeliumsverkündigung über Rundfunk und Fernsehen, die Evangelisierung spezifischer Gruppen (Jugend, Studenten, Gefangene, Soldaten, Juden, Moslems und Hindus), die Evangelisationsteams, die Evangelisation durch Laien, die Nachsorge bei Evangelisationen, das Überführen der Sünder von ihrer Schuld und die Befähigung erneuerter Menschen, das Evangelium völlig zu verstehen.

Gebet für die Errettung von Einzelpersonen. Sie befinden sich immer in Übereinstimmung mit Gottes Willen, wenn Sie für die Errettung eines noch nicht geretteten Menschen beten. Jesus gab sich selber als Lösegeld für alle (2. Tim 2,5-6). Jeder, den dürstet, kann kommen (Joh 7,37). Jeder, der will, kann kommen (Offb 22,17). Dinge, die hier immer mit Gottes Willen in Einklang stehen, sind die Überführung von Sünde durch den Heiligen Geist, die Erleuchtung durch den Heiligen Geist, so daß der Betreffende das Evangelium versteht, Gottes Offenbarung seiner Liebe, seine Befreiung von Menschen aus den Ketten Satans, Gottes Gabe der liebenden Gnade und seine Gabe der Heilsgewißheit.

Gebet um Gottes Segen für ein Volk. „Bitte mich, so will ich dir Völker zum Erbe geben" (Ps 2,8). Bitten Sie Gott, Ihnen ein bestimmtes Volk als Gebetsauftrag zu geben. Wie gut erinnere ich mich an die Tränen meiner Mutter, jedesmals, wenn sie China in ihren täglichen Gebeten erwähnte. Ich glaube, daß die jüngste Ernte in China zum Teil eine Antwort auf ihr Gebet und auf ähnliche Gebetslasten einer großen Schar anderer Personen ist. Zu den Dingen, die immer Gottes Willen entsprechen, zählen der Segen für das Volk, der Segen für die Leiter jenes Volkes (Weisheit und Integrität für sie), die angemessene Ernährung und die Wohnverhältnisse des Volkes, Gottes Salbung und Fruchtbarkeit für die Verkündiger des Evangeliums, die Stärkung und Segnung der Gemeinde, die Verbreitung des Evangeliums und eine größere Freiheit für das Evangelium.

Gebet um die Zurückhaltung und Niederlage Satans. „Widersteht ihm" (1. Petr 5,9). „Denn wir haben … zu kämpfen … mit Mächtigen und Gewaltigen, nämlich mit den Herren der Welt, die in dieser Finsternis herrschen, mit den bösen Geistern unter dem Himmel … Betet allezeit mit Bitten und Flehen im Geist" (Eph 6,12.18). Wir sollten immer darum beten, daß Satans Plan zerschlagen wird, daß Satan in seine Schranken gewiesen wird, daß Satans Finsternis weggenommen wird, daß Satans Ketten der Sünde und schlechter Gewohnheiten zerbrochen werden, daß von Satan verschlossene Türen geöffnet werden, daß dämonische Geister ausgetrieben werden, daß Satans Sklaven befreit werden.

Gebete, die von Gottes Willen abhängen

Manche Gebetskategorien können dem Willen Gottes entsprechen oder auch nicht. Sie sind völlig abhängig von der Leitung des Heiligen Geistes, wenn Sie für diese Dinge beten, und Sie sollten Ihre Bitten immer in die Worte kleiden: „Wenn es dein Wille ist." Sie haben jedes Recht, in Ihren Bitten kühn zu sein, im Gebet anzuhalten und Gottes Verheißungen wieder und wieder in Anspruch zu nehmen. Beten Sie weiter, bis Sie Gottes Antwort erhalten, es sei denn, er führt Sie, mit Ihrer spezifischen Bitte nicht weiter fortzufahren. Er kann dies tun, indem er Ihr Interesse oder Verlangen wegnimmt oder indem er Ihnen eine innere Unfreiheit gibt, die nahelegt, daß es nicht Gottes Wille ist. Fahren Sie jedoch fort im Gebet, bis er dies tut.

Gebet um materielle Güter. „Wenn nun ihr, die ihr doch böse seid, dennoch euren Kindern gute Gaben geben könnt, wieviel mehr wird euer Vater im Himmel Gutes geben denen, die ihn bitten" (Mt 7,11). Gott liebt die Menschheit so sehr, daß er ihr mit Freuden hilft. Er ist nur dann nicht bereit, materielle Segnungen zu gewähren, wenn er aufgrund von Sünde strafen muß, wenn er seine Kinder erziehen muß oder wenn in seiner unendlichen Weisheit solche Segnungen im Augenblick nicht zum Besten dienen.

Manchmal könnte die spezifische Segnung, um deren Gewährung Sie Gott bitten, den Empfänger geistlich sorglos oder unabhängig machen, ihm das Gefühl geben, ohne Gott auskommen zu können. Andererseits hat Gott für die betreffende Person vielleicht etwas wesentlich Besseres im Sinn oder einen besseren Zeitpunkt für diese besondere Segnung. Gottes höchste Liebe kann sich darin offenbaren, daß er

Ihrer Bitte nicht genau in der Weise, wie Sie gebeten haben, entspricht, da seine Wege viel höher sind als unsere.

Gebet um Entfernung von Prüfungen, Problemen und Schwierigkeiten. Prüfungen können für Sie eine Quelle großer geistlicher Segnung sein und können zu einer großen ewigen Belohnung führen (1. Petr 1,6-7). Gegenwärtige Leiden können auf die ewige Herrlichkeit vorbereiten (2. Kor 4,17). „Denn ich bin überzeugt, daß dieser Zeit Leiden nicht ins Gewicht fallen gegenüber der Herrlichkeit, die an uns offenbart werden soll" im Himmel (Röm 8,18).

Ebenso wie harte Arbeit gut ist für die körperliche Gesundheit eines normalen Menschen, so können Druck, Probleme und Prüfungen Ihre geistlichen Muskeln, Ihre geistliche Vitalität, Ihren Glauben, Ihre Geduld und andere geistliche Tugenden wachsen lassen. „Wir wissen, daß Bedrängnis Geduld bringt, Geduld aber Bewährung, Bewährung aber Hoffnung, Hoffnung aber läßt nicht zuschanden werden" (Röm 5,3-5). „Und wißt, daß euer Glaube, wenn er bewährt ist, Geduld wirkt. Die Geduld aber soll ihr Werk tun bis ans Ende, damit ihr vollkommen und unversehrt seid und kein Mangel an euch sei" (Jak 1,3-4). Gott läßt im Leben der Menschen nicht aus bösem Willen Trübsal und Kummer zu (Klgl 3,32-33). Es schmerzt ihn, einen Menschen leiden zu sehen. Aber er benutzt es zu unserem ewigen Wohl. Daher konnte der Psalmist sagen: „Ehe ich gedemütigt wurde, irrte ich; nun aber halte ich dein Wort … Es ist gut für mich, daß du mich gedemütigt hast, damit ich deine Gebote lerne" (Ps 119, 67.71).

Gebet um körperliche Heilung. Gottes allgemeiner Wille für die Menschheit ist körperliche und geistige Gesundheit, aber es ist nicht immer Gottes Wille, in einer spezifischen Situation zu heilen. Gottes Gnade ist selbst in unseren Genen und Chromosomen vorhanden. Gott freut sich an überhaupt keinem Leiden, sei es körperliche Krankheit, Grausamkeit, Verfolgung oder Unterdrückung. Es freut ihn, wenn die Menschen die medizinischen und chirurgischen Verfahren zu entdecken suchen, die dem Leben nützen. Wir sollten große Kühnheit haben im Gebet um physische, emotionale und geistige Heilung für uns selber und für andere. Wir haben jedes Recht, in heiligem Beharren Gottes Verheißungen geltend zu machen, bis Gott uns aufhören heißt oder nahelegt, daß die Heilung nicht seinem Willen entspricht. Zweifellos würde es Gott gefallen, wenn unser Glaube an Heilung wesentlich stärker wäre.

Göttliche Heilung bei physischen und geistigen Leiden ist auf den Missionsfeldern etwas Normales. Christus muß beweisen, daß er der lebendige, Gebete beantwortende Gott ist im Gegensatz zu den ohnmächtigen falschen Göttern und Religionen der heidnischen Völker. Es verherrlicht Christus, Gebet zu beantworten. Vielleicht brauchen wir, die wir das volle Licht des Evangeliums erfahren haben, nicht so viele Zeugnisse des Übernatürlichen. Andererseits ist Gott heute genau derselbe, der er in der Vergangenheit war oder in der Zukunft sein wird (Hebr 13,8). Das heißt, er ist derselbe in bezug auf Weisheit, Erbarmen, Liebe, Macht und Bereitschaft, Gebet zu beantworten.

Es gibt Situationen, in denen das Leiden nicht nur dem Leidenden selber Segen bringt, sondern auch anderen Menschen, die die Gnade sehen, die Gott dem Leidenden erweist. Krankheit wird manchmal von Gott zugelassen, weil Gott sich durch eben diese Krankheit verherrlichen will (Joh 11,4).

Die meisten Kommentatoren glauben, daß der Dorn im Fleisch von Paulus (2. Kor 12,7-10) irgendeine Krankheit war, vermutlich ein Augenleiden. Interessanterweise war Paulus gerade aufgrund seiner Krankheit in der Lage, die Gemeinde in Galatien zu gründen (Gal 4,13). Die galatischen Christen liebten Paulus so sehr, daß sie sich gerne ihr eigenes Auge ausgerissen und ihm gegeben hätten, wäre dies möglich gewesen (4,14-15). Paulus bat um Heilung, nicht nur einmal, sondern dreimal. Es war richtig, daß er darum bat, bis Gott ihn heilte oder ihm aber seine Bitte verweigerte. Diese Bitte wurde schließlich abgelehnt, wie in 2. Korinther 12,8-10 erklärt wird.

Gebet um Verlängerung des Lebens. Manchmal gewährt uns Gott unsere Bitte, selbst wenn sie nicht vollständig seinem Willen entspricht, um uns eine wertvolle Lektion zu lehren. So beharrte zum Beispiel Hiskia zu sehr in seinem Gebet um Erlösung vom Tod (Jes 38,1-6). „Zu dieser Zeit wurde Hiskia todkrank; und er betete zum Herrn. Der redete mit ihm und tat an ihm ein Wunder. Aber Hiskia vergalt nicht nach dem, was ihm geschehen war; denn sein Herz erhob sich. Darum kam der Zorn über ihn und über Juda und Jerusalem" (2. Chr 32,24-25). Gott verlängerte Hiskias Leben um fünfzehn Jahre. Während dieser zusätzlichen Jahre wurde Hiskias Sohn Manasse geboren.

Als Manasse seinem Vater Hiskia auf den Thron folgte, war er das genaue Gegenteil seines Vaters. Er brachte einen Fluch über das Volk, indem er in Bausch und Bogen den Götzendienst einführte. Auch war er wegen seiner Grausamkeit und seines Blutvergießens berüchtigt. Juda wurde unter seiner Herrschaft als Volk vernichtet. „Aber das geschah Juda nach dem Wort des Herrn, daß er es von seinem Angesicht täte um der Sünden Manasses willen, die er getan hatte" (2. Kön 24,3). Wieviel besser wäre es, so scheint es, gewesen, hätte Hiskia nicht so sehr darauf bestanden, länger zu leben.

Natürlich würden wir alle gerne den Tod solange wie möglich hinausschieben. Außerdem gibt es bestimmte Situationen, in denen es so aussieht, als sei es Gottes Wille, das Leben zu verlängern (zum Beispiel bei den Eltern kleiner Kinder, bei Christen in entscheidenden Führungspositionen und so weiter). Wenn Gott uns nicht Einhalt gebietet, dann sollten wir die Freiheit haben, ihn um Verlängerung des Lebens seiner Diener zu bitten. Aber laßt uns immer darum beten, daß vor allem sein Wille geschehe.

Wie man eine persönliche Gebetszeit hält

Eine persönliche Gebetszeit, die meistens einen Tag, mehrere Tage oder auch ein Wochenende umfaßt, bietet die Möglichkeit zu einer längeren Gemeinschaft mit dem Herrn. Ich kann die Aussage von Tausenden anderer Menschen bestätigen, die bezeugen, daß ihr geistliches Leben wesentlich weniger effektiv wäre, wenn sie sich nicht wiederholt Zeit zu solchen Gebetszeiten reserviert hätten. Gott hat mir seinen Willen auf eine Art und Weise und in bezug auf Dinge geoffenbart, die mir vor einer solchen längeren Zeit der ungestörten Gemeinschaft mit ihm überhaupt nicht in den Sinn gekommen wäre. Ich würde diese Erfahrungen nicht um alles in der Welt missen mögen, denn sie haben meinen gesamten späteren Dienst für den Herrn äußerst positiv beeinflußt.

Solche längeren Zeiten mit Jesus können persönliche Erweckung, neuen Frieden und ein neues Gleichgewicht der Seele inmitten von Druck bewirken sowie ein klares Verständnis von Gottes Leitung und Willen bei der Planung des Lebens oder bei bedeutsamen Entscheidungen. Es ist gewöhnlich höchst unvernünftig, eine wichtige Entscheidung zu treffen, bevor man nicht eine solche persönliche Gebetszeit hatte. Eine Gebetszeit kann auch eine sehr wichtige Rolle bei der Bereitung des Wegs des Herrn spielen (siehe auch die Kapitel „Gott braucht Sie, um seinen Weg zu bereeiten" und „Wie sie den Weg des Herrn bereiten können").

Charles G. Finney, der kongregationalistische Evangelist, der in den 50er Jahren des achtzehnten Jahrhunderts so mächtig von Gott gebraucht wurde, wird von manchen für den größten Evangelisten nach dem Apostel Paulus gehalten. Über eine halbe Million Menschen bekehrte sich zu Christus durch die mächtige Erweckung, die in seinen Versammlungen begann. Man schätzt, daß allein in den Jahren

1857-58 über einhunderttausend Menschen Christus direkt oder indirekt durch seinen Dienst fanden und daß achtundfünfzig Prozent der Menschen, die sich in Finneys Versammlungen bekehrten, ihrer Entscheidung für Christus treu blieben; sie schlossen sich einer Gemeinde an, und man konnte bei ihnen geistliches Wachstum feststellen. Wenn sich aber heute sechs Prozent der Menschen, die bei einer Evangelisation eine Entscheidung für Christus treffen, später auch einer Gemeinde anschließen, dann sind wir bereits zufrieden!

Wo liegt der Unterschied? Finney schrieb, wie Gott ihm machtvolle Erfüllungen mit dem Heiligen Geist gab, „die, wie es schien, durch mich hindurchgingen, durch Leib und Seele. Ich stellte sofort fest, daß ich mit einer derartigen Kraft aus der Höhe ausgestattet war, daß einige wenige Worte, die hier und da auf einzelne fielen, bereits zu ihrer unmittelbaren Bekehrung führten. Meine Worte schienen sich wie mit Widerhaken versehene Pfeile in den Seelen der Menschen festzusetzen. Sie schnitten wie ein Schwert. Sie zerbrachen ihre Herzen wie ein Hammer. Unzählige Menschen können dies bezeugen … Manchmal stellte ich fest, daß ich einen erheblichen Mangel an dieser Kraft hatte. Ich machte Besuche und entdeckte, daß ich keinen rettenden Eindruck hinterließ. Ich ermahnte und betete mit demselben Ergebnis. Dann reservierte ich mir einen Tag für privates Fasten und Beten … Nachdem ich mich gedemütigt und zu Gott um Hilfe geschrieen hatte, kam diese Kraft mit ihrer ganzen Frische zurück. Das war die größte Erfahrung meines Lebens.“

John N. Hyde, ein prebyterianischer Missionar in Indien, war einer der Begründer der großen „Sialkot Convention“ in Indien im Jahr 1904, etwa zur Zeit der großen Erweckung in Wales. Bis zum heutigen Tag ist die „Sialkot Convention“ eine große Quelle des Segens für die Gemeinde Christi geblieben. Vor einer der ersten Versammlungen harrten Hyde und R. M'Cheyne Paterson dreißig Tage vor Gott. Knapp eine Woche später schloß sich ihnen George Turner an. Einundzwanzig weitere Tage und Nächte beteten diese drei

Männer und priesen Gott für eine mächtige Ausgießung seiner Macht. War es das wert? Buchstäblich Tausende kamen über die Jahre in das Reich Gottes durch die Gebete jener Männer.

Persönliche Gebetszeiten haben eine klare biblische Grundlage. Es ist sehr gut möglich, daß Henoch vor seiner Entrückung solche Zeiten mit dem Herrn hatte. Henoch „wandelte mit Gott … 300 Jahre … Und weil er mit Gott wandelte, nahm ihn Gott hinweg, und er ward nicht mehr gesehen" (1. Mose 5,22-24). Mose verbrachte zweimal einen Zeitraum von vierzig Tagen auf dem Berg Sinai alleine mit dem Herrn. Während dieser Zeit offenbarte sich Gott Mose mehr, als er es zuvor oder später bei irgendeinem anderen Menschen je getan hat. Ein Großteil von Elias Zeit am Bach Krit (1. Kön 17,2-7) wurde zweifellos im Gebet für Israel und Juda verbracht.

Jesus hatte persönliche Gebetszeiten. Er begann seinen Dienst mit vierzig Tagen des Gebets und des Fastens. Manchmal verbrachte er die ganze Nacht im Gebet (Lk 6,12). Es scheint, daß er oftmals den Ölberg als Ort für anhaltendes persönliches Gebet benutzte (Mk 11,19; Lk 21,37).

Viele christliche Führer Koreas haben dieses Konzept erfaßt. Sie haben es sich zur Gewohnheit gemacht, eine gewisse Zeit alleine mit dem Herrn zu verbringen, um sein Angesicht zu suchen und seinen Willen zu entdecken. Zur Fünfundsiebzigjahrfeier der OMS-Arbeit in Korea hielten wir eine Reihe von Seminaren über das Leben der koreanischen Gemeinde, die aus unserem Dienst hervorgegangen war – die Korean Evangelical Church. Eine Gruppe von Pastoren beantwortete unsere Fragen. Als das Thema „Fasten" erwähnt wurde, berichteten sie, daß ihre Aufzeichnungen ergaben, daß mehr als zehntausend koreanische Christen vierzig Tage mit Fasten und Beten verbracht hatten.

Sie werden vermutlich nicht vom Heiligen Geist geführt werden, vierzig Tage in einer Gebetszeit zu verbringen oder für eine längere Zeit zu fasten. Wenn er Sie aber dazu führt, werden Sie entdecken, wie Sie für Ihren Körper sorgen und wie Sie das Fasten abbrechen müssen. Aber die Ergebnisse sind eindeutig: Diejenigen, die Gottes Angesicht in einer persönlichen Gebetszeit suchen, empfangen gewaltigen Segen.

Der Zweck einer Gebetszeit

Das Ziel Ihrer persönlichen Gebetszeit kann es sein, Gott näher zu kommen. „Naht euch zu Gott, so naht er sich zu euch" (Jak 4,8). „Aber das ist meine Freude, daß ich mich zu Gott halte" (Ps 73,28). O welch ein Vorrecht, Zeit nahe am Herzen Jesu zu verbringen!

Sie verlangen vielleicht nach Zeit allein mit Gott, weil Sie seinen Willen in einer Angelegenheit von großer Bedeutung herausfinden wollen. Scheuen Sie sich nicht. Gott will, daß Sie seinen Willen verstehen. Er will das „Gute und Wohlgefällige und Vollkommene" für Sie (Röm 12,2). Er will, „daß ihr erfüllt werdet mit der Erkenntnis seines Willens in aller geistlichen Weisheit und Einsicht" (Kol 1,9). Er offenbart Ihnen vielleicht während Ihrer Gebetszeit einen völlig neuen Weg. Bei mir hat er das getan. Oder aber Gott beginnt vielleicht einen Prozeß, der Sie zu einem späteren Zeitpunkt zu einem völligen Verstehen führt. Er liebt Sie so sehr, daß er möchte, daß Sie seinen Willen kennen und tun.

Sie verlangen vielleicht nach dieser ausgedehnten Zeit allein mit Gott, weil Sie ein wichtiges oder dringendes Anliegen bewegt. Das Anliegen kann einen bestimmten Aspekt der Sache Gottes betreffen oder Ihr Volk oder Ihre Gemeinschaft, einen Freund oder einen Angehörigen oder aber Sie selber. Zögern Sie nicht, für persönliche Bedürfnisse zu beten.

Wie plant man eine Gebetszeit

1. Planen Sie einen Ort für das Gebet, wo Sie ungestört sind. Bei mehreren Anlässen in Indien, als die Privatsphäre sehr gesucht war, nahm ich einen Zug zur nächsten Station und verbrachte den Tag lesend und betend im Wartesaal. Obwohl die Bedingungen nicht ideal waren, da überall um mich herum Menschen waren, blieb ich doch relativ ungestört.

Eine Reihe unserer mit der OMS verbundenen Gemeinden in Korea haben in ihrem Kirchengebäude mehrere Gebetsräume, die gerade groß genug sind für eine Person. Jedes Gemeindemitglied kann zu jeder Zeit kommen, die Schuhe draußen vor die kleine Tür stellen, um zu zeigen, daß der Raum besetzt ist, und dort Stunden oder auch einen Tag oder zwei im Gebet verbringen. Andere Gemeinden haben ein besonderes Gebetshaus in den Bergen, das jedem Mitglied der Gemeinde zur Verfügung steht.

Als meine Frau und ich als Missionare in Indien tätig waren, gingen wir im Sommer für mehrere Wochen nach Landour, Mussoorie, im Himalaya, um der drückenden Hitze zu entfliehen. Ich fand an den Berghängen einige ideale Stellen für eine Gebetszeit – eine befand sich nur etwa dreizehn Kilometer hinter Landour. Während der heißen Saison machte ich mich mehrmals bei Tagesanbruch auf den Weg und wanderte die dreizehn Kilometer bis zu dieser Stelle und verbrachte den Tag allein mit dem Herrn. O, welch gesegnete Tage waren das!

In der Stadt Allahabad hatte ich eine Abmachung mit Freunden getroffen und durfte dort einen leeren Lagerraum in einer Art von Nebengebäude gebrauchen, um besondere Gebetszeiten abzuhalten. Es gab dort kein Telefon und keine Menschen, die meine Zeit allein mit dem Herrn unterbrechen konnten. Zu anderen Zeiten habe ich einen leeren Raum eines Kirchengebäudes benutzt.

Wenn Sie ernsthaft danach verlangen, Gott in einer längeren Zeit der Gemeinschaft mit ihm zu suchen, wird er Sie zu dem Ort führen, an dem dies möglich sein wird.

2. Planen Sie eine Zeit, in der Sie nicht unter Druck stehen und es keine Unterbrechungen gibt. Für manche Menschen ist der Sonntagnachmittag eine gute Zeit für eine kürzere Gebetszeit. Überlegen Sie, einen Teil Ihres Urlaubs so zu verbringen, oder wählen Sie die Betriebsferien für einen längeren Gebetsabschnitt. Vielleicht kann eine halbe Nacht für das Gebet eingeplant werden, beginnend etwa mit dem Abendessen. Vielleicht wollen Sie Ihre Abendmahlzeit ausfallen lassen und Ihre Gebetszeit durch ein kurzes Fasten unterstützen.

3. Suchen Sie alles zusammen, was Sie benötigen. Eine Liste der Dinge, die Sie mit in Ihre Gebetszeit nehmen, könnte die folgenden Dinge enthalten: (a) eine Bibel, (b) ein Liederbuch, (c) einen Notizblock und Bleistifte, (d) eine Konkordanz (wenn Ihre Bibel keine enthält), (e) eine oder zwei andere Übersetzungen der Bibel oder nur des Neuen Testamentes, (f) ein Andachtsbuch oder ein Buch über Erweckung, Gebet oder den Heiligen Geist, (g) eine Taschenlampe (wenn notwendig), (h) Kissen oder etwas, worauf man knien kann, (i) eine Uhr oder einen Wecker (besonders wenn Sie mehrere Tage des Gebets planen), (j) genügend Decken und (k) Ihr Gebetstagebuch.

4. Unterrichten Sie jemanden, wo Sie im Notfall erreicht werden können. Obwohl Sie diese besondere Zeit mit Gott nicht öffentlich bekanntmachen möchten, werden Sie doch ein Mitglied Ihrer Gemeinde oder Familie informieren wollen, wo Sie diese Stunden oder Tage verbringen werden. Nach der Gebetszeit müssen Sie vielleicht doch darüber sprechen, besonders wenn jemand versucht hat, Sie während Ihrer Abwesenheit zu erreichen; aber dies sollte sachlich geschehen. Hier gibt es Gelegenheit zum Zeugnis, aber achten Sie sorgfältig darauf, Gott alle Ehre zu geben und nicht die Aufmerksamkeit auf sich zu ziehen.

5. Beginnen Sie die Gebetszeit so ausgeruht wie möglich. Wenn Sie eine mehrtägige Gebetszeit planen, dann müssen Sie angemessen ausgeruht sein für Ihre Zeit mit dem Herrn. Es ist durchaus geistlich, zu schlafen, wenn der Körper dies benötigt. In Ihrer Gebetszeit werden Sie zu einem gewissen Zeitpunkt vielleicht ein kurzes Nickerchen machen wollen, bevor Sie wieder mit Gebet und Meditation fortfahren. Dann kommt Ihnen Ihr Wecker gelegen.

Wie Sie Ihre Gebetszeit einsetzen

Gott kann Sie dazu führen, Ihre Gebetsweise von Zeit zu Zeit zu verändern. Vertrauen Sie der Leitung des Heiligen Geistes. Vielleicht sind aber die folgenden Vorschläge hilfreich für Sie.

1. Beginnen Sie Ihre Gebetszeit mit froher Anbetung. Psalm 100,4 fordert uns auf, mit Danksagung und Lobpreis in die Gegenwart Gottes zu treten. Nehmen Sie sich Zeit, Gott zu danken für das, was er ist; für seine Liebe und seine anderen Eigenschaften; für seine Bereitschaft, den Himmel zu verlassen und auf die Erde zu kommen; für seine liebevollen Taten; für seinen Tod und seine Auferstehung; für seine Güte Ihnen gegenüber; für seine wunderbare Schöpfung; für Ihre christlichen Freunde und für die Gemeinde.

Die Symbolsprache in dem Buch der Offenbarung legt nahe, daß die Engel, andere himmlische Wesen und Gottes Heilige singen (Offb 4,8-11; 5,6-14; 7,9-12; 14,2-3; 15,2-4; 19,1-7). Gott liebt den Gesang. Es gab Singen und Frohlokken im Himmel, bevor überhaupt ein Mensch auf der Erde war (Hiob 38,7). Von Gott selber heißt es, daß er vor Freude über uns oder vielleicht mit uns singt (Zef 3,17). Gott schuf die Vögel, die Menschen und die Engel, und er beschenkte sie dabei mit der Gabe, singen zu können. Sie erfreuen das Herz Gottes, wenn Sie sein Lob singen, sei es vernehmbar oder in Ihrem Herzen.

Einige der herrlichsten Kirchenlieder sind Loblieder. Sie werden einige der Liedverse und auch Chorusse auswendig lernen wollen, um sie von Zeit zu Zeit in ihrer täglichen Gebetszeit zu gebrauchen.

Ich habe festgestellt, daß mein Herz vor Freude aufgeregt zu schlagen beginnt, wenn ich mich dem Ort und der Zeit des besonderen Gebetes nähere. Ich werde allein sein mit Jesus! Wie herrlich! Wie wunderbar! Welch ein Segen!

2. Beginnen Sie sich aus Gottes Wort zu nähren. Normalerweise ist es wichtig, zuerst auf Gott zu hören. Hören ist ebenso wichtig wie sprechen; der reichliche Gebrauch des

Wortes ist ebenso wichtig wie die Fürbitte. Sie können Gottes Stimme oft hören, wenn Sie sein Wort lesen.

Nehmen Sie sich alle Zeit, die Sie benötigen, um Ihr Herz mit dem Wort zu sättigen. Manchmal werden Sie einige Abschnitte aus der Heiligen Schrift auf Ihren Knien lesen wollen. Es ist oft vernünftig, Ihre gewohnte systematische Bibellese nicht zu unterbrechen. Andererseits können Sie sich geführt fühlen, mit dem Lesen eines Teils der Psalmen zu beginnen – vielleicht etwa fünfundzwanzig oder mehr – oder mit dem Lesen eines der Evangelien oder eines der Briefe. Haben Sie die Freiheit, dem Impuls des Heiligen Geistes zu folgen.

Lesen Sie, um gesegnet zu werden. Bereiten Sie keine formalen Bibelstudien vor und lesen Sie nicht analytisch, es sei denn, der Herr leitet Sie so. Erfreuen Sie sich einfach an Gottes Wort und an Gottes Güte. Sie bereiten so Ihr Herz darauf vor, mit dem Herrn Gemeinschaft zu haben, zu seinen Füßen anzubeten, für andere fürbittend einzutreten und Gebetsschlachten zu gewinnen. Für das alles legt das Wort Gottes eine dauerhafte Grundlage.

3. Konzentrieren Sie Ihr Gebet auf die Interessen Gottes. In dem Gebet, das Jesus seine Jünger beten lehrte, waren seine Priotitäten (a) die Heiligung des Namens Gottes, des Vaters (seine Würde, Ehre und Herrlichkeit), (b) das Kommen des Reiches Gottes (die völlige Erfüllung von Gottes Plan für die Gemeinde und die Welt, das Fortschreiten seiner Herrschaft über und unter den Menschen und die Wiederkunft Jesu) und (c) die Erfüllung von Gottes Willen auf der Erde hier und jetzt. Diese Elemente sollten Teil Ihres täglichen Gebets sein, besonders aber Teil von ausgedehnten Zeiten des Gebetes.

Beten Sie um Erweckung unter dem Volk Gottes. Beten Sie darum, daß die Gemeinde als ganzes einen heiligen Lebenswandel zeigen möge, daß ihre Einstellung und ihre Taten sich von der Welt unterscheiden und sie eine überfließende Liebe gegenüber allen Menschen, besonders aber untereinander, haben möge. Dann werden die Ungeretteten heute dasselbe sagen, was sie im ersten Jahrhundert der Gemeinde sagten: „Seht, wie diese Christen einander lieben!“

Beten Sie für die Errettung all jener Menschen, die noch nicht gerettet sind. Gott wird verherrlicht, wenn das Evangelium den Unerreichten verkündigt wird, wenn hier und auf der ganzen Welt eine Ernte neuer Gläubiger eingebracht wird. Dies ist der großartige Plan Gottes, der großartige Auftrag der Gemeinde. Fürbitte für die Verlorenen sollte ein Teil des Gebetes eines jeden Gläubigen sein.

Hüten Sie sich davor, so völlig in Ihren eigenen Anliegen und Interessen aufzugehen, daß Sie das Gebet für andere vernachlässigen. Wenn egoistisches Beten für Ihr Gebetsleben charakteristisch wird, dann bleiben Ihre Gebete unbeantwortet. Machen Sie es sich zur Gewohnheit, mehr für andere zu beten als für sich und Ihre Angehörigen. Wenn Sie der Prioritätsordnung folgen, die Jesus uns gelehrt hat, wird für die Beantwortung Ihrer eigenen Anliegen weniger Gebet notwendig sein! „Trachtet zuerst nach dem Reich Gottes und nach seiner Gerechtigkeit, so wird euch das alles zufallen“ (Mt 6,33). Das ist seine Verheißung.

4. Demütigen Sie sich vor dem Herrn. Demut vor Gott bereitet den Weg für die Bitte im Blick auf persönliche Bedürfnisse. Bringen Sie Ihr Anliegen vor den Herrn. Anerkennen Sie Gottes Souveränität. Neigen Sie sich in demütiger Unterwerfung vor ihm. Erheben Sie Ihre Augen zu ihm, wenn sie sich freuen und ihm danken; dann neigen Sie sich demütigen Herzens, wenn Sie Ihre Fürbitte beginnen.

Es gibt Zeiten, in denen uns das Bewußtsein einer persönlichen Sünde oder der Sünde einer Gruppe oder unseres Volkes auf die Knie treibt. In solchen Fällen kann Sündenbekenntnis und völlige Demütigung vor Gott allen anderen Aspekten des Gebetes vorangehen. Dies ist das Muster, das wir in Psalm 51 finden, wo sich David Gott im tiefen Bewußtsein seiner persönlichen Schuld näherte.

Wenn Sie in Ihrem Herzen an einer Sünde festhalten, wird der Herr Ihr Gebet nicht hören (Ps 66,18). In Kadesch-Barnea hörte Gott die Gebete Israels nicht, als sie Tränen des Selbstmitleids vergossen (5. Mose 1,45). Noch wird

Gott die Gebete der Unbußfertigen ehren (Hiob 35,13). Vergebung für persönliche Sünden und Versöhnung mit Brüdern und Schwestern in Christo, denen Sie Unrecht getan haben, müssen Ihrer Gebetszeit vorausgehen (Mt 5,23-24; Röm 12,18).

Wenn ein geisterfüllter Gläubiger, der in Gottes Licht wandelt, in Gottes Gegenwart kommt, dann ist es angemessen, mit Freude zu kommen, nicht mit gesenktem Kopf und niedergeschlagenen Augen wie der Zöllner (Lk 18,13). Statt dessen sollte man wie Jesus die Augen zum Himmel aufheben und zuerst den Herrn preisen und sich seiner Liebe freuen. Nachdem dann die Fürbitte für die Interessen des Reiches Gottes erfolgt sind, wendet sich der geisterfüllte Gläubige ganz natürlich seinen persönlichen Anliegen zu.

Sagen Sie Gott, während Sie ihm für seine Güte und Gnade danken, mit aufrichtiger Demut, wie unwürdig Sie all seiner Güte sind, wie oft Sie des Ruhmes ermangeln, den Sie bei Gott haben sollten (Röm 3,23). Wenn Sie dann Ihr eigenes Herz im Lichte der Heiligkeit Gottes betrachten, erinnern Sie sich vielleicht an übereilte Worte, die Sie gesprochen, an unvernünftige Schritte, die Sie getan, und an Gelegenheiten, bei denen Sie den Heiligen Geist betrübt haben. Dann ist es Zeit zu beten: „Und vergib unsere Schuld, wie auch wir vergeben unseren Schuldigern" (Mt 6,12).

„Aber dem Demütigen gibt Gott Gnade. So demütigt euch nun unter die gewaltige Hand Gottes, damit er euch erhöhe zu seiner Zeit" (1. Petr 5,5-6). In solcher Demut können Sie dann all Ihre Sorgen auf den Herrn werfen (V. 7). Gott will den Geist der Gedemütigten und Zerschlagenen erquicken (Jes 57,15). Wenn Gottes Volk sich demütigt und seine Sünde und die seines Landes bekennt, dann vergibt und heilt Gott immer (2. Chr 7,14).

5. Legen Sie Ihre persönlichen Anliegen dem Herrn vor. Weil Sie Gottes Kind sind, ist alles, was Sie anbelangt, wichtig für Gott. Nichts ist zu groß oder zu klein, als daß Sie es nicht mit Ihrem himmlischen Vater besprechen könnten. Sie beten, nicht um Jesus das zu sagen, was er nicht weiß, sondern um ihn an dem, was Ihnen am Herzen liegt, an Ihren

Problemen und Ihren Anliegen teilhaben zu lassen. Sie kommen, um die Dinge mit Ihrem geliebten Herrn durchzusprechen. Er wird Sie hören, denn er hat darauf gewartet, daß Sie ihm Ihre persönlichen Anliegen vorlegen.

Als Sie sich auf Ihre Gebetszeit vorbereiteten, haben Sie vermutlich eine Liste von Personen und Anliegen aufgestellt. Jetzt ist es Zeit, diese Liste heranzuziehen. Wenn Ihnen zusätzliche Punkte in den Sinn kommen, notieren Sie sie kurz. Legen Sie Gott Ihre Anliegen vor, eines nach dem anderen. Der Zeitpunkt, Gott um alles zu bitten, was Sie brauchen, ist da, wenn Sie sich in seiner Gegenwart befinden (1. Joh 5,14-15; Phil 4,19).

Ebenso wie Hiskia in den Tempel ging, nachdem er einen Drohbrief von Sanherib erhalten hatte, und diesen Brief vor dem Herrn ausbreitete (2. Kön 19,14-20), so können Sie Ihr Herz vor Gott ausschütten und ihm frei heraus alles sagen. Dann wird der Herr Ihnen ebenso antworten, wie er Hiskia geantwortet hat: „Ich habe dein Gebet gehört“.

6. Sorgen Sie während Ihrer Gebetszeit bewußt für Abwechslung. Beten kann sehr ermüdend sein, wenn man Stunde um Stunde damit fortfährt. Es wird notwendig sein, die Haltung zu verändern. Stehen Sie auf und gehen Sie ein wenig herum, singen Sie dabei leise ein Lied, wechseln Sie lautes Beten mit stillem Gebet ab, oder verändern Sie die Art Ihres Herumgehens auf irgendeine andere Weise. Wenn Sie nicht fasten, wird ein kleiner Imbiß Sie erfrischen. Gott ist Ihr Vater; er versteht Ihre körperlichen Bedürfnisse. Seien Sie frei und entspannt in seiner Gegenwart.

7. Berufen Sie sich auf Gottes Verheißung. Vielleicht hat Gott Ihnen, als Sie die Grundlage für Ihre Gebetszeit legten, indem Sie Ihre Seele mit Gottes Wort nährten und die Heilige Schrift reichlich in sich aufnahmen, eine besondere Verheißung aufs Herz gelegt. Gebrauchen Sie sie jetzt. Oder wenn Sie die Nähe Gottes empfinden und dann fürbittend für andere Personen und für Ihre eigenen Anliegen eintreten, kann Gott Sie an weitere besondere Verheißungen erinnern. Wenn nicht, will er Sie vielleicht jetzt leiten, sich seinem Wort zuzuwenden, und er will Ihr Herz mit einer Verheißung segnen, die Sie eine lange Zeit nicht bemerkt haben; möglicherweise ist es auch nur eine einzige Verheißung, die Sie immer wieder im Gebet gebrauchen. Keine Verheißung ist mehr mit Segen erfüllt als die, die Sie wiederholt im Gebet gebrauchen. Vielleicht will Gott die Verheißung nun auf eine ganz neue Art und Weise auf Ihr Anliegen anwenden.

Als Jakob nach Kanaan zurückkehrte und die ganze Nacht im Gebet verbrachte, erinnerte er Gott an seine Verheißung. Als Mose fürbittend vor Gott stand, erinnerte er ihn an sein Wort (2. Mose 32,13). Der Psalmist betete: „Denke an das Wort, das du deinem Knecht gabst, und laß mich darauf hoffen" (Ps. 119,49). Petrus drängte zu Pfingsten seine Zuhörer, Gottes Verheißung in Anspruch zu nehmen (Apg. 2,39). Wie Abraham dürfen wir nicht aus Unglauben an Gottes Verheißung zweifeln, sondern wir sollen, gestärkt im Glauben an die Verheißung, „aufs allergewisseste wissen", daß Gott Macht hat, das zu tun, was er verheißen hat (Röm 4,21).

Mit Ihrer Bibel in der Hand und Ihrem Finger auf Gottes Verheißung kommen Sie kühn, zuversichtlich und freudig zum Thron seiner Gnade. „Durch den wir Freimut und Zugang haben in aller Zuversicht durch den Glauben an ihn" (Eph 3,12). „Weil wir denn nun, liebe Brüder, durch das Blut Jesu die Freiheit haben zum Eingang in das Heiligtum, den er uns aufgetan hat als neuen und lebendigen Weg durch den Vorhang, das ist: durch das Opfer seines Leibes, und haben einen Hohenpriester über das Haus Gottes, so laßt uns hinzutreten mit wahrhaftigem Herzen in vollkommenem Glauben" (Hebr 10,19-22).

8. *Achten Sie darauf, Ihre Gebetszeit mit einer nochmaligen Zeit von Lobpreis, Anbetung und Danksagung zu schließen.* Sind Sie am Ende Ihrer Gebetszeit angelangt, wird Gott Ihnen wahrscheinlich einen wunderbaren Herzensfrieden, eine neue, zuversichtliche Gewißheit und eine tiefe Freude der Seele geben. Jetzt ist es Zeit für den Lobgesang. Jetzt ist noch einmal Zeit, dem Herrn Ihre Liebe zu bezeugen, ihn zu verehren und ihn zu loben.

Auch wenn Sie Gottes Antwort noch nicht vollständig sehen können oder noch nicht ganz sicher sind, wie Gott wirken wird, kehren Sie dennoch mit einem singenden Herzen und gestärkt im Glauben zu Ihren Pflichten zurück. Ellen Lakshmi Goreh aus Allahabad in Indien sagt es in ihrem klassischen Lied „In dem Geheimnis seiner Gegenwart“ so:

Und wann immer du verläßt die Stille
Jenes wunderbaren Begegnungsortes,
Wirst du zweifellos das Bild
Des Herrn auf deinem Antlitz tragen.

Wie man für einen Menschen betet

Gott wird Ihnen viele Menschen aufs Herz legen, für die Sie täglich werden beten wollen. Für diese können Sie kurz fürbittend eintreten, indem Sie sie vor den Herrn bringen mit der liebevollen Bitte, daß Gott ihre Bedürfnisse befriedigen möge. Gesegnet ist der Mensch, der viele seiner Mitmenschen durch regelmäßiges und systematisches Gebet segnet.

Wenn Gott jedoch beabsichtigt, den geistlichen Zustand eines Menschen von Sünde in Errettung, von einem egoistischen Leben in ein gehorsames Leben zu verwandeln, dann kann er Sie aufrufen, eine besondere Gebetslast zu tragen, für die intensives Gebet notwendig ist. Bei diesem Menschen handelt es sich vielleicht um einen Ihnen sehr Nahestehenden – einen Verwandten oder einen Freund – oder um einen nationalen oder Weltführer oder um ein Regierungsmitglied. Der Gegenstand dieser Gebetsverpflichtung ist möglicherweise einflußreich im Bereich der Erziehung, der Wirtschaft, der Rechtsprechung, der Medien oder des Militärs. Diejenigen, die als Rollenvorbilder dienen, müssen ebenso im Gebet unterstützt werden wie diejenigen, die sich in weniger öffentlichen Kreisen bewegen.

Wie sollten Sie für solche Personen beten? Es folgen jetzt einige Vorschläge, die für ein längeres Gebet benutzt oder bei Zeiten der kürzerer Fürbitte angepaßt werden können:

1. Beginnen Sie wiederum damit, sich auf Gott selber zu konzentrieren. (a) Danken Sie Gott für seine guten Absichten in bezug auf alle Menschen; für seine Liebe für die Welt. (b) Danken Sie Gott für seine große Liebe zu dem betreffenden Menschen persönlich. (c) Danken Sie Gott für seinen Plan für das Leben dieses Menschen. (d) Danken Sie Gott, daß Jesu Tod am Kreuz auch ihm galt. (e) Danken Sie Gott für die Gegenwart und das Handeln des Heiligen Geistes zugunsten dieses Menschen: Seine Augen sind stets auf ihn, seine Arbeit und seine Bedürfnisse gerichtet (1. Mose

16,13; 2. Chr 16,9; Sach 4,10; Offb 5,6); seine Vorsehung koordiniert alles, was das Leben dieses Menschen betrifft; er steht unablässig zur Verfügung. (f) Sehen Sie im Geist Jesus, wie er bei diesem Menschen steht, seine Arme in Liebe ausstreckt und sagt: „Hier bin ich! Hier bin ich!" (Jes 65,1-2). (g) Stellen Sie sich Jesu Tränen der liebevollen Sehnsucht nach diesem Menschen vor (Mt 23,37). Danken Sie Gott, daß seine Engel zur Verfügung stehen, um zu helfen, die Antwort auf Ihr Gebet herbeizuführen (Hebr 1,14).

2. Danken Sie Gott für diesen Menschen. Beginnen Sie das Gebet für diesen Menschen, indem Sie Gott für ihn danken. Geben Sie sich nie der Versuchung hin, den Gegenstand Ihres Interesses zu kritisieren. Zeigen Sie nicht auf, wie schwierig, wie halsstarrig und wie unberechenbar dieser Mensch ist. Es ist Satans Rolle, den Ankläger zu spielen. Er verklagt nicht nur unsere Geschwister in Christo (Hiob 1,6-11; 2,1-5; Sach 3,1; Offb 12,10), sondern er verspritzt auch seine Anschuldigungen, um die zwischenmenschlichen Spannungen zu erhöhen.

Satan wird alles tun, um uns vom Gebet für andere abzuhalten. Wenn er uns schon nicht aufhalten kann, dann wird er zumindest versuchen, unsere Gebete kurzzuschließen, indem er uns verdrießlich, kritisch und negativ macht. Solch ein Geist behindert unsere Liebe, zerstört unseren Glauben und beseitigt unseren Geist des Lobpreises. Erwarten Sie keine Antwort auf Gebete, die in einem Geist negativer Kritik gebetet werden. (a) Danken Sie Gott für die Möglichkeiten, Fähigkeiten und Begabungen dieses Menschen. (b) Danken Sie Gott für die guten Eigenschaften, an die Sie sich erinnern können. (c) Danken Sie Gott, daß Sie wissen, daß der Heilige Geist bereits am Werk ist, auch wenn sein Wirken vielleicht noch nicht für das Auge sichtbar ist. (d) Danken Sie Gott für die Antwort, die, wie Sie glauben, zu Gottes eigener Zeit kommen wird.

3. Treten Sie fürbittend für diesen Menschen ein. (a) Bitten Sie Gott, Sie im Gebet für diesen Menschen zu leiten und Ihr Interesse an ihm wachsen zu lassen. (b) Bitten Sie Gott, Satans Pläne gegen diesen Menschen zu blockieren und zu durchkreuzen. (c) Bitten Sie Gott, diesen Menschen zu segnen und seine Güte auf eine solche Weise zu manifestieren, daß kein Zweifel daran bestehen kann, daß es Gottes Güte ist und kein reiner Zufall oder Glücksfall. (d) Bitten Sie Gott, jeden guten Wesenszug, jedes gute Verlangen und jede richtige Entscheidung dieses Menschen zu stärken. (e) Bitten Sie Gott, diesen Menschen offen und empfänglich für die Stimme Gottes sowie sensibel für seine eigene Sünde und seine eigene Not zu machen. (f) Bitten Sie Gott, diesen Menschen von jedem Vorurteil freizumachen und alle Ketten der Sünde, böser Gewohnheiten oder satanischer Mächte, mit denen Satan ihn vielleicht gebunden hat, zu zerbrechen. (g) Bitten Sie Gott, diesen Menschen mit seiner heiligen Gegenwart zu umgeben, ihn an Gottes erlebte Gnadenerweise zu erinnern, sein gnadenvolles Eingreifen auf neue und machtvolle Art und Weise unter Beweis zu stellen und in seiner großen Liebe jedes Zögern verschwinden zu lassen. (h) Bitten Sie Gott, jedes Mittel zu gebrauchen, das er für geeignet hält, jeden Widerstand gegen seinen Heiligen Geist zu beseitigen. Bitten Sie ihn, jedes von Gottes Kindern, jede Lebenssituation oder jeden Dienst seiner heiligen Engel zu gebrauchen.

4. Nehmen Sie Gottes Verheißung für die Errettung oder das Anliegen in Anspruch. (a) Gründen Sie Ihren Glauben fest auf die Verheißungen Gottes, die auf diesen Menschen zutreffen, für den Sie beten. (b) Bleiben Sie wachsam für jede neue Verheißung, die zutreffen könnte, wenn sich neue Situationen ergeben. (c) Bitten Sie Gott um eine besondere Verheißung für diesen Menschen. Während Sie die Heilige Schrift lesen, kann der Heilige Geist Sie auf einen besonderen Vers oder Abschnitt aufmerksam machen. Halten Sie an im Gebet und machen Sie die betreffende Schriftstelle wieder und wieder geltend.

5. Beharren Sie im Gebet. (a) Erinnern Sie Gott daran, daß Sie diesen Menschen lieben, und daß Sie wissen, daß seine göttliche Liebe niemals aufhören wird, sich nach ihm auszustrecken. (b) Erkennen Sie, daß einige von Gottes größten Antworten auf das Gebet nicht sofort kommen. Das scheinbare Schweigen Gottes beinhaltet nicht unbedingt, daß Gott untätig ist. Oftmals braucht es Zeit, um das Denken eines Menschen von Irrtum, Vorurteilen oder Eigenwillen loszulösen. Vielleicht ist er gar nicht in der Lage, Gottes Stimme zu erkennen oder völlig zu verstehen, was Gott sagen möchte. Seien Sie bereit, ebenso geduldig zu sein wie der Heilige Geist. (c) Denken Sie daran, daß keines Ihrer Gebete je verlorengeht. Vielleicht spricht der Heilige Geist jedes Mal, wenn Sie beten, auf völlig neue Art und Weise zu dem betreffenden Menschen. (d) Erkennen Sie, daß Gottes Absichten gewöhnlich im Verstand und im Herzen eines Menschen erreicht werden. Gott kann eindeutige Mittel des Eingreifens gebrauchen wollen – wie zum Beispiel das Verhindern einer Reise, das Veranlassen, daß Pläne zunichte werden, oder das Zulassen von Krankheit. Aber ob Sie nun Gottes Handeln im Leben des Menschen, für den Sie beten, erkennen können oder nicht, seien Sie gewiß, daß Gott am Werk ist. (e) Denken Sie daran, daß die äußere Erscheinung oft das genaue Gegenteil von dem ist, was sich im Innern abspielt. Gott klopft vielleicht genau zu dem Zeitpunkt am lautesten, wo dieser Mensch ein freches Gesicht macht und völlig unempfänglich zu sein scheint. Gott machte Saulus darauf aufmerksam, daß es schmerzhaft ist, sich gegen die Eingebungen des Heiligen Geistes aufzulehnen. Daher schien der Verfolger Saulus Christus genau zu dem Zeitpunkt am meisten Widerstand entgegenzubringen, als der Heilige Geist sein Gewissen mit der Erinnerung an das strahlende Antlitz und das vergebende Gebet des Stephanus bedrängte (Apg 26,14). (f) Glauben Sie Gott angesichts entmutigender Zeichen und feindlicher Reaktionen. Es ist nicht Gottes Wille, daß jemand umkommen soll, sondern daß alle zur Buße finden mögen (2. Petr 3,9). (g) Gott führt Sie vielleicht dazu, andere um Gebetsunterstützung zu bitten. Wenn Sie das tun, müssen Sie die Gewißheit haben, daß Gott es will. Auch sind Feingefühl und Diskretion notwendig. Sie wollen sich im Gebet vereinigen, um Macht und Segen zu bringen, nicht um zu beleidigen. (h) Gott kann Sie führen, diesem Menschen zu sagen, daß sie seiner in liebevollem

Gebet gedenken. Selbst wenn der Betreffende zu diesem Zeitpunkt das nicht besonders zu schätzen scheint, kann Gott ihn an Ihre geduldige und beharrliche Fürbitte erinnern. Dies kann ein besonders machtvolles Zeugnis sein, wenn Sie für einen Menschen beten, bei dem Sie nicht die Hoffnung haben, persönlich mit ihm zusammenzutreffen. (i) Wenn Gott Ihnen eine besondere Gebetslast aufs Herz gelegt hat, vertrauen Sie dann darauf, daß Gottes Antwort jederzeit kommen kann. Wenn ein Mensch eine lange Zeit in Gebete eingehüllt wurde, kann es sein, daß die endgültige Hingabe an den Herrn sehr plötzlich kommt. Gott ruft Sie nicht zum vergeblichen Gebet. Beten, glauben und loben Sie, bis die Antwort da ist.

Manchmal scheinen die Menschen, für die wir beten, jahrelang geistlich unempfänglich zu sein, wenn wir sie zum Gegenstand unserer Gebete gemacht haben. In solchen Fällen ist es natürlich, sich zu fragen, warum unser Beten so wirkungslos zu sein scheint. Seien Sie nicht entmutigt. Gott tut vielleicht viel mehr, als Sie sich bewußt sind.

Wie man Gebetslisten anlegt

Alle Christen, die den Ruf zur Fürbitte ernst nehmen, haben beim Gebet irgendeine Gebetsliste im Kopf. Aber die Fürbitte kann durch den Gebrauch schriftlicher Gebetslisten wesentlich an Qualität gewinnen. Gott wird Sie darin leiten, welche Namen eingeschlossen werden sollen.

Manche Fürbitter haben mehrere Listen – eine Grundliste, die täglich gebraucht wird, und andere, die der Reihe nach an unterschiedlichen Wochentagen durchgebetet werden. Manche haben eine längere Liste für den Sonntag oder für Tage, an denen sie mehr Zeit im Gebet verbringen können.

Die folgenden Vorschläge möchten Sie bei der Vorbereitung Ihrer eigenen, persönlichen Gebetslisten leiten:

Die Obrigkeit. Uns Christen ist aufgetragen, fürbittend für die Obrigkeit einzutreten (1. Tim 2,1-4). Zu ihr zählen zum Beispiel der Bundespräsident, die Ministerpräsidenten und die Bürgermeister. Vielleicht wollen Sie auch die Parlamentsabgeordneten, die Mitglieder des Obersten Gerichtes oder die Führer der Parteien erwähnen. Vergessen Sie nicht, auch für andere Amtspersonen zu beten, besonders für die, von denen Sie wissen, daß sie als Christen in Positionen an vorderster Front dienen, oder andere, die eine strategische Rolle bei den Regierungsentscheidungen spielen.

Die Gemeindeleiter. Das tägliche Gebet für alle leitenden Personen Ihrer Gemeinde – den Pastor, die Sonntagsschullehrer, die Ältesten und Diakone und andere – ist Ihre geistliche Pflicht (1. Thess 5,12-13).

Andere christliche Leiter. Beten Sie für andere einflußreiche christliche Führer. Vielleicht wollen Sie für einen oder mehrere Evangelisten, Bibelschullehrer, Herausgeber und Autoren, Evangeliumssänger, Jugendleiter und Mitarbeiter in der Kinderarbeit beten.

Die Missionen. Da die Weltevangelisation die Hauptaufgabe ist, die Jesus seiner Gemeinde bis zu seiner Wiederkunft gab, und da ein großer Teil der Welt noch immer weitgehend unerreicht ist, erwartet Gott offensichtlich von jedem Christen, für die Missionen zu beten (Mt 24,14; 28,18-20; Joh 20,21; Apg 1,8). Schließen Sie in Ihr Gebet für die Missionen folgende spezifischen Bereiche mit ein:

- Missionare. Wählen Sie unter Gottes Leitung einen oder mehrere Missionare aus, mit dem sie täglich eine Gebetspartnerschaft haben wollen.
- Völker. Bitten Sie Gott, Ihnen ein oder mehrere Völker aufs Herz zu legen als Ihr besonderes Erbe durch das Gebet (Ps 2,8).
- Missionsgesellschaften. Beten Sie allgemein für alle diese Gesellschaften; konzentrieren Sie sich auf eine oder mehrere, wenn sich spezielle Anliegen ergeben.
- Einheimische Christen. Beten Sie für einen oder mehrere einheimische Pastoren oder Laienmitarbeiter in anderen Ländern.

Andere christliche Arbeit. Radio- und TV-Arbeit, Evangelisationsteams, Gefangenenmission, Jugendmissionswerke, Stadtmissionen, christliche Verlagshäuser – sie alle sind Zielscheiben für Satans Angriffe und bedürfen daher unbedingt der Fürbitte.

Ihre Angehörigen. Schließen Sie sowohl die geretteten wie die nicht geretteten Familienmitglieder ein, für die Sie eine persönliche Verantwortung empfinden.

Nicht gerettete Menschen. Bitten Sie Gott, Ihnen einen ungeretteten Menschen zuzuweisen, für den zu beten Ihre persönliche Verantwortung ist. Beten Sie täglich, bis dieser Mensch zu Christus kommt. Gott wird Ihnen wahrscheinlich auch Gelegenheiten geben, christliches Interesse oder Liebe zu zeigen, oder er wird eine Möglichkeit zum Zeugnis geben. Sie können auch geführt werden, für jemanden zu beten, dem Sie niemals persönlich Zeugnis werden geben können.

Besondere Anliegen. Der Heilige Geist wird Ihnen auch

dringende Anliegen unterbreiten, für die Sie sofort fürbittend eintreten müssen. Diese Liste wird sich von Zeit zu Zeit ändern. Sie werden vielleicht zum Beten veranlaßt, wenn Sie die Zeitung lesen oder in den Nachrichten über Tragödien hören oder über Hungersnot, besondere internationale Konferenzen und Gerichtsverfahren, über Menschen, die bei Unfällen verletzt wurden oder die ernsthaft erkrankten, über innenpolitische Spannungen bei Völkern, die Sie näher kennen, oder über besondere kirchliche Veranstaltungen.

Wie man die Gebetslisten einsetzt

1. Schreiben Sie die Gebetslisten in ein kleines Tagebuch oder Notizbuch. So ein handliches Notizbuch kann ein Mann in seiner Hemd- oder Westentasche aufbewahren und eine Frau in ihrer Handtasche. Ein kleines Band oder Stück Papier kann als Lesezeichen dienen. Verwenden Sie die freien Augenblicke während des Tages, um im Gebet die Namen und Anliegen auf Ihrer Liste durchzugehen.

Während meines Studiums betete ich jeden Tag für mehrere hundert Missionare und christliche Leiter. Zu meiner Überraschung entdeckte ich zahllose Gelegenheiten, bei denen ich meine Listen verwenden konnte – in der Warteschlange der Cafeteria, bei der Post, vor der Vorlesung.

Kurze Gebete können vom Heiligen Geist sehr gebraucht werden. Diese unmittelbaren Äußerungen Ihrer christlichen Liebe, Ihres Interesses und Verlangens bezeichnet man wohl als „telegraphische Gebete“, „Blitz-Gebete“ oder „Augenblicksgebete“. Man könnte sie auch „Gott segne“-Gebete nennen. Gott hört diese Gebete immer. Alle betenden Menschen benutzen diese Methode, um akute Anliegen vor Gott zu bringen. Es gibt viele Menschen, die Sie nur erwähnen wollen, für die Sie Gott nur bitten, sie zu segnen, zu leiten, zu heilen oder sie mit seiner Liebe zu umgeben.

Gelegentlich kann Gott es Ihnen aufs Herz legen, ausführlicher für jemanden auf Ihrer „Gott segne“-Liste zu beten, weil dafür ein besonderer Grund vorhanden ist, der Ihnen jedoch unbekannt ist. Verlassen Sie sich auf die Führung des Heiligen Geistes.

2. Halten Sie Ihre Gebetslisten griffbereit. Legen Sie eine kurze Liste neben das Spülbecken in der Küche, auf die sie sich beziehen können, während Sie das Geschirr abwaschen oder die Mahlzeiten zubereiten. Legen Sie eine andere in die Nähe Ihres Eßtisches, um sie während der Mahlzeit zu gebrauchen. Befestigen Sie eine kurze Liste neben Ihren Badezimmerspiegel, um darauf zurückzugreifen, während Sie sich rasieren oder zurechtmachten. Gebrauchen Sie Ihre Grundliste als Lesezeichen in der Bibel für Ihre tägliche Stille Zeit.

3. Gebrauchen Sie die Ereignisse des Tages als eine nicht niedergeschriebene Gebetsliste. Wenn Sie an einer Kirche vorbeigehen, können Sie für den dortigen Pastor oder die Menschen, die dort zum Gottesdienst gehen, beten. Wenn Sie an einer Schule vorbeigehen, können Sie für die Schüler und die Lehrer beten. Beten Sie für den Angestellten, der Ihnen im Geschäft behilflich ist, für den Ober, der Sie im Restaurant bedient. Wenn Sie den Telefonhörer auflegen, beten Sie einige Augenblicke für den, mit dem Sie gerade gesprochen haben. Wenn Sie einen Brief zukleben, beten Sie für den Empfänger dieses Briefes.

Wenn Ihr Pastor predigt, dann bitten Sie Gott, ihn zu salben und zu gebrauchen. Wenn ein Sänger im Gottesdienst singt, bitten Sie Gott, ihn und das Lied zu segnen. Wenn Sie eine Zeitungsschlagzeile bemerken, beten Sie ein „Gott segne"-Gebet für den jeweiligen Menschen, der Gebet braucht.

Sich auf diese Weise durch den Tag hindurchzubeten ist ein wunderbarer Weg, ohne Unterlaß zu beten (1. Thess 5,17).

Wie man eins wird im Gebet

Jesus verhieß denjenigen einen besonderen Segen, die in seinem Namen zusammenkommen und eins werden im Gebet (Mt 18,19-20). Es ist durchaus möglich, mit anderen im Gebet eins zu werden, obwohl man durch viele Kilometer getrennt ist und sich die einzige Kommunikation auf Briefe oder das Telefon beschränkt. Sie werden jedoch wohl eher mit einem oder mehreren Menschen eins werden, wenn Sie zum Gebet zusammenkommen.

Wenn Gebetspartner daran gewöhnt sind, zusammen zu beten, entwickeln Sie leichter die Fähigkeit, im Gebet eins zu werden, als Menschen, die nicht so eng im Gebet miteinander verbunden sind. Dr. R. Stanley Tam, der Präsident der „United States Plastic Corporation" in Lima, Ohio, und Vizepräsident des Treuhänderausschusses von OMS-International, hielt dreiundzwanzig Jahre lang mit Art, einem anderen Geschäftsmann aus Lima, eine regelmäßige Gebetsgemeinschaft aufrecht. Die beiden Männer trafen sich zu ihren wöchentlichen Gebetsgemeinschaften im Stadtpark, oder sie saßen in einem parkenden Wagen. Sie haben bemerkenswerte Gebetserhörungen erlebt, als sie im Gebet über bestimmte Anliegen eins wurden.

Segnungen aus dem Einswerden im Gebet

Das Einswerden im Gebet schafft ein zunehmendes Bewußtsein von Gottes Gegenwart. Theologisch wissen wir, daß Gott immer bei uns ist, denn er ist allgegenwärtig. Wir wissen, daß Christus immer bei uns ist, wenn wir in seinem Namen zusammenkommen (Mt 18,20). Aber wenn Sie mit anderen im Gebet eins werden, dann gibt es oft ein besonderes Bewußtsein von Gottes Gegenwart. „Und wenn wir wissen, daß er uns hört, worum wir auch bitten, so wissen wir, daß wir erhalten, was wir von ihm erbeten haben“ (1. Joh 5,15).

Das Einswerden im Gebet hilft, den Willen Gottes zu erkennen. Gott kann einem Mitglied der Gruppe, die im Gebet eins wird, besondere innere Gewißheit in bezug auf seinen Willen geben, und durch diese Person dann auch den anderen. Wenn sich die Gruppe beim nächsten Mal in der Fürbitte vereint, erkennt vielleicht ein anderes Mitglied der Gruppe Gottes Willen im Blick auf einen weiteren Aspekt des Gebetsanliegens. Wenn die Gruppe das Gebet fortsetzt, kann der Heilige Geist alle Teilnehmenden zu einem tiefen Konsens in bezug auf Gottes Plan und Absicht bringen. Diese einmütige Gewißheit ist eine besondere Ermutigung und führt zu einer besonderen Überzeugung von Gottes Willen – zu einer Überzeugung, die das Maß an Gewißheit, das bei einem Menschen, der alleine betet, möglich ist, noch übersteigen kann.

Das Einswerden im Gebet trägt zur Vertiefung des Interesses an den anderen Mitgliedern der Gebetsgruppe bei. Wenn die Herzen in einer engen Gebetsgemeinschaft in fürbittender Übereinstimmung miteinander verschmelzen, gebraucht Gott die Tiefe des Verlangens im Herzen des einen, um das Verlangen im Herzen der anderen zu vertiefen. Diese anderen wiederum können bewegt werden, ihrem wachsenden Verlangen durch Worte oder Tränen Ausdruck zu verleihen, wodurch Gott wiederum die ganze Gruppe segnet. Wahre Sehnsucht des Herzens verleiht der Fürbitte enorme Kraft.

Das Einswerden im Gebet trägt zur Reinigung unseres Betens bei. Es ist möglich, daß man beim Gebet unbewußt durch Egoismus oder andere weniger wünschenswerte Dinge motiviert wird. Wenn mehrere im Gebet eins werden, veredelt, leitet und reinigt Gott die Motive aller.

Das Einswerden im Gebet stärkt den Glauben an und das Vertrauen auf Gott. Gott möchte, daß wir mit tiefem Vertrauen und heiliger Kühnheit beten. „Darum laßt uns hinzutreten mit Zuversicht zu dem Thron der Gnade, damit wir Barmherzigkeit empfangen und Gnade finden zu der Zeit, wenn wir Hilfe nötig haben" (Hebr 4,16). Wenn jemand mit heiligem Nachdruck im Gebet ausharrt, schließen sich ihm die anderen in einer immer dringlicher werdenden Fürbitte an. Dieses kühne Vertrauen wird von Gott sehr geschätzt (Eph 3,12; Hebr 10,19).

Das Einswerden im Gebet stärkt das Ausharren im Gebet. Jene Situationen, in denen Gebetsübereinstimmung notwendig ist, neigen dazu, Situationen zu sein, in denen das Durchharren im Gebet notwendig ist, bevor die vollständige Antwort kommt. Jesus war zutiefst daran interessiert, daß seine Anhänger lernten, im Gebet auszuharren (Lk 18,1). Wenn mehrere im Gebet eins werden, ist jeder für den anderen eine Ermutigung.

Das Einswerden im Gebet bringt allen Beteiligten geistlichen Segen. Geistliche Übereinstimmung in der Fürbitte vertieft das gegenseitige Verständnis, das Einfühlungsvermögen und die Gemeinschaft zwischen allen Mitgliedern der Gruppe. Es wirkt auch eine verstärkte Einheit im Geist (Eph 4,3.13). Die Jünger Jesu verharrten zehn Tage im Gebet, bevor der Heilige Geist zu Pfingsten ausgegossen wurde. Könnte diese Verzögerung notwendig gewesen sein, damit sie ihre kleinlichen Eifersüchteleien und egoistischen Ambitionen ablegten und Gott den Heiligen Geist senden konnte? Uneinigkeit ist ein Haupthindernis für viele Gebete, und die Geschichte der Erweckung in der Gemeinde beweist, daß eine tiefe, umfassende Einheit im Geist zu einer erneuten geistlichen Belebung und Segnung führen kann.

Wie man eins wird im Gebet

Wenn Sie beginnen, mit einer oder mehreren Personen eins zu werden im Gebet, stellen Sie anfangs vielleicht fest, daß Sie nur über einen bestimmten Aspekt des Anliegens eins werden. Wenn Sie jedoch Gottes Angesicht suchen, werden sich Ihre Herzen immer mehr zu einer völligen Harmonie hinbewegen. Man könnte folgendermaßen vorgehen:

1. Werden Sie eins darin, daß Gott Ihnen ein Anliegen gegeben hat, für das Sie beten sollen.
2. Werden Sie eins darin, daß Sie dieses Anliegen Gott in gegenseitigem Interesse und im Glauben vorlegen.
3. Werden Sie eins darin, daß Ihre höchste Motivation im Gebet die Verherrlichung Gottes ist.
4. Werden Sie eins darin, daß, obwohl die Bitte von den unterschiedlichen Mitgliedern der Gruppe in unterschiedlichen Worten zum Ausdruck gebracht wird, das „Amen“ doch einmütig ist.
5. Werden Sie eins darin, eine oder mehrere von Gottes Verheißungen in bezug auf das Anliegen in Anspruch zu nehmen.
6. Werden Sie eins in dem Glauben, daß Gott sich dieses Anliegens annehmen wird. Werden Sie eins darin, daß Gott bereits am Werk ist, ja, daß er gerade jetzt durch den Heiligen Geist wirkt, um die Antwort auf Ihr Gebet herbeizuführen.
7. Werden Sie eins darin, auszuharren, bis die Antwort da ist.
8. Werden Sie eins darin, jeden Tag gemeinsam zu einer bestimmten Zeit zu beten, auch wenn Sie nicht immer tatsächlich zusammenkommen werden.
9. Werden Sie eins darin, dem Satan und seinem Widerstand gegen Gottes Antwort auf Ihr Gebet zu widerstehen. Wehren Sie sich gegen ihn im Glauben und in dem gemeinsamen Wissen, daß er, wenn Sie ihm widerstehen, fliehen muß (Jak 4,7).
10. Werden Sie eins darin, Satan im Blick auf diese Situation zu binden, wenn Gott es so führt (Mt 12,29; 18,18-20).
11. Werden Sie eins darin, Gott alle Ehre zu geben, wenn die Antwort kommt.

Mein Gebet, in dem ich mich zur Fürbitte verpflichte

Herr Jesus, ich danke dir, daß du in deinem Wort offenbart hast, daß Gott mein Vater ist, daß ich sein Kind bin durch den Glauben an dich, und daß ich immer zum Thron des Vaters kommen darf.

Ich danke dir für das Leben des Gebetes, das du gelebt hast, als du auf der Erde warst, daß du uns beten gelehrt hast, und ich danke dir für deinen Sieg, als du in Gethsemane im Gebet so gelitten hast.

Ich danke dir, daß du für mich nach Golgatha gegangen bist, daß du an meiner Stelle gestorben bist, und daß du den Satan auf ewig durch deinen Tod am Kreuz besiegt hast.

Ich danke dir, daß du vom Tode auferstanden bist, daß du aufgefahren bist in den Himmel und jetzt sitzest zur rechten Hand des Vaters, wo du auf ewig lebst, um für mich und deine ganze Gemeinde und für die Welt, für die du starbst, fürbittend einzutreten.

Herr Jesus, ich möchte dich jeden Tag mehr anbeten, verehren und lieben. Ich möchte wie Maria das bessere Teil wählen und zu deinen Füßen sitzen. Lehre mich, dich mehr anzubeten, lehre mich, dein Wort mehr in mich aufzunehmen. Lehre mich, wie ich ein ununterbrochenes Leben der Gemeinschaft mit dir leben kann.

Ich danke dir, daß du mich durch dein Wort lehrst, daß ich ein fürbittender Priester vor Gott bin. Ich danke dir, daß ich zu jeder Zeit im Gebet zu dir kommen darf und daß du mich jetzt dazu berufen hast, ein Gebetskämpfer in deiner Armee von Fürbittern zu sein.

Herr, wer bin ich, daß du danach verlangst, daß ich mich dir und dem Heiligen Geist anschließe in der Fürbitte für die Anliegen deiner Gemeinde und für die noch unerreichte Welt, die doch so beständig von dir geliebt wird? Ich bin deiner Liebe so gar nicht wert. Ich weiß nicht, wie ich beten soll. Aber ich möchte die Welt durch das Gebet berühren. Laß die Kraft deines Heiligen Geistes mich salben, damit ich deine Welt und ihre Menschen berühren und segnen kann. Herr, lehre mich beten.

Lehre mich, Herr, die Welt durch deine Augen zu sehen, sie mit deiner Liebe zu lieben und mit dir über die Leiden und Sünden der Welt zu weinen. Ich bin so unwürdig, Gebetslasten zu tragen, aber ich möchte es mit deiner Hilfe tun. Ich weiß nicht, wie ich im Gebet siegen soll. Lehre mich, Herr, zu siegen.

Lehre mich, wie ich mein Leben planen kann, so daß ich Zeit für die Fürbitte habe. Lehre mich, ein hörendes Ohr zu haben, so daß ich deine Gebetsaufträge für mich entdecken kann. Laß mein Herz an deinem Verlangen und deinen Tränen teilhaben, wenn ich fürbittend eintrete. Gib mir durch deinen Heiligen Geist die Kraft, deinen Verheißungen zu glauben und an ihnen festzuhalten. Gib du mir die Kraft, stark zu sein im Gebetskampf, den Mächten der Finsternis zu widerstehen und sie durch die Autorität deines Namens zurückzutreiben.

Herr Jesus, ich bitte nicht um irdischen Erfolg oder Beifall; ich bitte um ein betendes Herz. Ich bitte nicht um eine Führungsrolle; ich bitte um die Kraft, in der Fürbitte zu siegen. Ich bitte um nichts anderes als um deinen Willen, deine Herrlichkeit und deinen Sieg. Mache mich zu einem Menschen nach deinem Herzen. Mache mich zu deinem Partner in der Fürbitte.

Mögen meine Anbetung, meine Liebe im Gebet, meine verborgene Fürbitte dein Herz erfreuen, nach deinem Willen Siege für deine Sache bewirken und deinem Namen Ehre bereiten. Ich liebe dich mehr, als ich es je mit meinem Munde ausdrücken kann. Ich bin ewig dein, mein Erretter und mein Herr.

Durch deine Gnade lebe ich; in deiner Liebe frohlocke ich; und in deinem Namen bete ich, Jesus, mein wunderbarer Herr. Amen.